校企合作汽车专业系列丛书

互联网+创新型“十四五”精品教材

新能源汽车电气系统及检修

（微课版）

主　编　赵彦文　魏小冈　段慧龙
副主编　陈季云　沙立君　王玉爽
　　　　徐耀武　刘　伟

哈爾濱工程大學出版社
Harbin Engineering University Press

内容简介

本书理论与实际相结合，图文并茂，注重实例介绍，内容深入浅出，实用性强；在内容选取上注重突出类型特征，以载道、需求为导向，重构教学内容体系，并以工作过程中的情景为基础组织内容，重点突出对学生职业能力和职业素养的培养。本书系统地介绍了新能源汽车电气系统基础知识、安全用电、新能源汽车电源系统、新能源汽车充电系统、新能源汽车转向系统、新能源汽车制动系统、新能源汽车空调系统、新能源汽车冷却系统。

本书既可作为应用型本科、职业院校、技师院校汽车专业的通用教材，也可作为新能源汽车行业从业者培训用书。

图书在版编目（CIP）数据

新能源汽车电气系统及检修 ： 微课版 / 赵彦文，魏小冈，段慧龙主编. —哈尔滨 ： 哈尔滨工程大学出版社，2023.8

ISBN 978-7-5661-4076-0

I. ①新… II. ①赵… ②魏… ③段… III. ①新能源—汽车—电气系统—检修 IV. ①U469.703

中国国家版本馆 CIP 数据核字（2023）第 143393 号

新能源汽车电气系统及检修（微课版）

XINNENGYUAN QICHE DIANQI XITONG JI JIANXIU（WEIKE BAN）

责任编辑 吴振雷

封面设计 赵俊红

出版发行 哈尔滨工程大学出版社

社　　址 哈尔滨市南岗区南通大街 145 号

邮政编码 150001

发行电话 0451-82519328

传　　真 0451-82519699

经　　销 新华书店

印　　刷 唐山唐文印刷有限公司

开　　本 889 mm×1 194 mm　1/16

印　　张 11.5

字　　数 331 千字

版　　次 2023 年 8 月第 1 版

印　　次 2023 年 8 月第 1 次印刷

定　　价 49.80 元

http://www.hrbeupress.com

E-mail:heupress@hrbeu.edu.cn

前　言

在国家政策的支持下，新能源汽车行业得到飞速的发展。党的二十大报告指出，积极稳妥推进碳达峰碳中和，立足我国能源资源禀赋，坚持先立后破，有计划分步骤实施碳达峰行动，深入推进能源革命，加强煤炭清洁高效利用，加快规划建设新型能源体系，积极参与应对气候变化全球治理。绿色发展所要求的产业结构、能源结构、交通运输结构等调整优化，节能降碳先进技术研发和推广应用，双碳目标中要控制的化石能源消耗、交通的清洁低碳转型，都需要新能源汽车及其连带产业来实现。

随着新能源汽车技术的发展，新能源汽车技术开发人员、产业服务人员相对短缺，亟须培养一批掌握新能源汽车知识的人才队伍。本书紧密结合当前汽车产业的发展及需求，在编写上深刻领会党的二十大精神，全面贯彻党的教育方针，落实立德树人根本任务，着力于加强学生职业技能和职业素养的培养，使他们勇于承担中华民族伟大复兴的历史使命。

本书理论与实际相结合，系统地介绍了新能源汽车电气系统基础知识、安全用电、新能源汽车电源系统、新能源汽车充电系统、新能源汽车转向系统、新能源汽车制动系统、新能源汽车空调系统、新能源汽车冷却系统。本书在内容选取上注重突出类型特征，以载道、需求为导向，重构教学内容体系，并以工作过程中的情景为基础组织内容，重点突出对学生职业能力和职业素养的培养。

本书由赵彦文（郑州职业技术学院新能源汽车学院）、魏小冈（重庆旅游职业学院）、段慧龙（泰安技师学院）担任主编，由陈季云（南通科技职业学院）、沙立君（鲁北技师学院）、王玉爽（河南农业职业学院）、徐耀武（固始县世纪职业中等专业学校）、刘伟（江西赣州技师学院）担任副主编。本书的相关资料和售后服务可扫描封底微信二维码或登录 www.bjzzwh.com 下载获得。

在编写过程中，编者引用了大量原厂手册及文献资料，在此向原作者们表示衷心的感谢！由于新能源汽车领域技术日新月异，同时编者知识和能力也会存在不足，书中难免存在不当之处，请读者及时反馈，以便以后修订。

编　者

CONTENTS 目录

第一章

新能源汽车电气系统基础知识

本章导读

新能源汽车电气系统主要由高低压电器设备、整车控制、能源管理、网络通信等各部分组成。电气系统是新能源汽车的神经，承担着能量与信息传递的功能，对新能源汽车的动力性、经济性、安全性等有很大的影响，因此，是新能源汽车的重要组成部分。

学习目标

1. 能够掌握新能源电气系统的组成和功用。
2. 能掌握电气绝缘检测的一般方法。
3. 能熟悉电动汽车中的电源变换器。
4. 能够了解电气系统电磁兼容的主要术语。

思政目标

1. 弘扬中国共产党人精神谱系，培养担当民族复兴大任的时代新人。
2. 践行社会主义核心价值观，培养学生自信自强、守正创新的高尚情操。

第一节 新能源汽车电气系统概述

一、新能源汽车电气系统

电气系统是新能源汽车的重要组成部分。根据不同的电压等级和用途，新能源汽车电气系统分为低压电气系统和高压电气系统两个部分。低电压系统采用直流 12 V 或 24 V 电源，一方面为灯光、雨刷等车辆的常规低压电气提供电源；另一方面为整车控制器、高压电气设备的控制电路和辅助部件提供电源。高电压系统主要由燃料电池、动力电池、电源变换器和驱动电机等大功率或高电压电气设备组成，根据车辆行驶的功率需求完成从燃料电池和动力电池到驱动电机的能量转换与传输过程。

新能源汽车电气系统

1. 低压电气系统的控制逻辑

以燃料电池电动汽车为例，低压电气系统在为常规电器和控制系统提供电源的同时，还应该根据驾驶员的操作，实现各个电气设备的顺序与协同工作。图 1–1 为低压电气系统的控制逻辑梯形图。

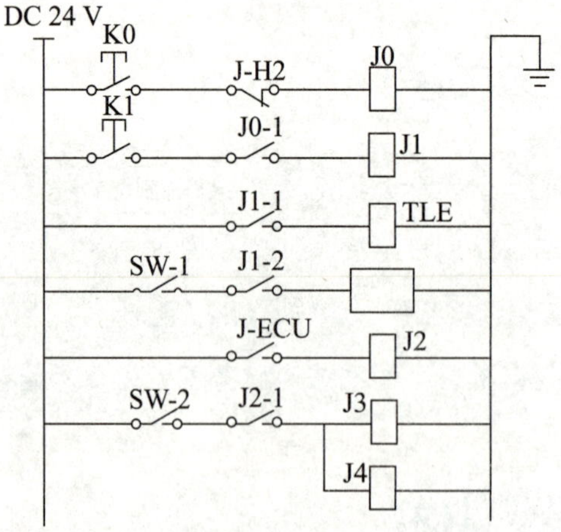

图 1–1　低压电气系统控制逻辑梯形图

在图 1–1 中，低压电气系统的控制对象主要包括氢气泄漏检测单元 J0、常规低压电气系统 TLE、高压电气设备的控制单元和高压电气主回路的继电器 J3 和 J4。当驾驶员操作时，先闭合氢气泄漏检测的开关 K0。如果氢检测单元 J0 检测到氢气泄漏浓度达到设定值，常闭触点 J–H2 断开，继电器 J0 断电，其触点 J0–1 不闭合，车辆电气系统无法向其他设备通电。只有在未发生氢泄漏，J0 得电，J0–1 闭合情况下，才能顺序给电气系统上电，具体操作步骤如下。

（1）闭合开关 K1，继电器 J1 得电，触点 J1–1 和 J1–2 闭合，24 V 直流电源给车辆的常规低压电气系统 TLE 供电，可以实现对车门、灯光、雨刷等部件的操作。

（2）闭合开关 SW–1，24 V 直流电源给整车控制器 ECU（电子控制单元）、电气设备的控制电路供电，ECU 判断各个控制电路工作正常后，闭合继电器触点 J–ECU，使 24 V 直流电源通过 J–ECU 给继电器 J2 供电，相应触点 J2–1 闭合。

（3）闭合开关 SW–2，24 V 直流电源通过 J2–1 给高压继电器 J3 和 J4 供电，分别使燃料电池发动机和动力电池接到直流高压总线上。

2. 高压电气系统

根据新能源汽车不同的动力系统构型，高压电气系统含有不同的电气部件。通常，新能源汽车最大的高压电气系统是采用燃料电池组或内燃机 / 发电机组和动力电池组构成的双电源结构。燃料电池组或内燃机 / 发电机组是车辆运行的主要动力源，动力电池组是辅助动力源。如图 1–2 所示，当采用燃料电池组为主要动力源时，动力电池组在车辆启动过程中通过启动控制单元为燃料电池的启动提供能量。在车辆加速过程中，当燃料电池输出功率不足时，动力电池组放电以补充车辆加速所需能量。当车辆减速和制动时，动力电池组吸收制动能量，这种结构降低了整车运行对燃料电池峰值功率和动态特性的要求，有利于提高整车电气系统的可靠性。由于燃料电池组和动力电池组具有不同的输出电压范围和电源外特性，难以直接并联使用，因此，在燃料电池组的输出端串接一个升压 DC/DC 转换器，对燃料电池的输出电压进行升压变换及稳压调节，DC/DC 转换器的输出电压和动力电池组的工作电压相匹配，该电压称为高压电气系统的母线电压。母线电压通过各种电源变换器向驱动机构、动力转向机构和气压制动机构中的电机等大功率电气设备提供电能，实现车辆的行驶、转向和制动等功能。

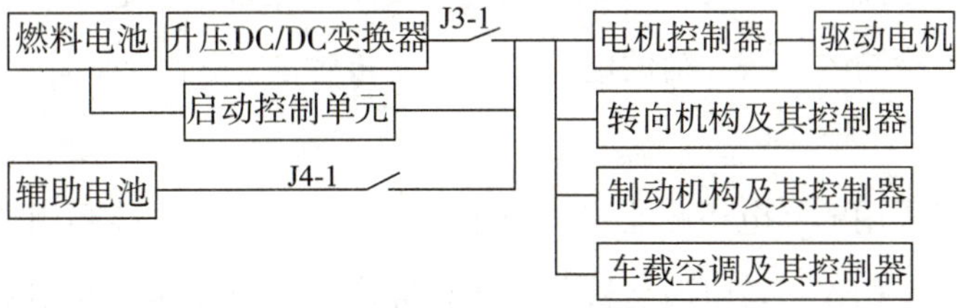

图 1–2　新能源汽车的高压电气系统

图 1–3 所示为燃料电池电动汽车高压电气系统的物理部件组成和连接。从图中可以看出，燃料电池组通过升压 DC/DC 转换器输出的直流高压母线和动力电池的输出端并联，直流母线在高压配电中心形成直流正极母线和负极母线的汇流排，分别通过高压接触器 K3、K11、K12、K21、K22 和熔断器 F11、F12、F21、F22、F24、F25、F26、F27 控制不同的电气部件。在燃料电池电动汽车中，转向系统中的液压油泵和制动系统中的空气压缩机分别由相应的电机驱动，因此，高压直流母线不仅要通过 K21 和 F21 为驱动电机系统提供电能，还要分别通过 K22 和 F25、K21 和 F21 为转向系统电机和制动系统电机提供电能。

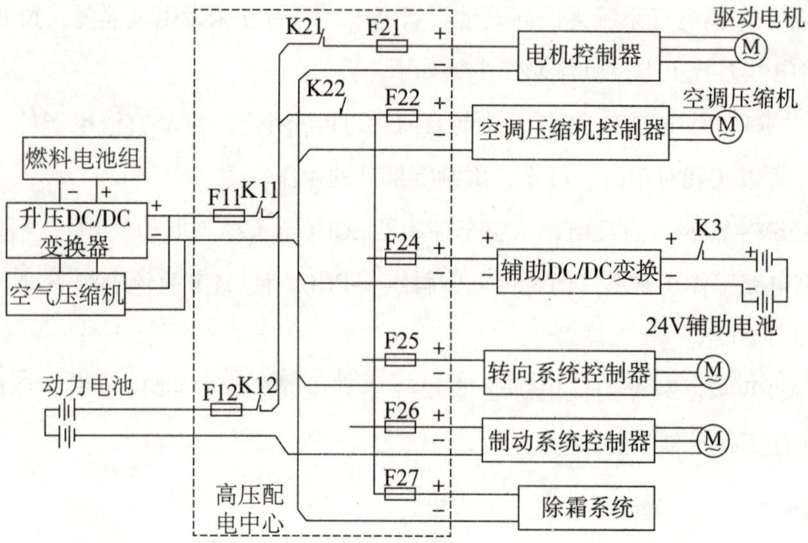

图 1-3　燃料电池电动汽车的高压电气系统

二、新能源汽车的电气安全技术

新能源汽车高压电气系统的工作电压可以达到 300 V 以上，较高的工作电压对高压系统与车辆底盘之间的绝缘性能提出了更高要求。高压电缆线绝缘介质老化或受潮湿环境影响等因素都会导致高电压电路和车辆底盘之间的绝缘性能下降，电源正负极引线通过绝缘层和底盘构成漏电流回路，使底盘电位上升，不仅会危及乘客的人身安全，而且将影响低压电气和车辆控制器的正常工作。当高电压电路和底盘之间发生多点绝缘性能严重下降时，还会导致漏电回路的热积累效应，甚至可能造成车辆的电气火灾。因此，高压电气系统相对车辆底盘的电气绝缘性能的实时检测是新能源汽车电气安全技术的核心内容，对乘客安全、电气设备正常工作和车辆安全运行具有重要的意义。

1. 电气绝缘检测的一般方法

对于封闭回路的高压直流电气系统，其绝缘性能通常用电气系统中电源对地漏电流的大小来表征，现在普遍使用两种漏电流检测的方法：辅助电源法和电流传感法。

（1）辅助电源法

在我国某些电力机车采用的漏电检测器中，使用一个直流 110 V 的检测用辅助蓄电池，蓄电池正极与待测高压直流电源的负极相连，蓄电池负极与机车机壳实现一点连接。在待测系统绝缘性能良好的情况下，蓄电池没有电流回路，漏电流为零；在电源电缆绝缘层老化或环境潮湿等情况下，蓄电池通过电缆线绝缘层形成闭合回路，产生漏电流，检测器根据漏电流的大小进行报警，并关断待测系统的电源。这种检测方法需要直流 110 V 的辅助电源，增加了系统结构的复杂程度；而且，这种检测方法难以区分绝缘故障源是来自电源的正极引线电缆还是负极引线电缆。

（2）电流传感法

电流传感法是采用霍尔式电流传感器是对高压直流系统进行漏电检测，将待测系统中电源的正极和负极一起同方向穿过电流传感器，当没有漏电流时，从电源正极流出的电流等于返回到电源负极的电流，因此，穿过电流传感器的总电流为零，电流传感器输出电压为零；当发生漏电现象时，电流传感器输出电压不为零。根据该电压的正负可以进一步判断产生漏电流的来源是来自电源正极引线电缆还是电源负极引线电缆，但是，应用这种检测方法的前提是待测电源必须处于工作状态，要有工作电流的流出和流入，否则无法在电源空载状态下评价电源的对地绝缘性能。

在目前的一些新能源汽车研发产品中，采用母线电压在“直流正极母线—底盘”和“直流负极母线—底盘”之间的分压来表征直流母线相对于车辆底盘的绝缘程度，但是，这种电压分压法只能表征直流正、负母线对底盘的相对绝缘程度，无法判别直流正、负母线对底盘绝缘性能同步降低的情况；同时，在直流正、负母线对底盘绝缘电阻差异较大的情况会出现绝缘性能下降的误判断。严格地说，对于新能源汽车，只有定量地分别检测直流正极母线和负极母线对底盘的绝缘性能，才能保证新能源汽车的电气安全性。

2. 新能源汽车电气绝缘性能的描述

新能源汽车的电气设备直接安装在车辆底盘上，每个电气设备都有独立的电流回路，与底盘之间没有直接的电气连接。整个高压系统是与底盘绝缘、封闭的电气系统。

绝缘体是相对导电体而言的，在直流电源系统中，定量描述一种介质绝缘性能和导电性能的物理量是电阻。导体的电阻小，绝缘体的电阻大，绝缘体电阻的大小表征了介质的绝缘性能。电阻越大，绝缘性能越好，反之亦然，称该电阻为绝缘电阻。在新能源汽车的高压电气系统中，分别利用电源的正极引线电缆和负极引线电缆对底盘的绝缘电阻来反映电气系统的绝缘性能。

第二节 新能源汽车电气系统的组成和功用

一、电气系统的基本组成

新能源汽车的电气系统包括电源系统、充电系统、暖风与空调系统、制动系统、电动转向系统、自动启停系统、车载局域网络系统、车载互联系统，以及与传统车辆基本一致的其他辅助电气系统等。

新能源汽车电气系统与传统汽车区别如下：新能源汽车大多为乘用车辆，动力驱动系统不同；纯电动新能源汽车采用了电池加电机的方式来取代传统车辆动力单元的发动机和变速器，或者采用像混合动力新能源汽车的方式把电机附加在变速器上。

由于动力单元的改变，使得车辆内电源系统、充电系统、冷却系统、暖风空调系统以及制动系统和其他车身辅助系统等也发生相应的改变。

1. 电源系统

纯电动汽车不再设计有发电机，车辆上用电设备的供电和 12 V 蓄电池的充电，都是由纯电动汽车配置的动力电池通过 DC/DC 转换器来提供的。

2. 充电系统

充电系统是新能源汽车的能源补给系统，为车辆持续行驶提供动力。

3. 冷却系统

传统汽车的冷却是由曲轴通过皮带带动水泵轮旋转进行冷却液的循环。由于纯电动汽车没有曲轴皮带驱动，驱动电机和驱动电机控制器的冷却只能依靠一个单独的电动水泵来完成冷却液的循环。混合动力汽车的冷却系统则包括发动机冷却和电机冷却。

4. 暖风与空调系统

新能源汽车的空调系统采用电动方式来驱动压缩机实现，这有别于传统汽车通过发动机曲轴皮带驱动的形式。在暖风实现的形式上，由于没有了发动机 70 ℃以上热量来源，而驱动电机产生的热能又达不到，因此新能源汽车通常是利用电加热的方式来产生暖风。其中，电加热的方式有两种：一种是通过加热冷却液，再经过循环为暖风水箱提供热量；另一种是直接加热经过蒸发箱的空气。

5. 制动系统

新能源汽车的液压制动系统与传统汽车的液压制动系统基本组成结构区别不大，但是液压制动系统的真空辅助助力系统和制动主缸两个部件上存在较大的差异。

新能源汽车液压制动的辅助助力没有来自发动机的真空源，通常需要单独设计一个电动真空泵来为真空助力器提供真空源，或者，像取消了真空助力器和制动主缸的电子控制制动（ECB）系统一样，根据传感器收集驾驶员踩制动踏板的程度和所施加的力来计算所需的制动力。然后，ECB、ECU 和制动防滑控制 ECU 集成在一起，连同液压制动系统，传递给车轮施加需要的制动力。

6. 转向系统

由于纯电动新能源汽车取消了发动机，不能通过发动机驱动液压助力油泵的方式来实现液压助力。因此，大多数纯电动新能源汽车采用电动助力转向系统，即在原机械转向系统基础上安装电机，作为转向的辅助动力。

7. 组合仪表

与传统汽车相比，新能源汽车的组合仪表少了各种指针，而用纯液晶显示屏代替，在显示的内容上，有行车电脑显示区域、车速表、续航里程以及各种指示警告灯等。

8. 车身电器

电动汽车车身电器包括为全车提供电源的低压电源供给和常规车身电器部件。低压电源供给用于将动力电池的电能通过 DC/DC 进行转变为 12 V 低压电源，为车载 12 V 动力电池和车身电器部件提供工作电源；常规车身电器部件包括灯光、中控门锁、信息娱乐系统、电动门窗等。

传统汽车则是通过发动机带动发电机给 12 V 蓄电池充电，为车身电器部件提供工作电源。

二、电源变换器

1. 新能源汽车中的电源变换器

电源变换器可分为直流 / 直流（DC/DC）变换器和直流 / 交流（DC/AC）变换两类。在新能源汽车中采用的主要是 DC/DC 电源变换器，有降压、升压、双向降—升压三种形式。电源变换器是实现电气系统电能变换、电能传输和电力拖动的重要电气设备。在各种新能源汽车中，电源变换器主要实现下列功能。

（1）不同电源之间的特性匹配

以燃料电池电动汽车为例：一般采用燃料电池组和动力电池的混合动力系统结构；在能量混合型系统中，采用升压 DC/DC 转换器；在功率混合系统中，采用双向 DC/DC 转换器。

（2）驱动直流电机

在小功率（一般低于 5 kW）直流电机驱动的转向、制动等辅助系统中，一般直接采用 DC/DC 电源变换器供电。

（3）给低压蓄电池充电

在新能源汽车中，需要高压电源通过降压变换器给蓄电池充电，一般采用隔离型的降压电路形式。

2. 降压变换器

（1）直流斩波（Buck）式降压变换器

图 1-4 所示为 Buck 式降压变换器的基本电路，其中，V_i 是输入电压；L、C 分别为电感与电容，对输出电压和电流进行滤波；Q 为功率开关管；VD 为续流二极管。当 Q 导通时，输出电压 V_o 等于输入电压 V_i；当 Q 关断时，输出电压等于 0，通过 Q 的交替导通与关断获得给定可调的输出电压，达到降压的目的。其输入电压与输出电压的关系为

$$V_o=V_iD$$

式中：D 为开关占空比，$0 \leqslant D \leqslant 1$，因此，$V_o \leqslant V_i$。

Buck 电路是非隔离式的，一般用在输入、输出电压相差不大的场合，例如，用于车载小功率高压直流电机的调速。

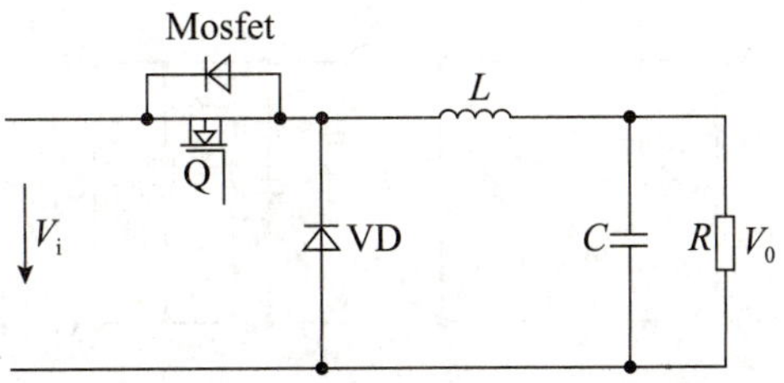

图 1-4　Buck 式降压变换器的基本电路

（2）单端正激式降压变换器

单端正激式降压变换器，如图 1-5 所示，是由 Buck 电路衍生而来，在变压器 TR 的原边，通过开关管 Q 的交替导通与关断，在绕组 N_1 上产生占空比可调的电压脉冲，通过变压器的电磁耦合作用，变压器副边绕组 N_2 的输出经过整流和滤波后输出直流电压 V_o，输入电压与输出电压的关系为

$$V_o=V_iD\frac{N_2}{N_1}$$

式中：D 为开关占空比，$0\leqslant D\leqslant 1$。

与 Buck 电路相比，该公式多了一项变压器副边与原边的匝数比，通过选择合适的变压器降低匝数比，可以得到输出平稳的低电压，同时，由于输入、输出电压的隔离性质，单端正激式电源变换器广泛应用于车载 24 V 蓄电池的充电电源中。

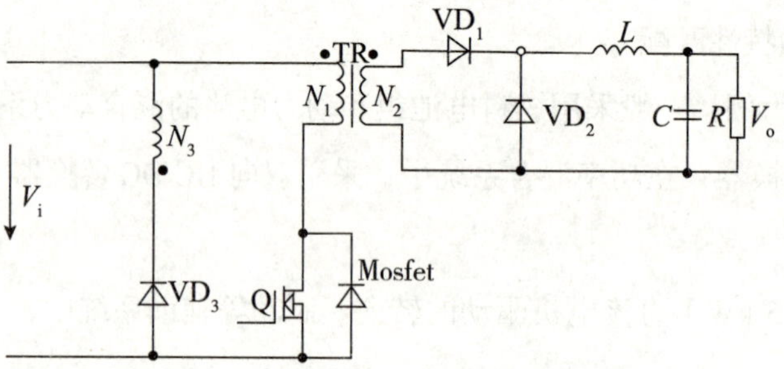

图 1-5 单端正激式降压变换器的电路原理

3. 升压变换器

升压变换的 DC/DC 转换器一般有两种结构：Boost 型和全桥逆变式。

（1）Boost 型变换器

Boost 型变换器也称为并联开关变换器。其电路原理如图 1-6 所示。由开关管 VT_1、二极管 VD_1、储能电感 L_1 和输出滤波电容 C_1 组成。当 VT_1 导通时，能量从输入端 AO 流入并储存于电感 L_1 中，由于 VT_1 导通期间正向饱和管压降很小，二极管 VD_1 反偏，变换器输出由滤波电容 C_1 提供能量。当 VT_1 截止时，电感 L_1 中的电流不能突变，它所产生的感应电势阻止电流减小，感应电势的极性为右正左负，二极管 VD_1 导通，电感中储存的能量经二极管 VD_1 流入电容 C_1，并供给输出端 BO。如果开关管 VT_1 周期性地导通和截止，开关周期为 T，其中，导通时间为 t_{on}，截止时间为 $T-t_{on}$，则 Boost 型变换器输出 V_o 和输入 V_i 之间的关系为

$$V_o=V_i\cdot\frac{T}{T-t_{on}}$$

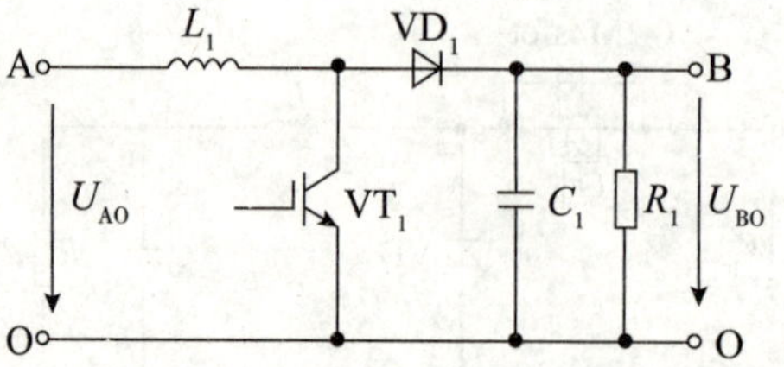

图 1-6 Boost 型变换器电路原理

由上式可知，当开关周期 T 不变、改变导通时间 t_{on} 时，就能获得所需的上升电压值。

当开关管 VT_1 导通时，其饱和压降只有 2～3 V。在 VT_1 截止期间，二极管 VD_1 的压降为 1 V 左右，因此，Boost 型变换器的效率可以高达 90% 以上；其电路结构简单、器件少，作为车载变换器，还具有重量轻、体积小的特点。

（2）全桥逆变式变换器

全桥逆变式变换器的电路原理如图 1-7 所示，主要由开关管 VT_1 ～ VT_4、中频升压变压器 TR 和输出整流二极管 VD_1、VD_2 组成。开关管 VT_1 ～ VT_4 构成全桥逆变电路，需要两组相位相反的驱动脉冲进行控制：当 VT_1 和 VT_4 同时导通、VT_2 和 VT_3 同时截止时，输入电压 V_i 通过 VT_1 和 VT_4 加到中频变压器 TR 的原边线圈上，原边电压 $V_{TR}=V_i$；当 VT_1 和 VT_4 同时截止、VT_2 和 VT_3 同时导通时，输入电压通过 VT_2 和 VT_3 反方向地加到中频变压器 TR 的原边线圈上，原边电压 $V_{TR}=-V_i$；当开关管 VT_1 ～ VT_4 同时截止时，$V_{TR}=0$。这样，通过开关管 VT_1 ～ VT_4 的交替导通和关断，将输入的直流电压转换成交流电压加到变压器上，其副边电压通过 VD_1 和 VD_2 整流，输出直流电压。如果开关管 VT_1 ～ VT_4 开关周期为 2 T，其中，导通时间为 t_{on}，变压器副边与原边变比为 n，则全桥逆变式变换器输出 V_o 和输入 V_i 之间的关系为

$$V_o=V_i n\frac{t_{on}}{T}$$

由上式可知，当采用升压变压器时，$n>1$，可获得变换器的升压特性；当开关周期 T 不变、改变导通时间 t_{on} 时，就能调节输出的电压值。

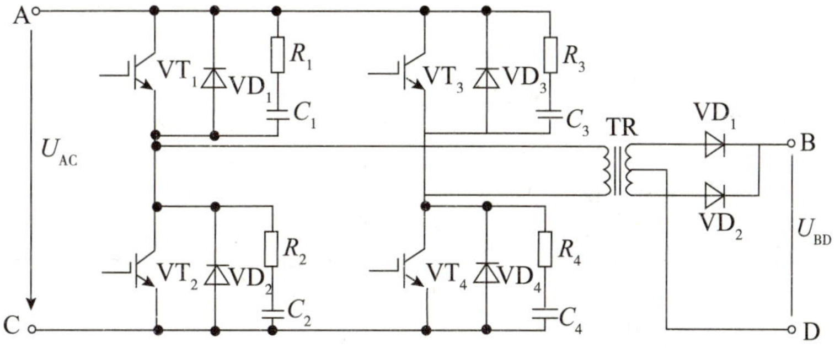

图 1-7　全桥逆变式变换器的电路原理

与 Boost 电路相比较，全桥逆变式变换器的输入和输出是通过中频变压器隔离的，由于变压器具有一定的频率响应带宽，在变换器输入端和变压器原边电路产生的部分高频干扰信号不能传输到变换器的输出端。因此，作为车载变换器，全桥逆变式结构具有较好的电磁兼容性能。

4. 双向电源变换器

在混合动力电动汽车中，动力电池组通过双向电源变换器连接到直流母线上，以实现动力电池和燃料电池组或发电机组的功率混合。当燃料电池组或发电机组对动力电池进行充电时，电源变换器起到降压作用；当动力电池通过总线释放能量时，电源变换器起到升压作用。

（1）双向电源变换器的电路结构

双向电源变换器采用 Buck-Boost 复合电路结构，如图 1-8 所示。在 Boost 工作模式下，镍氢电池组

端电压为 U_1，总线电压为 U_h，U_1 通过升压电感 L、开关管 VT_2 的升压变换经二极管 VD_1 接到总线电压，和燃料电池发动机实现功率混合。在 Buck 工作模式下，总线电压 U_h 通过开关管 VT_1 的斩波降压经电感 L、电容 C_2 的滤波作用输出 U_1 对镍氢电池组进行充电，二极管 VD_2 在降压过程中实现输出电流的续流作用。

以功率混合型燃料电池电动汽车为例，说明双向电源变换器升压特性和降压特性的实现方法。系统参数的配置为：燃料电池发动机额定输出功率 100 kW、工作电压 350 V；最大使用功率 130 kW、工作电压 330 V。当总线电压低于 350 V 时，镍氢电池组开始通过双向电源变换器放电，放电功率随总线电压的降低而增大；当总线电压低至 330 V 时，镍氢电池组达到最大放电功率 50 kW。

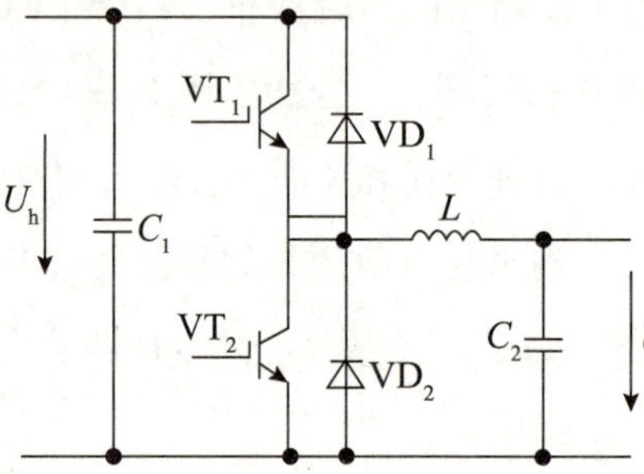

图 1–8　双向电源变换器的电路结构

（2）双向电源变换器的升压特性

双向电源变换器的升压特性如图 1–9（a）所示，呈现了电压缓降特性与恒流特性的复合电源特性。

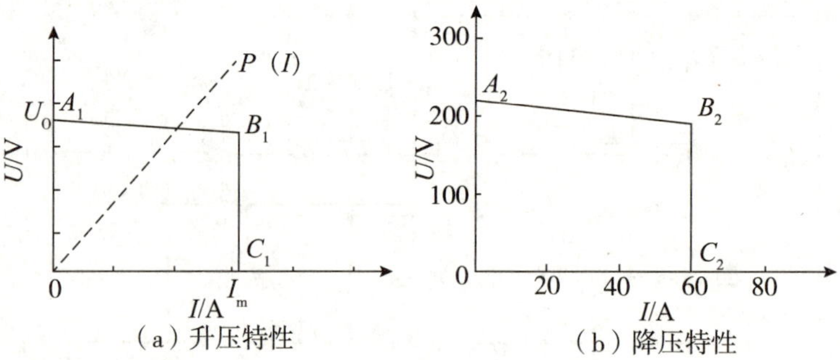

图 1–9　双向电源变换器的输出特性

随着电流的增大，输出功率增大；当电流增大到 I_m 时，输出功率达到最大值，之后电源变换器的输出进入恒流特性，设置恒流特性是为了保障电源变换器和动力电池组的安全工作。

在动力电池组放电的混合动力工作模式下，功率随总线电压的下降呈单调增大的趋势。因此，对于任意的车辆行驶功率，都有对应确定的总线电压值和燃料电池或发电机、电源变换器的稳定工作点，从而保证了动力系统工作的稳定性。

（3）双向电源变换器的降压特性

当需要对动力电池组进行充电时，双向电源变换器处于降压工作模式，电源输出特性如图 1–9（b）所示，由缓降电压特性段和恒流特性段组成。

当动力电池组的荷电状态（SOC）较低时，降压电路工作在恒流段，可实现大电流恒流充电；随着动力电池组 SOC 值和端电压的提高，电源变换器工作在缓降电压段，充电电流随着电池组端电压的升高而逐渐减小，从而保证电池组充电过程的安全。

（4）双向电源变换器的工作模式

以燃料电池混合动力电动汽车为例，说明双向电源变换器的工作模式。根据母线电压的变化，结合上述的电源变换器升压和降压特性，双向电源变换器主要有以下三种工作模式。

① 电池组放电的混合工作模式。当母线电压降低，接近 U_0 时，启动双向电源变换器的升压电路，输出空载电压 U_0。当总线电压保持在 U_0 以上时，升压电路中二极管 VD_1 处于截止状态，电源变换器没有输出电流；当燃料电池发动机输出功率进一步增大，使得母线电压小于 U_0 时，升压电路开始输出电流，并且跟随母线电压的进一步变化，自适应调节输出电流的大小，使得电源变换器输出功率随着燃料电池发动机输出功率的增大而增大。

② 纯燃料电池发动机工作模式。随着车辆行驶功率的减小，母线电压大于电源变换器升压电路的空载电压 U_0 时，升压电路自动停止输出电流，系统回到纯燃料电池发动机工作模式。

③ 电池组充电的混合工作模式。当母线电压大于 U_0 较多时，说明车辆行驶的需求功率较小，启动双向电源变换器的降压电路。在降压特性作用下，根据电池组的端电压，充电电流自适应变化。随着电池组端电压的增大，充电电流逐渐减小。当充电电流小于 5 A 时，说明电池的 SOC 较大，关断降压电路。这种混合工作模式利用燃料电池发动机实现车载充电，与纯电动汽车需要专用充电设备和较长充电时间相比，车辆的使用效率得到了提高。

图 1-10 为模拟车辆加速过程得到的总线电流、电压和功率。从图中可以看出：当总线电压高于 U_0 时，只有燃料电池发动机提供总线电流，如图 1-10（a）中 I_1 所示；当总线电压低于 U_0 时，镍氢电池组通过双向电源变换器输出电流 I_2，随着总线电压的降低，混合动力系统总输出功率增大，整个过程中，电压、电流变化平稳，系统稳定运行。

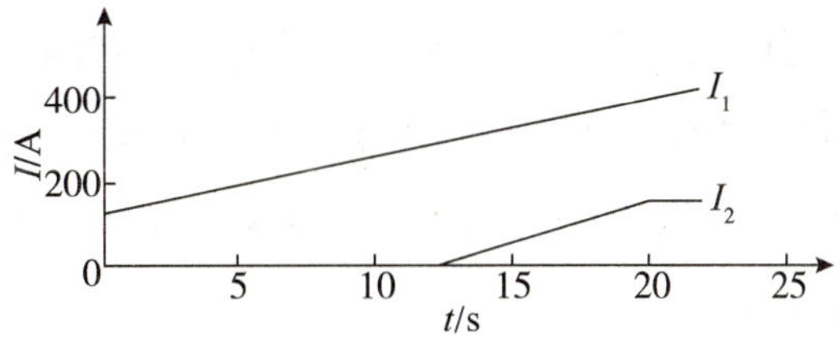

（a）总线电流

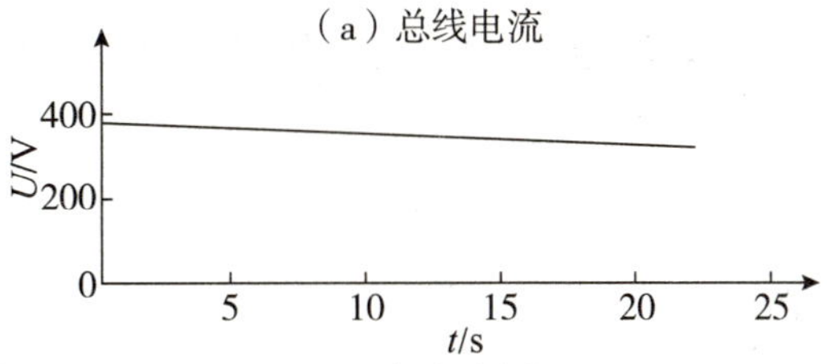

（b）电压

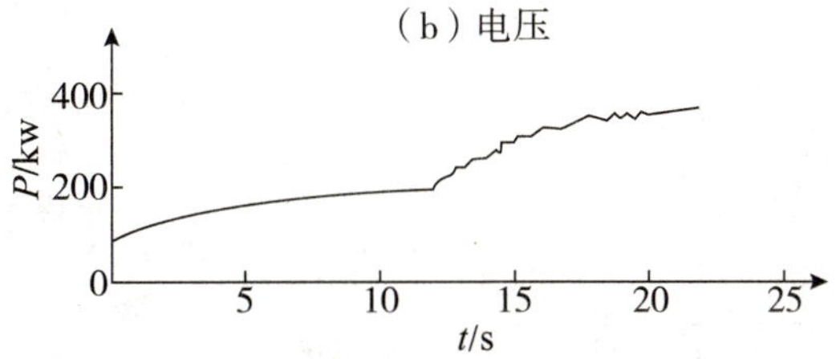

（c）功率

图 1-10　模拟车辆加速过程总线电流、电压、功率波形

三、电气系统的电磁兼容性

在电源变换器完成能量变换与传输的同时，功率开关管周期性的导通与关断将产生宽频的电磁发射，通过电缆和底盘对车辆控制系统产生干扰，形成复杂的新能源汽车电磁环境。

1. 电磁兼容的主要术语

（1）电磁兼容

电磁兼容是研究在有限的空间、时间和频谱资源条件下，各种电气设备可以共存并不会引起性能降级的一门学科。按国家标准《电磁兼容术语》（GB/T 4365—1995）中的定义为："设备或系统在其电磁环境中能正常工作，且不对该环境中任何事物构成不能承受的电磁骚扰的能力。"实际上，电磁兼容包括了两个重要内容：能够抵御环境中的电磁干扰；并且不对环境造成不能承受的电磁骚扰。

国内外大量的经验表明，在产品的研制生产过程中，越早注意解决电磁兼容性，则越可以节约人力与物力。

（2）电磁发射

电磁发射指从源向外发出电磁能量的现象。发射不仅指电磁能量向外界空间进行的电磁辐射，也包括以电流形式在电导体中进行的电磁能量的传导。

（3）电磁骚扰

电磁骚扰通常也称为电磁噪声，是一种不传送信息的时变电磁现象，可能与有用信号叠加或组合。

（4）电磁干扰

电磁干扰指导致电气设备、传输通道或系统性能下降的电磁噪声。

2. 电磁噪声的分析

日常所接触到的电磁噪声，其时域波形与频域特性都是非常复杂的。按其时域特性来分，可分为随机噪声与脉冲噪声两大类。例如，热噪声、气体放电噪声等都属于随机噪声类型。而绝大多数脉冲噪声的时域波形都是非理想的不规则脉冲。实际上，电磁兼容领域最关心的不是脉冲的具体波形或频谱的细节，而是不同波形脉冲的总体特性。

图 1-11 为 8 种不同波形的脉冲频谱包络特性，可见矩形脉冲的谱线幅度下降最慢，且能延伸到最高的频率范围，而高斯脉冲所占用的频带最窄。

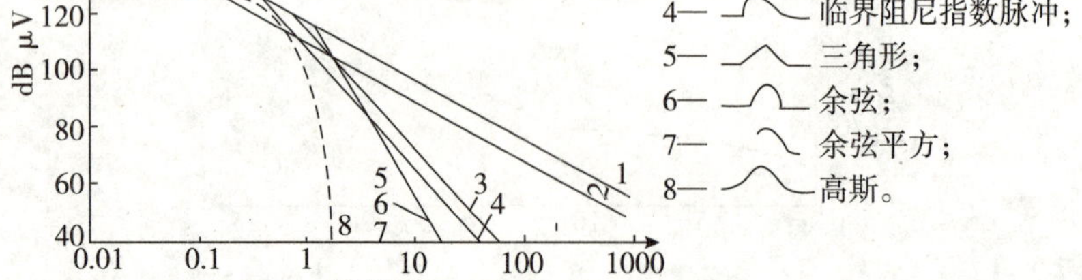

图 1-11　不同波形的脉冲频谱包络特性

对于电磁波来说，无论是传导还是辐射，传播特性都与所研究的导线或空间的几何尺寸对信号的波长比值密切相关。由于电磁脉冲的频谱非常宽，所以信号波长所占的范围也非常宽，如表 1–1 所示。

表 1–1　不同频率信号对应的波长

频率	10 kHz	1 MHz	100 MHz	1 GHz
波长 /m	3×10^4	300	3	0.3

在一个特定的空间距离，对于某些频率的信号为近场，而对于另一些频率则为远场。例如，在 3 m 内测量，对于 10 MHz 以下的频率属于近场范围，而对于 300 MHz 以上频率已进入远场区；另一方面，同样长度的导线，对于某些频率为长线，而对于另一些频率则为短线。这就使得分析宽频谱电磁噪声的传播特性时，远场与近场需同时考虑，长线与短线需同时考虑，大大增加了所解决问题的复杂性。

3. 减少电磁干扰的主要措施

通常用于减小电磁干扰的措施主要有屏蔽、滤波和接地。

（1）屏蔽

屏蔽是利用屏蔽材料阻止或减少电磁能量在空间传输的一种措施。按照之前所述的电磁兼容的定义，屏蔽是从“空间”解决电磁兼容问题的方法。

屏蔽的性能是以屏蔽效能来衡量。屏蔽效能的定义是：对给定外来源进行屏蔽时，在某一点上屏蔽体安放前后的场强之比。

屏蔽效能与屏蔽材料的电导率、磁导率、屏蔽体的结构、与源的距离、场的性质（电场或磁场）以及所考虑的频率等因素有关。

从屏蔽机理来观察，对于单层的屏蔽体完成屏蔽效果有三种不同的作用。

① 在空间传播的电磁波到达屏蔽体表面（边界 1）时，由于空气—屏蔽体表面阻抗的不连续性，对入射波产生反射作用。这种反射不要求屏蔽材料有足够的厚度，而只要求边界的阻抗不连续。

② 未被表面反射而进入屏蔽体内的能量，在其内传播时，被屏蔽材料所衰减（吸收）。此种衰减除与材料的特性有关外，还与材料的厚度有关。

③ 在屏蔽体内尚未衰减掉的剩余能量，传到材料的另一表面（边界 2）时，遇到屏蔽体金属—空气界面阻抗的不连续再次产生反射，并重新折回屏蔽体内。这种反射在两界面间可能重复多次。在能量每次到达边界 2 时总有一部分漏向（边界 2）外面的空间，所有这些能量的总和，就形成了存在屏蔽体时的电场强度或磁场强度。

（2）滤波

滤波是在频域处理电磁兼容问题的手段。通过滤波，可以抑制传导电磁骚扰。完成滤波作用的部件称为滤波器。

滤波器按其处理信号的类别，可以分为信号选择滤波器与电磁骚扰（抑制）滤波器两大类。信号选择滤波器的主要作用是选出所需频率（或所需频率范围）的信号。例如，在一般接收机和测量接收机内的高频放大级或中频放大级中就有许多信号选择滤波器。

在此主要介绍的是电磁骚扰（抑制）滤波器。按使用场合，常见的滤液器包括电源线滤波器、电话线滤波器、信号线滤波器、控制线滤波器、数据线滤波器等。这些滤波器都是低通滤波器，对应滤波器的名称就是需要在该类滤波器内通过的有用频率成分，而高过这些频率的成分，则属于滤波器的阻带。图 1–12 为电源滤波器的频率特性曲线。由该曲线可知，对于 50 Hz 的电源频率，其衰减很小，而对于高过 150 kHz 的各种频率成分的电磁骚扰，可以提供高达 100 dB 以上的衰减。将这种滤波器串接在电源电路中，可以有效地抑制由公共电网系统带来的各种传导干扰。

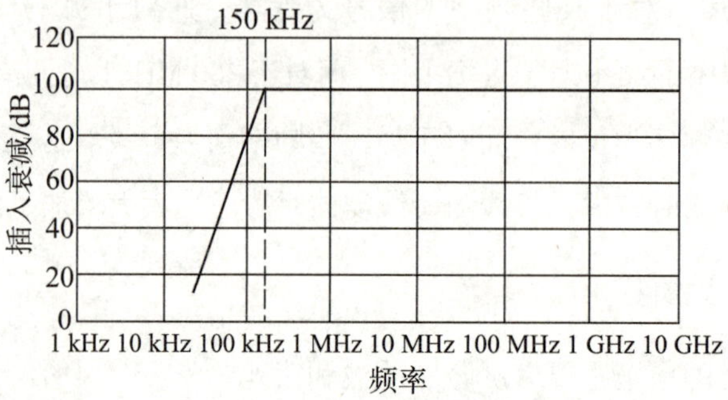

图 1–12　电源滤波器的频率特性曲线

电磁骚扰滤波器的最主要指标如下。

① 频率特性。频率特性反映了滤波器随频率的改变其插入损耗的变化。对于通带，其插入损耗应很小；而对于阻带，其插入损耗很大。

插入损耗（L）的定义为

$$L=20\lg\frac{E_2}{E_1}$$

式中：L 为插入损耗，dB；E_1 为不接滤波器时，信号源在负载电阻上建立的电压；E_2 为信号源通过滤波器时在负载电阻上建立的电压。

从频率特性也可以看出通带与阻带间过渡段的频率特性曲线的斜率。若要求的斜率越陡，则滤波器越复杂，成本也越高。

随着应用场合的不同，通带的最高频率也不同。例如，电源滤波器，主要通过工频（50、60 或 400 Hz）；信号线、控制线、数据线滤波器则需根据所需传送的信号频带而定。当需要传送的频率上限较高时，往往高过所希望滤除的电磁骚扰的最低频率，即要求的通带与阻带交叉，这种情况，使用滤波器就不可能实现，而必须采取其他措施，如光电隔离器等。

② 阻抗。滤波器插入在信号源与负载之间，理论上讲，其输入阻抗应与信号源匹配；输出阻抗应与负载匹配。但由于滤波器的工作频段（包括阻带与通带）很宽，在这样宽的频率范围内要求输入、输出端的良好阻抗匹配是不可能的，并且信号源本身（如电源滤波器的源就是公共电网）的阻抗变化也很大，更无法做到匹配。于是就出现了问题：测量频率特性曲线时总需要规定一个固定的源阻抗与负载阻抗，而使用时的阻抗又不可能与测试特性时的阻抗一致。这会导致工作时的频率特性曲线与实验室的测量结果可能会有出入。

有一类电磁骚扰滤波器，故意设计成在阻带频带范围内阻抗严重不匹配，从而通过反射而达到阻带的高插入损耗，此种称为反射滤波器。

③ 额定电压。滤波器的额定电压必须足够高，以保证在所有的预期条件下都能够可靠地工作。因为，当外加电压超过额定电压时，滤波器内的电容器或电阻可能被击穿或烧毁。额定电压这项指标对于电源滤波器或输入信号中带有脉冲时尤为重要。

④ 额定电流。额定电流是指在连续运用时，不破坏滤波器中的电阻和电感性能的最大容许电流。额定电流应该与滤波器内部的开关、熔丝、电感线圈导线的载流量、工作温度等有关。但更应该注意的是，如果滤波器中的电感采用了磁性材料，那么在计算额定电流时的安匝数不应将磁性材料的工作点推至饱和区。因为一旦进入饱和区，电感量会变小，将影响整个滤波特性，严重时还可能使滤波器输出波形失真。

⑤ 漏电流。对于电源滤波器，当负载开路时，输入端相线对地线之间的电流称为滤波器的漏电流。这一电流是由于该滤波器的相线与地之间接有电容器以便滤除共模骚扰而引起的。有时由于该电容器的容量过大，而使得对于 220 V、50 Hz 电源漏电流可高达几安。但工作在同一电压、频率下的微小漏电流滤波器，可以将漏电流控制在 2 mA 左右。漏电流的缺点是：如果在电源电路中，滤波器前接有漏电流保护器，那么滤波器的漏电流足以使保护器动作。此外，漏电流是容性的，如果大批高漏电流滤波器同时安装在同一电网上，将会使功率因数下降。对于同一滤波器，漏电流的大小正比于输入端工作电压。

思考练习

一、选择题

1. 低电压系统采用直流（　　）电源。

A. 24 V 或 36 V

B. 12 V 或 24 V

C. 12 V 或 36 V

D. 10 V 或 12 V

2. 下列属于降压变换器的是（　　）。

A. Boost 型变换器

B. 全桥逆变式变换器

C. 直流斩波式变换器

D. 以上都不是

3.（　　）是研究在有限的空间、时间和频谱资源条件下，各种电气设备可以共存并不会引起性能降级的一门学科。

A．电磁兼容

B．电磁发射

C．电池干扰

D．电池骚扰

二、简答题

1．简述新能源汽车的电气系统的基本组成。

2．简述双向电源变换器的工作模式。

3．简述新能源汽车中的电源变换器功能。

第二章

安全用电

本章导读

新能源汽车是采用高压动力蓄电池来驱动车辆行驶的，该电压通常在 300 V 以上，因此，在使用和维护新能源汽车时一定要注意用电安全。虽然，新能源汽车在设计时车辆上有相关的保护措施，但是，为保证所有人员、车辆及相关设备的安全，在使用、维护维修时，也必须建立安全用电意识，创造安全可靠的作业环境，严格按照安全操作规程作业。

学习目标

1. 能认识高压电，了解高压电对人体的伤害。
2. 能掌握人体触电的基本形式。
3. 掌握新能源汽车的高压安全措施。
4. 能对新能源汽车高压电系统故障做出正确分析。

思政目标

1. 培养学生安全操作意识、爱岗敬业的工作态度和精益求精的工匠精神。
2. 弘扬伟大建党精神，培养学生自信自强、踔厉奋发成为德才兼备的高素质人才。

第一节 安全用电常识

一、认识高压电

新能源汽车动力蓄电池的电压通常在 300 V 以上，如果不按照高压安全操作规范进行维护、维修作业，则有可能导致触电事故的发生。

1. 安全电压

在电网中，一般情况下允许接触的安全电压是 36 V。在新能源汽车上，根据国家标准《电动汽车安全要求 第 3 部分：人员触电防护》（GB/T 18384.3—2015）中明确规定，新能源电动汽车上的工作电压分为 A 级和 B 级，如表 2–1 所示。其中 B 级的直流工作电压在 60 V 以上，交流工作电压在 30 V 以上，这就是新能源汽车的高压电。

表 2–1 新能源电动汽车的工作电压等级划分

电压等级	工作电压 / V	
	直流	交流
A	$0 < U \leqslant 60$	$0 < U \leqslant 30$
B	$60 < U \leqslant 1\,500$	$30 < U \leqslant 1\,000$

2. 安全电流

实际上，人体触电并不是指人体接触到了很高的电压，而是因为过高的电压通过人体后，会在人体中形成电流，从而导致人体受伤。因此，伤害人体的不是电压，而是电流。

当人体接触的电压达到一定值以后，就会有相应的电流流过人体。不同电流值对人体的伤害不同，如图 2–1 所示。能引起人体感觉到的最小电流值称为感知电流，感知电流为 1 mA。触电后能自己摆脱的最大电流称为摆脱电流，摆脱电流为 10 mA。在较短的时间内危及生命的电流称为致命电流，致命电流为 50 mA。

同样的电流值，交流电的伤害更大。交流电压引发交流电流流过人体，而该电流会引起肌肉收缩和心脏颤动。其中，频率为 40 ～ 60 Hz 时，交流电压的危险性最大。交流电会迅速引发心室纤维颤动，若不能及时救治，就会有生命危险。

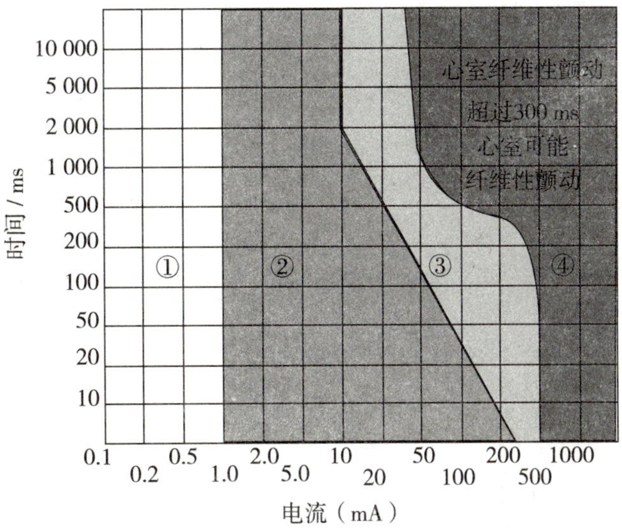

① 无感觉；② 有感觉，直至肌肉收缩；

③ 收缩，呼吸困难；④ 颤动，呼吸停止，心脏停止跳动。

图 2–1　不同电流值对人体的伤害反应

3. 人体电阻

人体血液中含有电解液成分，而电解液提升了人体的导电性。同样，皮肤、肌肉也具有一定的导电能力。使用普通的万用表测量人体电阻时，会得到一个比较高的测量值。大多数人的人体电阻在 1 kΩ ～ 10 MΩ 之间，主要是人体的皮肤电阻。当皮肤潮湿或破损时，电阻值会明显下降。但在接触高压电时，人体电阻会变得很小，约为 1 kΩ，这主要是因为高压电击穿了人体皮肤后加速了血液的电解，提高了人体导电能力，特别是有主动脉的胸腔部位和躯干部位，电阻更小，而最大的危险是电流通过心脏时刺激心脏产生的异常颤动。

图 2–2 为人体等效电阻。例如，新能源汽车上 300 V 的直流电压穿过人体（两手之间）后，可以通过欧姆定律粗略计算出通过人体的电流为

$$I=\frac{U}{R}=\frac{300\ \text{V}}{1\ 080\ \Omega}=278\ \text{mA}$$

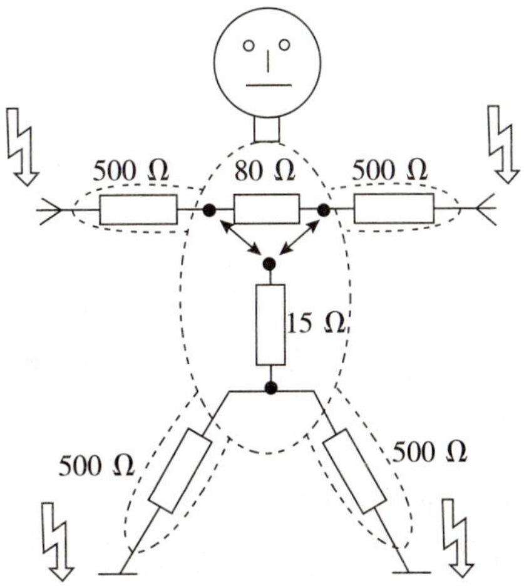

图 2–2　人体等效电阻

二、人体触电的方式与危害

1. 人体触电的方式

人体触电分单线触电、双线触电、跨步电压触电等。

（1）单线触电

单线触电是人体某一部分触及一相电源或接触到漏电的电器设备时，电流通过人体流入大地造成触电，如图 2-3（a）所示。需要注意的是，当电器设备内部绝缘损坏而与外壳接触时，将使其外壳带电。当人体触及带电设备的外壳时，相当于单线触电，大多数触电事故属于单线触电。

（2）双线触电

双线触电也叫作相间触电，指人体在与大地绝缘的情况下，同时接触到两根不同的相线，或者人体同时触及电器设备的两个不同相的带电部位时，电流由一根相线经过人体流到另一根相线，形成闭合回路，如图 2-3（b）所示。人体承受的双线电压将比单线触电时高，危险性更大。

（3）跨步电压触电

跨步电压触电是指当高压电网搭铁点或防雷搭铁点及高压相线断落或绝缘损坏处，有电流流入地下时，强大的电流在搭铁点周围的土壤中产生电压降，如图 2-3（c）所示。如果误入搭铁点附近，应双脚并拢或单脚跳出危险区。从安全防护的角度而言，在查找搭铁故障点时，应穿绝缘靴，以防跨步电压电击。

（a）单线触电　（b）双线触电　（c）跨步电压触电

图 2-3　触电形式

2. 新能源汽车高压电常见触电方式

人体触电的原因是人体与接触的电源之间形成了回路，有电流流经人体。

新能源汽车的高电压系统独立形成回路，与车身之间采取电气隔离，并且高压部件的外壳通过等电位线缆相连，与车身形成搭铁。因此，在一个高压部件正极对外壳短路；另一个高压部件负极对外壳短路的情况下，由于人体没有电位差，不会产生电流，人体也就不会触电，如图 2-4 所示。

若新能源汽车高压部件之间没有等电位线，在一个高压部件正极对地短路；另一个高压部件负极对地短路的情况下，就会发生触电事故，如图 2-5 所示。

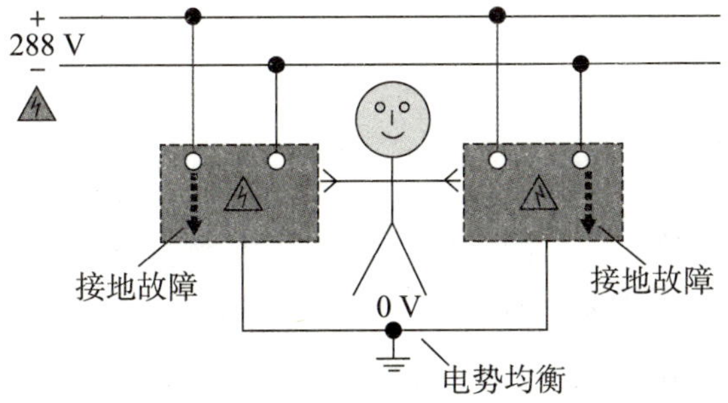

图 2–4　非触电情况

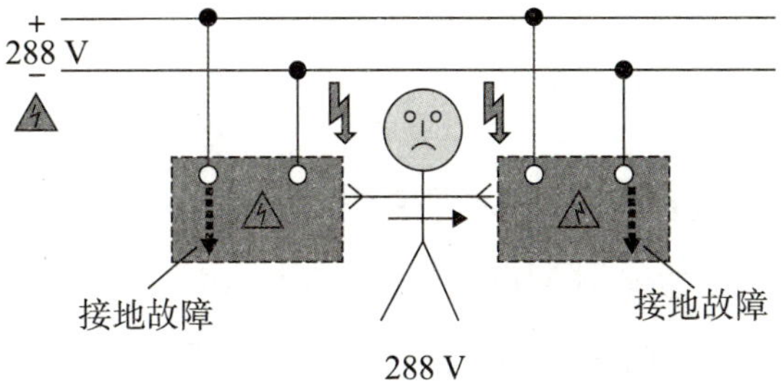

图 2–5　触电情况

3. 触电的伤害形式

电流对人体的伤害有三种形式：电击、电伤和电磁场伤害。

（1）电击：是指电流通过人体，破坏人的心脏、肺及神经系统的正常功能。

（2）电伤：是指电流的热效应、化学效应和机械效应对人体的伤害，主要指电弧烧伤、熔化金属溅出导致的烫伤等。

（3）电磁场：伤害是指在高频磁场的作用下，人会出现头晕、乏力、记忆力减退、失眠、多梦等神经系统的症状。

一般来讲，电流通过人体的心脏、肺部和中枢神经系统的危险性较大，特别是电流通过心脏时，危险性最大，所以从手到脚的电流途径最为危险，因为沿该条途径有较多的电流通过心脏、肺部等重要器官；其次危险的是从一只手到另一只手的电流途径。

此外，触电后还容易因剧烈痉挛而摔倒，导致电流通过全身，并造成摔倒、坠落等二次事故伤害。

第二节　新能源汽车的安全用电

相对传统汽车来说，新能源汽车采用了大容量动力电池、高压驱动电动机等高压电气系统，所以对其安全性能及其防护提出了更高的要求。高压用电安全已经成为新能源汽车的共性问题。

新能源汽车的驱动平台是一个高电压、大电流的电力回路系统，在新能源汽车上高电压系统的电压可以达到 300 ～ 500 V，电流可以达到数百安培，瞬时短路放电的电流更是成倍增加。在新能源汽车上采用高电压、高转速的电力驱动模式可以提高电动机的输出功率，减小电路导线的截面积和质量，减轻电动机的重量。但是，这种高电压系统对乘车人员的安全有极大的威胁，一旦触及（电）就会造成乘员的严重伤害，还会对低电压系统电器和控制器的正常工作造成影响。

一、新能源汽车的高压安全防护措施

1. 漏电保护器

新能源汽车安装漏电保护器是必要的，一旦有正母线或负母线与车身相连，保护器就会报警，这就避免了电动机壳体漏电成为高压正极及站在车上的人触摸负极造成电击伤。这样的设计也可避免空调系统高压、DC/DC 系统高压的泄漏。漏电保护器用于无轨电车和新能源汽车上，当电车设备漏电或人身触电对地漏电流达到规定值时，漏电保护器自动断开电源，保护人身安全，防止设备故障扩大。

2. 高压互锁

逆变器密封在高压盒中，非工作人员不能拆开。但也会有因工作人员疏忽和非工作人员强行拆开的情况，为防止电击伤，在逆变器盒盖上设计高压互锁开关，只要逆变器盒体打开，开关立即动作，控制器收到信号断开系统的主继电器，避免意外电击出现。

高压互锁回路，如图 2–6 所示。当整车发生碰撞时，碰撞传感器发出碰撞信号，触发 HVIL 断电信号，整车高压源会在毫秒级时间内自动断开，以保障人员的安全。图 2–7 为将监测器设置在连接器上的一体式装置。

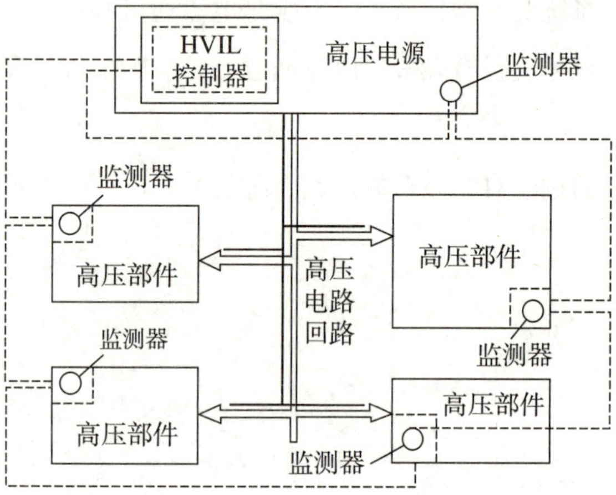

图 2–6　高压互锁回路示意图

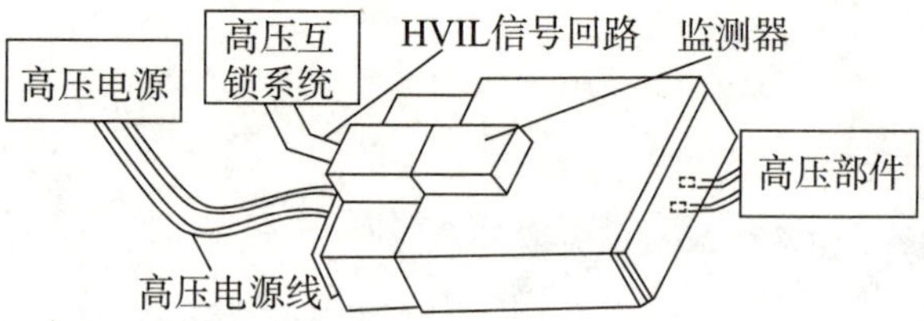

图 2–7　监测器设置在连接器上的一体式装置

3. 绝缘电阻检测

较高的供电电压对整车的电气安全提出了更高的要求，尤其是对高压系统的绝缘性能提出了更为苛刻的要求。绝缘电阻是表征新能源汽车电气安全好坏的重要参数，相关新能源汽车安全标准均作了明确规定，目的是为了消除高压电对车辆和驾乘人员的潜在威胁，保证新能源汽车电气系统的安全。

人体能够承受的安全电压是指一定强度的电流通过人体而没有引起任何伤害的电压，因此安全电压的大小取决于人体允许通过的电流和人体电阻。根据国家有关安全标准，人体允许电流不能超过 30 mA，在某些特殊场合下将更小。我国安全电压多采用 36 V，即大体相当于危险环境下的安全电压。有的国家规定 2.5 V 为一级的安全电压值，即相当于人体大部分浸入水中，且如果不能摆脱带电体或强烈痉挛即可导致致命的二次事故的情况。同时，根据国际电工标准《为蓄电池驱动的道路车辆提供能量的电气装置》（IEC 60529）的规定，对正常工作中的触电防护要求为在任意可接触的触点间的峰值电压应低于 42.3 V。

二、新能源汽车用电的安全

1. 在线绝缘检测

新能源汽车的运行情况非常复杂，在运行过程中难免会出现部件间的相互碰撞、摩擦、挤压，导致高压电路与车辆底盘之间的绝缘性能下降。电源正负极引线将通过绝缘层和底盘构成漏电流回路。当高压电路和底盘之间发生多点绝缘性能下降时，还会导致漏电回路的热积累效应，可能造成车辆的电气火灾。因此，高压电气系统相对车辆底盘的电气绝缘性能实时检测是电气安全技术的核心内容。

绝缘监控仪内部产生一个正负对称的方波信号，并通过 $L+$、L 和 KE、E 端子与直流高压系统和底盘之间的绝缘电阻 R_F 构成测量回路，测量回路中的电流在取样电阻 R_m 上会产生一个取样电压，这个电压信号被内置的微处理器采集。通过运算，可以得出绝缘电阻的大小。微处理器将计算得出的绝缘电阻值转换成 PWM 信号的占空比，并通过 PWM / PWM 端口对外输出，整车控制单元采集 PWM 信号后，将其占空比折算成绝缘电阻值，一方面可以送给仪表进行显示；另一方面也可以在整车控制程序中设置相应的阈值工作点，用于判定是否需要进行维护以及是否需要切断高压回路和禁止电动机启动。

2. 运行安全性

（1）故障报警

新能源汽车在运行过程中，如果出现异常情况，需要仪表或指示器以声或光报警的形式提醒驾驶员，让驾驶员注意车辆的异常情况，以便及时处理，避免发生安全事故。报警信号主要包括驱动电动机转速高于限值、驱动电动机温度高于限值、电动机控制器温度高于限值、绝缘值低、SOC 低于限值、单体电池电压低于限值、电池温度高于限值、辅助系统通信异常等信息。

（2）降功率运行

新能源汽车在运行过程中，如出现系统过电流、驱动电动机转速高于限值、驱动电动机温度高于限值、电动机控制器温度高于限值、SOC 值过低、系统电压低于限值、单体电池电压低于限值、电池温度高于限值等情况，控制系统应降功率运行电动机，以确保整车的安全。

（3）停车

新能源汽车在运行过程中，如出现系统电压低于限值、单体电池电压低于限值、电池温度高于限值、驱动电池温度高于限值、档位开关失效、踏板故障、电动机控制器严重故障（控制器温度高于限值、控制器模块故障等）、严重绝缘故障、辅助系统（助力油泵、空气压缩机）严重故障、电动机严重故障（电动机温度高于限值、电动机传感器失效）等严重故障时，控制系统应立即停止车辆，确保人身和财产安全。

3. 危险工况下安全性

由于动力电池的能量密度远远低于燃油的能量密度，使得纯电动汽车的质量有较大增加，碰撞中需要车辆耗散的动能明显增加，产生的事故后果也更为严重。同时由于纯电动汽车集成了大量的高压电气设备和线束，所以纯电动汽车在发生危险工况下的电安全非常重要。

（1）高压线束走向要求布置在车辆骨架内侧，以提高对高压线束和人员的保护作用。

（2）纯电动汽车应充分考虑电池箱的安放位置和固定措施，确保碰撞时动力电池箱不易受到碰撞损坏，或尽可能采取各类保护措施。如比亚迪 E6 的动力电池安装在汽车后半部。

（3）电池箱与车体应实现二次绝缘，箱内要设置烟雾温度报警系统，以便能及时对事故做出正确处理，确保人身和财产安全。

（4）车辆安装碰撞传感器和绝缘电阻检测装置。当车辆发生碰撞或绝缘电阻过低时，主动切断高压回路，实现电池组与外部电路的电隔离。

（5）主回路和电池箱内安装快速熔断器。当发生过电流事故时，主回路熔断器能迅速切断动力电池和电气设备的连接。

（6）在主回路和电池箱上安装手动断电装置。当发生事故时，可以手动切断各电池箱之间的电连接，将车辆整体电压降至安全电压范围内。

4. 运行实时监控系统

新能源汽车运行实时监控系统能采集车辆运行的各种信息，包括电池信息、驱动系统信息和车辆信息，跟踪记录每辆车的运行情况，以远程诊断的方式及时发现车辆故障，缩短故障响应时间，减少维修时间，并通过对车辆运行参数的评估，对故障进行预测，预防和杜绝重大事故的发生，确保新能源汽车的安全性。信息数据可以通过 CAN 总线，显示在汽车的数字仪表上，也可以向外部监控系统发送。

新能源汽车运行实时监控系统具有以下功能：实时监控电池 / 电动机安全运行状态、采集车辆运行数据、车辆远程监控、GPS 定位、数据存储管理、统计分析等。

5. 绝缘的分类

（1）基本绝缘。带电部件上对防触电（在没有故障的状态下）起基本保护作用的绝缘。基本绝缘不包括功能绝缘。

（2）附加绝缘。为了在基本绝缘故障情况下防止触电，而在基本绝缘之外使用的独立绝缘。

（3）双重绝缘。同时具有基本绝缘和附加绝缘的绝缘性。

（4）加强绝缘。提供相当于双重绝缘保护程度的带电部件上的绝缘结构。“绝缘结构”一词并不意味着绝缘必须是同类材料，它可以由几种不同于基本绝缘或附加绝缘那样能够单独试验的绝缘层组成。

6. 触电防护

（1）电路的电压分级

根据电路的工作电压 U，将电路分为以下几级，如表 2–2 所示。

表 2–2 电路的电压分级

电压级别	工作电压	
	直流系统 V	交流系统 (15 ~ 150 Hz) V(ms)
A	$0<U\leqslant 60$	$0<U\leqslant 25$
B	$60<U\leqslant 1\ 000$	$25<U\leqslant 660$

提示：60 V(DC) 或 25 V(AC) 的电压是因考虑了空气的湿度条件。对非交流电但是重复的脉冲电压，如果峰值持续时间大于 10 ms，则取工作电压力最大峰值。如果峰值持续时间小于 10 ms，则取工作电压为均方根 (rms) 值，记录下的交流电压值在规定的频率范围内是非常重要的。

A 级电压：较为安全的电压等级。直流电小于或等于 60 V；交流电 (50 ~ 150 Hz) 低于 25 V。在此电压范围内的维护人员不需要采取特殊的放电保护。

B 级电压：对人体会产生伤害，被认为是高电压。在该电压下必须采取必要的防护设备对维护人员进行保护。

（2）触电防护

触电防护应包含防止人员与任何带电部件的直接接触和在带电部件的基本绝缘故障的情况下的触电防护。对于 A 级电压的电路不要求提供触电防护。

① 直接接触防护。对于任何 B 级电压电路的带电部件，都应为人员提供危险接触的防护。直接接触防护应由带电部件的基本绝缘提供或由遮挡 / 外壳，或两者的结合来提供，并应满足相关的技术要求。

② 基本绝缘故障情况下的防护。任何 B 级电压电路的带电部件的基本绝缘故障时，应防止人员与外露可导电部件接触而导致的触电危害。

故障情况下，应由 I 类设备或 II 类设备或两者组合来防护。

（3）对触电防护方式的要求

按照“直接接触防护”与“基本绝缘故障情况下的防护”的要求，对电动汽车 B 级各电压电路的防护方式进行验证。如果不影响整车安全，可以用独立的部件试验代替。

（4）防水

应通过一个绝缘电阻监控系统提供防水监控，或通过遮蔽 B 级电压设备防止其暴露在小中，或依靠其他方式。如果车辆安装了绝缘电阻监控系统，应符合相关的技术的要求：如果车辆未安装绝缘电阻监控系统，应进行模拟车辆清洗、暴雨和涉水试验并应满足相关的技术要求。

三、新能源汽车用电注意事项

新能源汽车中的主要高压用电部件有电动机控制器、充电器、电池组、驱动电动机、DC/DC 变换器、高压配电箱、电动压缩机、电加热器等。引起新能源汽车起火的主要原因有电气线路短路，接触电阻过大，过负荷以及电池发热爆炸起火等。在使用新能源汽车时应注意以下几点。

1. 充电

车辆充电时应尽量在室外进行，人员不可待在车内及周边。充电线路要选择合适的线径，线路铺设应固定安装，要加装短路和漏电保护装置。车辆充电应按照说明书的规定进行充电。先将所有线路连接好后再合闸供电。尽量采用慢充而非采用快速充电方式。充电示意图如图 2-8 所示。

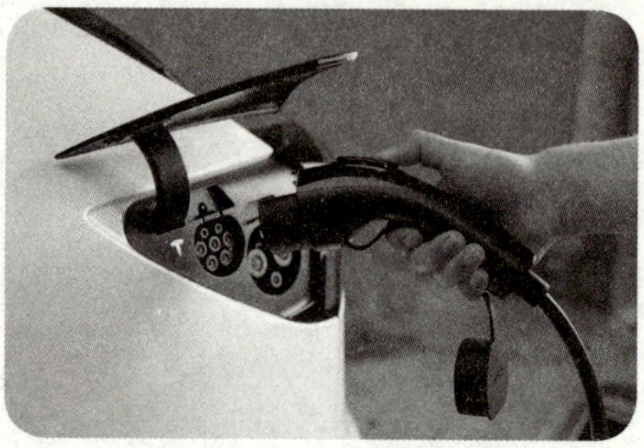

图 2-8　充电示意图

2. 停放

长时间停放应将小蓄电池的电源线拔下来。不要长时间放置于潮湿、高温、阳光暴晒等环境下。

3. 使用

在车辆上电之前，需要检查一下所有的线路连接是否紧固、正确。确保电池电量充足，避免放电。开车时尽量避免急加速、急制动等情况的出现。假如出现撞车等事故，首先要拔下钥匙，切断电源，并远离车辆，再寻求厂家或 4S 店的帮助。

4. 检修

不要随便进行检修，应到 4S 店让专业的技术人员进行检修。若必须进行，应首先切断电池包的高压输出（一般正规厂家出的电动车的电池包上都有一个断电开关）。操作步骤：关掉钥匙，拔下断电开关，等过 10 min 以上再对车辆的高压部件及线路进行检查，等 10 min 是为了让高压部件中的电容器件放电。

四、新能源汽车高压电系统故障分析

高压系统在启动、运行、停止的过程中都有可能面临各种各样高压安全故障问题，新能源汽车高压回路安全故障可以分为绝缘故障、短路故障、断路故障、动力蓄电池组故障、上电瞬态冲击故障、事故引发的故障等六大类典型故障。在这六大类故障中每一类故障的都可能会造成新能源汽车的安全事故，特别是对于短路、绝缘失效等问题，由于对人体造成的伤害最为直接，所以危险性极大。

1. 绝缘故障

绝缘故障一般是由线路老化、腐蚀、雨水以及线路绝缘皮破损等导致的。如果说新能源汽车高压系统的短路对人的危害是间接的话，那么电压在上百伏的高压回路发生绝缘故障对人的危害则是直接的。因此，注重绝缘电阻实时检测及故障处理，就可以较为有效地保障驾乘人员的安全。

2. 短路故障

新能源汽车的动力回路具有高电压和大电流，其正常工作电流通常可以达到数十安培甚至上百安培，所以如果高压回路发生短路，则瞬时短路电流会成倍增长。如果新能源汽车在发生短路故障后不能得到及时处理，那么如此大的电流将极有可能烧坏电气设备，从而引发汽车火灾。因此，短路故障必须得到及时而有效的解决。回路中接入熔断丝是过电流保护最直接的方法。此外，也可以通过检测高压回路的工作电流来判断短路故障是否发生。

3. 断路故障

高压线路接触不良或非预期断路也是新能源汽车在运行中一种可能出现的潜在故障，当此类故障发生时，将可能引起高压电暴露、动力回路输出功率下降，甚至会造成连接器烧毁等严重后果。针对断路故障，可以通过在高压系统回路中设计高压环路互锁电路的方法来检测回路断路故障，安全监控系统通过控制系统向高压回路发送检测信号来进行高压环路互锁检测，当返回的检测信号没有达到预期的完整性要求时，则判断出现接触不良或断路故障，并禁止相关动力电源的输出，直到该故障被完全排除为止。

4. 动力蓄电池组故障

系统的高压电来自于蓄电池组，电池组出现问题不仅会对电池本身造成的伤害，甚至引起严重的安全问题。如蓄电池出现电池温度过高、电池内液体泄漏、电池电压过高或过低、电池产生的有害气体积累等故障现象，如果处理得不够及时，会引发火灾和爆炸，对驾乘人员造成极大的人身伤害。

新能源锂电池的安全使用

（1）蓄电池电压过高或过低故障

新能源汽车从启动开始一直到最后停车的整个过程中，动力蓄电池组是为新能源汽车的驱动电动机、低压电器、空调等用电设备提供电能的源头，蓄电池的电压过高或过低都将对新能源汽车的正常启动运行造成较大影响。如果出现蓄电池组输出电压过低的情况，那么蓄电池内部的化学反应过程就会发生改变，增加热量的产生，对电池本身造成永久性损坏；假如蓄电池组输出电压过高，那么车辆内的电气设备的电压就很有可能超过其额定电压，这将损害车辆内的电气设备；同时过高的充电电压也很容易损坏电池本身。

（2）蓄电池温度过高故障

在新能源汽车启动、运行和停车的过程中，如果动力蓄电池组发热致使电池包内的温度过高，甚至超过极限温度时，那么电池组很有可能会被损伤，较高的温度同时还会加速周边连接线路老化，严重的话还有可能造成车辆火灾。为了防止这些严重后果的发生，必须对蓄电池组内的温度进行监测。

5. 上电瞬态冲击故障

新能源汽车高压回路存在容性负载，根据容性负载在电路中的瞬态特性，可知在接通高压回路的瞬间，容性负载是短路的，这时系统大电流会对整个高压系统产生电流瞬态冲击。

6. 事故引发的故障

由于新能源汽车中安装了可能危及人员生命安全的高电压蓄电池组，因此在发生意外事故，特别是严重碰撞或侧翻时，将会使电池包内的蓄电池和高压用电器与车身固定件之间发生碰撞挤压，造成短路、绝缘失效等非常危险的故障。为了最大程度上保证新能源汽车在发生意外事故时人员和车辆的安全，减少或避免二次伤害的发生，因此新能源汽车在事故发生时具备可靠的被动安全保护功能是必需的。例如，系统可以利用加速度传感器来实现对于意外碰撞事故的检测，用角度传感器来感知车辆倾覆或翻滚的状况，如果检测到事故发生，则系统依照所制定的安全控制策略进行动作。

五、新能源汽车高压器件维修实例

1. 北汽 E V200 高压系统断电（维修开关断开）

北汽 E V200 维修开关安装在后排座椅前方的地板上，操作时需要拆卸后排座椅坐垫，并掀开地毯。

高压系统断电操作方法如下。

（1）首先打开前机舱，断开动力电池负极导线连接。

（2）拆卸后排座椅坐垫，掀开地毯，维修开关盖板如图 2-9 所示。使用螺钉旋具拆卸盖板的四颗紧固螺钉，取出盖板，维修开关如图 2-10 所示。

（3）佩戴绝缘手套，使用工具翘起维修开关锁止按钮，如图 2-11 所示。向上扳起维修开关的黑色把手呈 90° ，如图 2-12 所示。

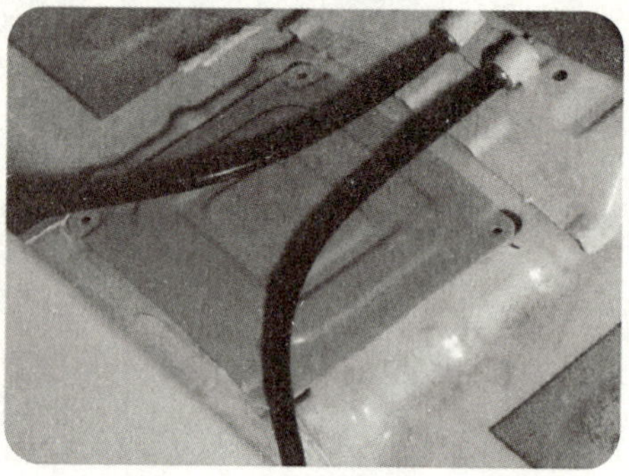

图 2-9　维修开关盖板

（4）如图 2-13 所示，向上垂直拔出维修开关。将维修开关存放在其他人无法轻易接触的地方。将维修开关安装位置使用绝缘材料覆盖。拔出维修开关后，需等待 5 min 以上才能进行高压部件的操作。

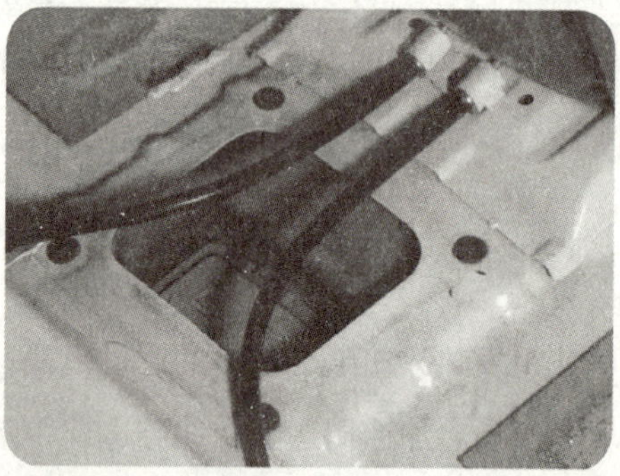

图 2-10　维修开关

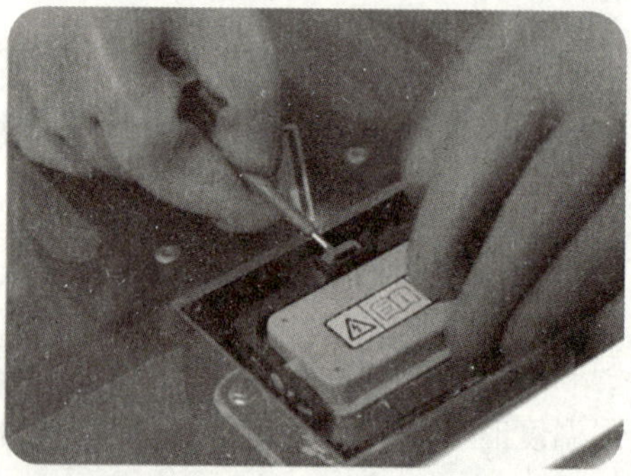

图 2-11　翘起维修开关锁止按钮

图 2-12　向上扳起维修开关黑色把手

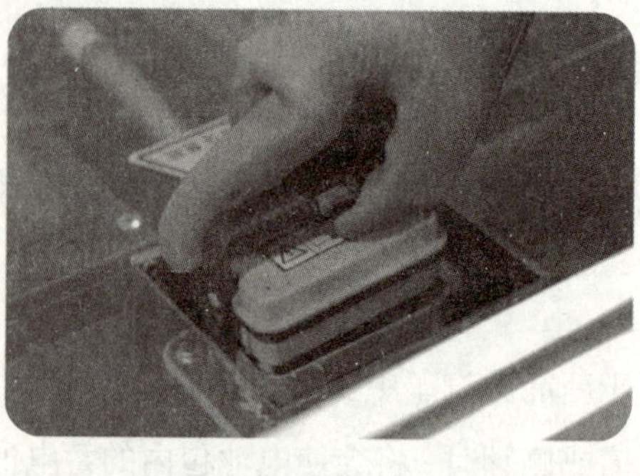

图 2-13　拔出维修开关

2. 吉利帝豪 E V450 高压系统断电（直流母线断开）

吉利帝豪 E V450 没有装配手动维修开关。其高压系统带有高压互锁功能，断开某一高压系统的插接器，高压系统会自动断电。为安全起见，应断开动力电池至车载充电机（集成高压分配盒）的直流母线，从而起到高压系统断电的目的。打开前机舱盖，断开如图 2–14 所示的动力电池负极电缆，并等待至少 5 min。找到车载充电机（集成高压分配盒）直流母线插接器。佩戴绝缘手套，向上推动直流母线插接器卡扣保险，如图 2–15 所示。

如图 2–16 所示，向上扳动直流母线插接器卡扣，插接器会松开，最后完全拔出插接器。注意：拔出直流母线插接器后，使用万用表测量直流母线端正负极电压应低于 1 V。高压供电恢复时，直流母线插接器垂直对准插座并用手预紧，然后向下轻按插接器卡扣，如图 2–17 所示，卡扣卡到位后会听到轻微的“咔嚓”声。安装后应再次检查插接器是否安装到位。

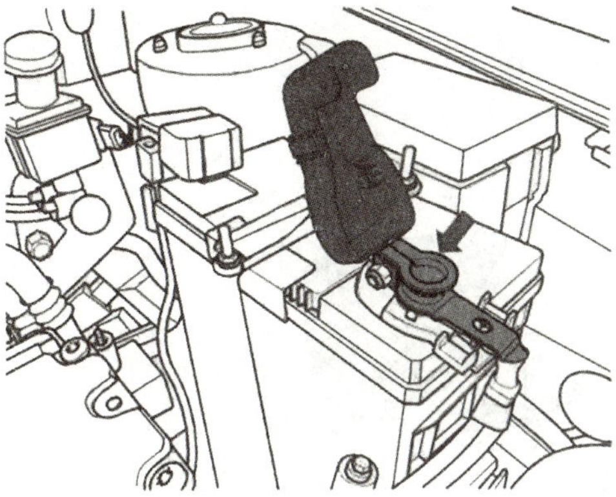

图 2–14 断开动力电池负极电缆

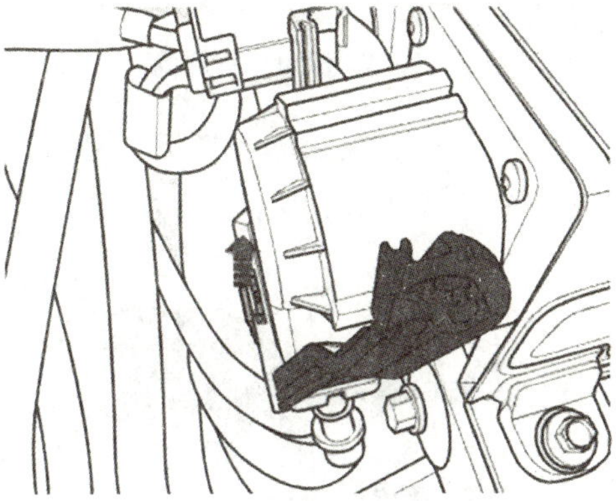

图 2–15 向上推动直流母线插接器卡扣保险

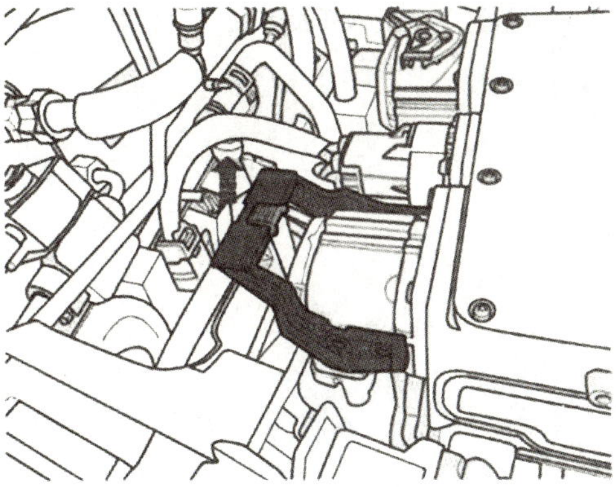

图 2–16 拔出直流母线插接器

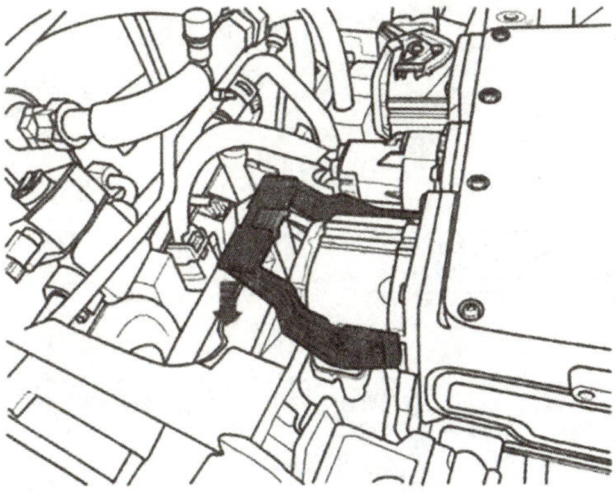

图 2–17 安装直流母线插接器

3. 丰田普锐斯高压系统断电（手动维修开关断开）

关闭发动机开关，组合仪表上的 READY 指示灯熄灭后，需等待 10 min 再进行拆卸作业。

（1）拆卸行李舱饰盖。

（2）拆卸后 2 号地板。如图 2–18 所示，分离 2 个导向装置 A，分离 3 个导轨 B，并拆下后 2 号地板。

（3）拆下底板后地板箱。

（4）如图 2–19 所示，分离两个导轨，并拆卸 3 号地板。

（5）断开动力电池负极连接线。

（6）拆卸手动维修开关。如图 2–20（a）所示，将维修开关手柄滑动至左侧，如图 2–20（b）所示，扳起维修开关的释放手柄，拔出维修开关。

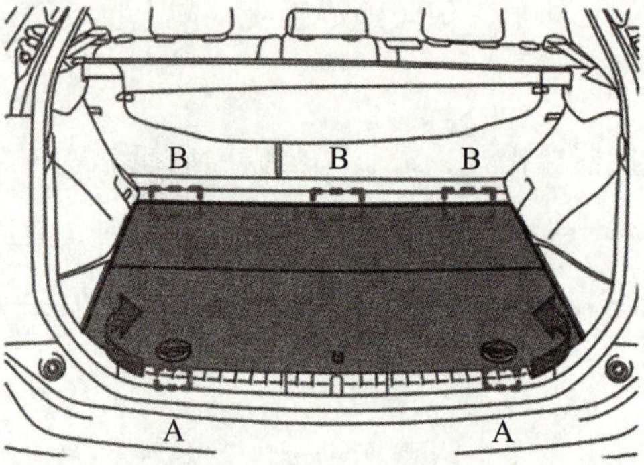

图 2–18　拆卸 2 号地板

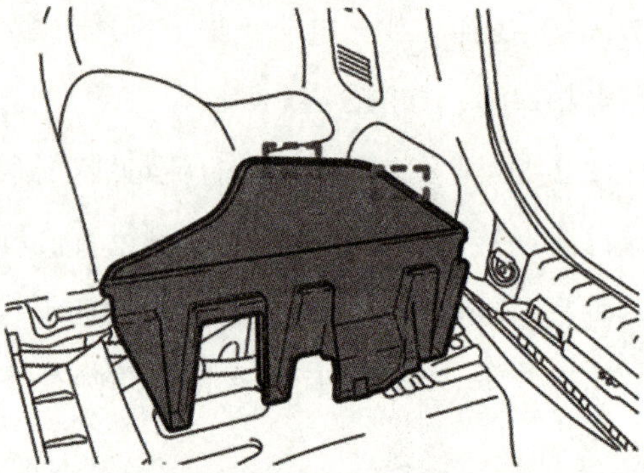

图 2–19　拆卸 3 号地板

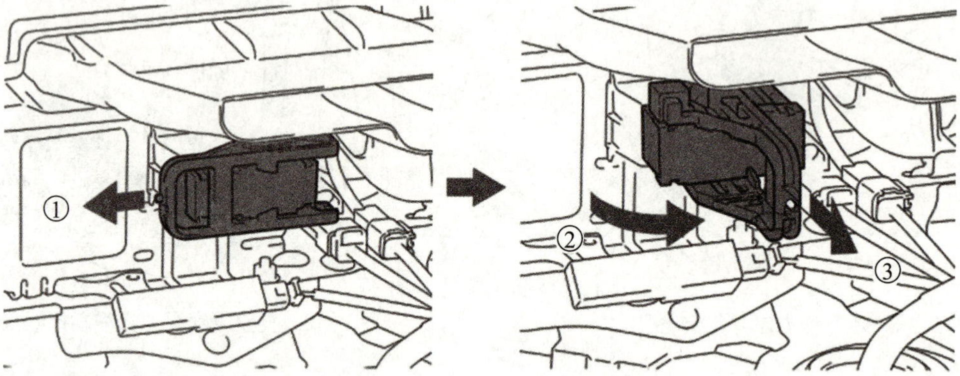

（a）维修开关手柄滑动至左侧　（b）扳起维修开关的释放手柄，拔出维修开关

图 2–20　维修开关断开流程

思考练习

一、选择题

1. 能引起人感觉到的最小电流值称为（　　）。

A. 感知电流　　B. 摆脱电流

C. 致命电流　　D. 最小电流

2. 新能源汽车的高压安全防护措施不包括（　　）。

A. 漏电保护器　　B. 高压互锁

C. 绝缘电阻检测　　D. 减压器

3. 人体某一部分触及一相电源或接触到漏电的电器设备时，电流通过人体流入大地造成触电是（　　）。

A．都不是　　B．单线触电

C．跨步电压触电　　D．双线触电

4．根据国家有关安全标准，人体允许电流不能超过（　　）。

A．30 mA　　B．60 mA

C．20 mA　　D．40 mA

二、简答题

1．简述触电的伤害形式。

2．简述新能源汽车运行实时监控系统的作用。

第三章

新能源汽车电源系统

本章导读

电源系统为新能源汽车的驱动电动机提供电能，电动机将电源的电能转化为机械能。目前，应用最广泛的电源是铅酸蓄电池，但随着新能源汽车技术的发展，铅酸蓄电池由于能量低、充电速度慢、寿命短，逐渐被其他蓄电池所取代。正在发展的电源主要有镍镉蓄电池、锂电池、燃料电池等，这些新型电源的应用，为新能源汽车的发展开辟了广阔的前景。

学习目标

1. 能掌握 DC/DC 变换器的功能与工作原理。
2. 能够介绍新能源汽车电源系统的特点与组成部件。
3. 能描述新能源汽车电源系统故障分级。
4. 能进行蓄电池管理系统电源电路检查。

思政目标

1. 培养学生热爱祖国、为全面推进中华民族伟大复兴团结奋斗的责任感和使命感。
2. 践行社会主义核心价值观，培养学生踔厉奋发、守正创新的高尚情操。

第一节
新能源汽车电源系统的认知

一、新能源汽车电源系统概述

传统燃油汽车的电源是蓄电池和发电机，发动机未起动或起动时由蓄电池供电，起动以后则由发电机供电，同时为蓄电池充电。

电动汽车的电源系统

新能源汽车的电源分为主电源和辅助电源。主电源为驱动汽车行驶的高压电源也就是动力蓄电池；辅助电源（即辅助蓄电池——低压的铅酸蓄电池）是为车载各种仪表、控制系统提供的直流低压电源。新能源汽车电源模块是整个系统稳定运行的保障。电源的可靠性对于整个系统的性能起着至关重要的作用。

传统燃油汽车的交流发电机利用发动机的旋转发电，发出的电提供给用电器并为蓄电池充电。混合动力汽车及电动汽车采用 DC/DC 变换器之后，可省去交流发电机。新能源汽车的动力蓄电池容量很大。因此，以动力蓄电池为电源，能够利用 DC/DC 变换器为辅助蓄电池充电，从而可以省去原来的交流发电机，如图 3–1 所示。

传统燃油汽车当发动机转速低时，如果同时使用空调、音响及车灯等，有时“蓄电池的电量会用尽”。即使发动机仍在运行，有些条件下（如用电器全开）也会出现电力不足现象。而混合动力汽车和电动汽车使用动力蓄电池和 DC/DC 变换器，不会有以上情况出现。

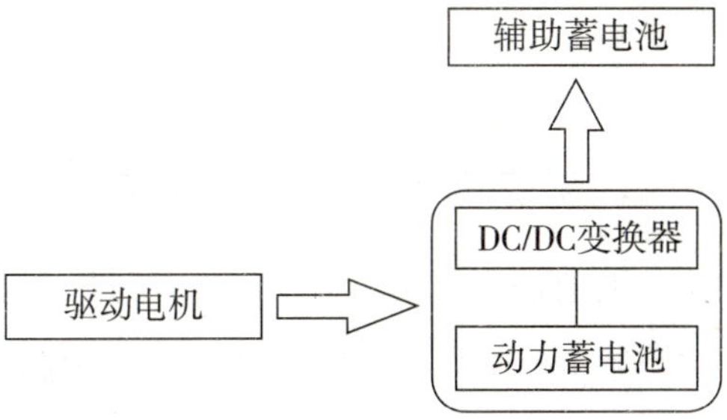

图 3–1　DC/DC 变换器为辅助蓄电池充电

混合动力汽车和电动汽车理论上说也可以省去辅助蓄电池，但实际上还是保留了辅助蓄电池，如图 3–2 所示。这样设计有两个主要原因：一是保留辅助蓄电池更能够降低车辆的成本；二是确保电源的冗余度。

辅助蓄电池能在短时间内向空调、刮水器及车灯等释放大电流。如果省去辅助蓄电池而将高压动力蓄电池的电力用于空调及刮水器等，DC/DC 变换器的尺寸势必就要增大，从而使整体成本增加。辅助蓄电池价格便宜，因此目前，将辅助蓄电池取消还没有成本上的优势。

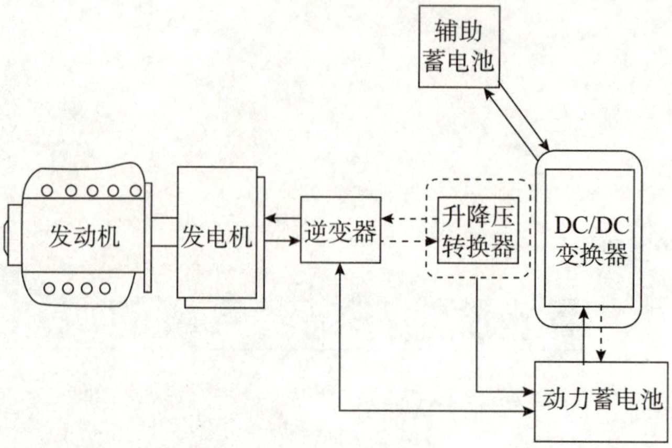

图 3-2　混合动力汽车 DC/DC 变换器为蓄电池供电图

辅助蓄电池还具有确保向辅助类电器供电的冗余度的作用。DC/DC 变换器出现故障停止供电时，如果没有辅助蓄电池，辅助类电器就会立即停止运行。如夜间车灯不亮，雨天刮水器停止运行等，就会影响驾驶。如果有辅助蓄电池，便能够将汽车就近开到家里或者 4S 店。

部分混合动力车型的发动机保留了发电机，低压电源系统由 12 V 辅助蓄电池、DC/DC 变换器和发电机三个电源共同提供电力，图 3-3 为比亚迪秦的低压电源系统。

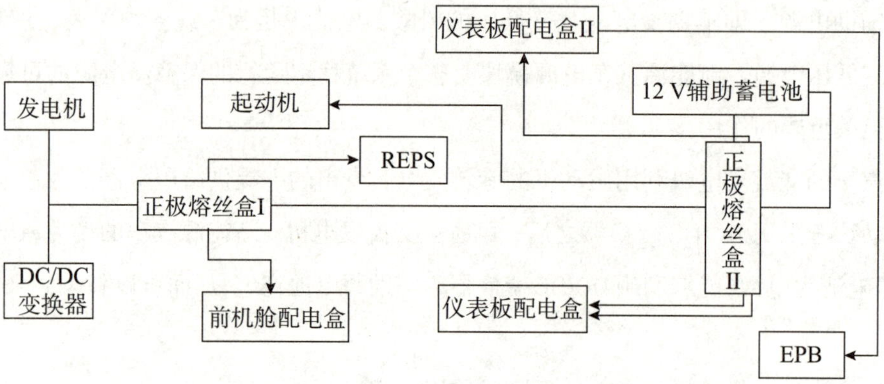

图 3-3　比亚迪秦的低压电源系统

二、新能源汽车辅助蓄电池的特点

无论是传统汽车、混合动力汽车，还是纯电动汽车，都离不开辅助蓄电池。

蓄电池是将化学能直接转化成电能的一种装置，并且通过可逆的化学反应实现再充电。蓄电池已有 100 多年的历史，被广泛用作内燃机汽车的起动动力电源。蓄电池也是成熟的新能源汽车动力电源，其优点为可靠性好，原材料易得，价格便宜；比功率也基本上能满足新能源汽车的动力性要求。但蓄电池有两大缺点：一是比能量低，所占的质量和体积太大，且一次充电行驶里程较短；另一个是使用寿命短，使用成本高。以常见的铅酸蓄电池为例，采用填满海绵状铅的铅基板栅（又称格子体）作为负极，填满二氧化铅的铅基板栅作为正极，并用密度 1.26 ～ 1.33 g/ml 的稀硫酸作为电解质。铅酸蓄电池在放电时，金属铅是负极，发生氧化反应，生成硫酸铅；二氧化铅是正极，发生还原反应，生成硫酸铅。铅酸蓄电池能反复充电、放电，在用直流电充电时，两电极分别生成单质铅和二氧化铅。移去电源后，又恢复到放电前的状态，组成化学电池。常见的蓄电池单体电压是 2 V，可以由一个或多个单体构成蓄电池组。如汽车上用的蓄电池（俗称电瓶）是 6 个铅酸蓄电池单体串联成 12 V 的蓄电池组，如图 3–4 所示。

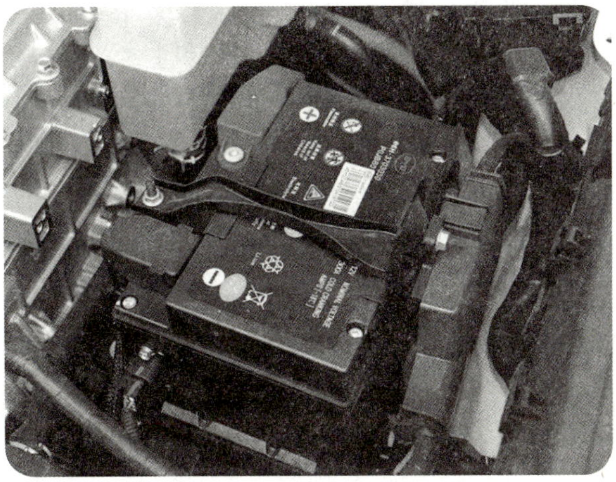

图 3–4　汽车上的 12 V 蓄电池

常用的 12 V 辅助蓄电池主要分为四类，分别为普通蓄电池、干荷蓄电池、湿荷蓄电池和免维护蓄电池，目前，汽车上使用的基本上都是免维护蓄电池。

新能源汽车，特别是纯电动汽车，12 V 辅助蓄电池不需要给起动机提供起动时的大电流，容量变小，此外结构和类型也与传统汽车有所区别。

从图 3–5 中可以看出，比亚迪秦 12 V 辅助蓄电池与传统汽车用的蓄电池主要区别有下面两点。

（1）用于发动机的起动正极与其他用电器的供电正极分开。

（2）12 V 辅助蓄电池内部具有智能控制模块（BMS），用于对蓄电池进行智能控制。例如，蓄电池电压低时，关闭多媒体系统的电源。

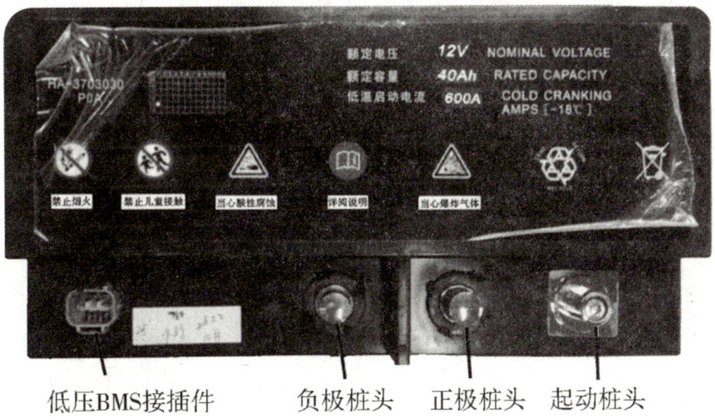

图 3–5　比亚迪秦 12 V 辅助蓄电池

三、新能源汽车动力蓄电池的发展现状和趋势

目前，比较常用的新能源汽车动力蓄电池主要有铅酸蓄电池、镍氢蓄电池、锂离子蓄电池、燃料电池等。其中铅酸蓄电池是所有电池研究中最为成熟的动力蓄电池，它具有成本低廉，支持大电流放电，安全性高的优点，但由于其较低的比能量而无法满足新能源汽车续驶里程的需要，因而主要用于混合动力电动汽车中为在平稳路况中行驶的汽车提供动力。目前，混合动力电动汽车已普遍存在于人们的日常生活中。在中国东部、中部地区的部分城镇中，混合动力公交汽车已完全取代传统的公交汽车，轿车的生产、私家车的运行也日渐以混合动力电动汽车为主，混合动力电动汽车已真正实现了产业化生产，铅酸蓄电池在汽车领域中的应用也日渐成熟。但是，混合动力电动汽车并未摆脱对石油的依赖，对环境依旧有一定污染。

纯电动汽车的动力完全由动力蓄电池提供，它摆脱了对石油的依赖，极大地节省了能源，减小了对环境的污染，具有很好的发展前景，是目前世界各国都在致力研究投产的新能源汽车。纯电动汽车的动力蓄电池主要有镍氢蓄电池、锂离子蓄电池和超级电容器。由于现有的氢镍蓄电池存在单体电压低，自放电损耗大，对环境温度敏感等许多不足，因而还需进一步研究、改进。

锂离子蓄电池是目前所有可充电蓄电池中，综合性能最优的一种新型蓄电池。它具有比容量大、重量轻，性能稳定等优点，十分适合作为动力装置，构建轻巧灵便的纯电动汽车。超级电容器的最大优点是符合电动汽车在加速与制动时能量快速吸收和提供的要求，动力强劲，放电电流大，使用寿命长，其未来使用范围非常广泛。

燃料电池电动汽车以氢气作为燃料，与氧气反应时能释放大量的能量且反应生成物为水，具有效率高、零排放、燃料补充速度快等优点，因而将成为未来汽车的主流。但就燃料电池而言，氢气的制备与储存还存在很多问题，燃料电池的制备价格极高，电池与整车的技术还在研究阶段，所以燃料电池及其相关技术还有待进一步的研究。

四、新能源汽车对动力蓄电池的性能要求

动力蓄电池作为新能源汽车的能量来源，其性能直接关系着新能源汽车的续驶里程、加速性能、爬坡能力及安全性能等，因此，动力蓄电池的选择必须满足高比能量、高比功率及安全可靠等特点。

1. 高比能量

高比能量是指单位质量或体积的蓄电池能够存储和释放的电量，其单位为：W · h/kg、W · h/L。存储相同的电量，比能量高的蓄电池，其质量和体积就会越小，对新能源汽车的发展越有利。固定重量和体积的情况下，新能源汽车可以携带更多的蓄电池，具有更高的电量。

2. 高比功率

高比功率是指单位质量或体积的蓄电池存储或放出的功率，其单位为：kW/kg、kW/L，其决定着新能源汽车的动力性能，对汽车最大车速及爬坡能力都有很大的影响。

3. 安全可靠

安全可靠是新能源汽车对动力蓄电池的基本要求，能否安全可靠地使用动力蓄电池直接关系着驾驶人员的人身安全。因此，动力蓄电池在出厂前经过安全测试，即使在温度过高、剧烈碰撞等情况下也不会发生爆炸。另外，废弃的动力蓄电池要能够回收利用，防止重金属、电解质溶解等对环境造成污染。

4. 较长的使用寿命

动力蓄电池的使用寿命直接关系着新能源汽车的应用及市场化程度，如果使用寿命太短，将无法适应新能源汽车的发展。目前，动力蓄电池的循环寿命（在指定的充放电终止条件下，以特定的充放电制度进行充放电，动力蓄电池在不能满足寿命终止标准前所能进行的循环数）要求不少于 1 000 次，寿命使用期间内，不需要进行维护。

5. 充电技术成熟

新能源汽车的发展使得快速充电成了必然要求，动力蓄电池除了能常规充电外，还要具有快速充电的能力，以适应现在的快节奏生活。一般新能源汽车要求 6 h 左右能充满，快速充电时，20 min 即可充满 50% 的电量。

6. 价格合理

新能源汽车一般需要几百节蓄电池，如果动力蓄电池的价格过于昂贵，将会加大新能源汽车的成本，使得新能源汽车的价格大幅提升，影响新能源汽车的市场份额。目前，锂离子蓄电池的价格仍然比较昂贵，并不利于新能源汽车的市场化发展，不过随着科学技术的快速发展，锂离子蓄电池的工艺更加成熟，市场规模也会逐渐扩大，价格也会逐渐降低。

第二节 动力蓄电池与管理系统认知

一、动力蓄电池系统基本组成

在新能源汽车中，动力蓄电池与管理系统、驱动电机及控制系统、整车控制器是三个最重要的核心部件，即通常所说的“三大电”；电控空调系统、电控转向系统、电控制动系统是新能源汽车的三个主要辅助系统，即通常所说的“三小电”。这六个电气系统作为新能源汽车的关键部件，对整车的动力性、经济性、可靠性和安全性起着决定性的作用。

新能源汽车动力蓄电池系统主要包括动力蓄电池储能系统、动力蓄电池管理系统和动力蓄电池充电系统三大部分。动力蓄电池是新能源汽车的核心，为整车提供驱动车辆行驶的电能。动力蓄电池系统的很多零部件通常集成在一个密闭的箱体内，叫作动力蓄电池箱或动力蓄电池包，安装在车身底部的前后桥与两侧纵梁之间。将动力蓄电池安装在该位置具有较高的碰撞安全性，还可以降低车辆的重心，简化车身结构。

美国某品牌新能源汽车主要采用的是 ICR 18650 型三元锂离子电池，这种电池曾一直用于笔记本电脑、数码相机等电子产品中。

特斯拉 Model S 的动力蓄电池总成质量大约为 900 kg，上面标示着 85 kW · h。动力蓄电池箱体由 16 个动力蓄电池模组组成，每个动力蓄电池模组里面有 444 节锂电池，其中每 74 节串联到一起，因此整个动力蓄电池箱体是由 7 104 节 18650 型锂电池组成。动力蓄电池箱体位于车辆底盘正下方，沉重的动力蓄电池箱体所带来的低重心让汽车行驶起来更加稳定，坚硬的动力蓄电池箱体外壳也给车辆的驾乘人员增加了一层保护措施。汽车动力蓄电池箱体如图 3-6 所示。

图 3-6　汽车动力蓄电池箱体

1. 动力蓄电池箱

动力蓄电池箱主要包括辅助元器件、动力蓄电池箱体、动力蓄电池管理系统及动力蓄电池模组部件。动力蓄电池箱内部结构如图 3-7 所示。

动力蓄电池箱是用来支撑、固定和包围动力蓄电池系统组件，具有承载保护动力蓄电池模组及电气元件的作用。新能源汽车的动力蓄电池箱体大都是通过螺栓固定在车身底板下方，其防护等级为 IP67。当进行整车维护时，需观察动力蓄电池箱体螺栓是否有松动，箱体是否有破损变形，密封法兰是否完整。动力蓄电池箱体表面不得有划痕、尖角、毛刺、焊缝等外观缺陷。

北汽 EV200 动力蓄电池内部结构如图 3-8 所示。

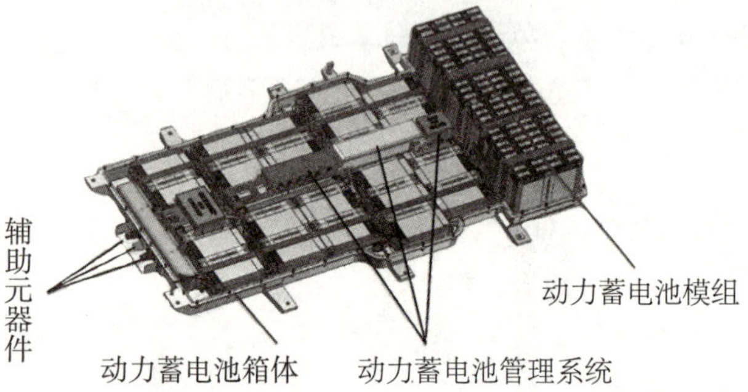

图 3-7　动力蓄电池箱内部结构

图 3-8　北汽 EV200 动力蓄电池内部结构

比亚迪 E5 动力蓄电池内部结构如图 3-9 所示。长城 WEY P8 动力蓄电池内部结构如图 3-10 所示。

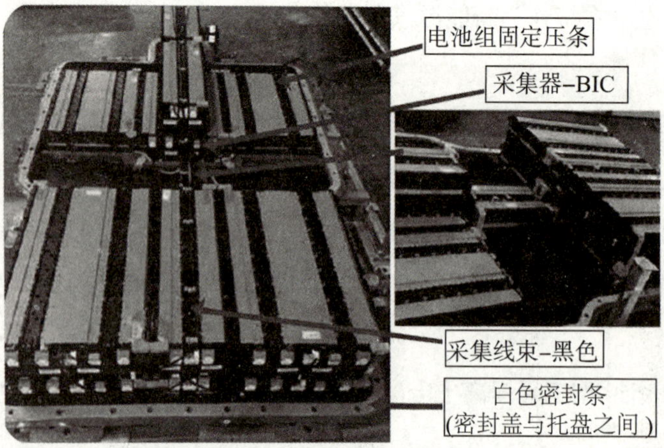

图 3-9　比亚迪 E5 动力蓄电池内部结构

图 3-10　长城 WEY P8 动力蓄电池内部结构

2. 蓄电池单体

蓄电池单体即电芯，是构成动力蓄电池模组的最小单元。按正极材料来分，主要有钴酸锂、锰酸锂、磷酸铁锂以及镍钴锰酸锂三元材料等。常见的新能源汽车蓄电池单体有圆柱形和长方体形。根据壳体材料不同，又有金属外壳和软包外壳等类型。蓄电池单体如图 3–11 所示。

3. 动力蓄电池模组

由于蓄电池单体的容量有限，要想达到车辆的使用要求，往往对若干个蓄电池单体按照一定的规律进行组合，进而构成动力蓄电池模组。

动力蓄电池模组是指蓄电池单体经过串联或并联的方式进行组合，并设置保护线路板及外壳后能够直接提供电能的组合体，如图 3–12 所示。动力蓄电池模组的组合方法主要有先并联后串联、先串联后并联和混联三种，是组成动力蓄电池系统的次级结构之一。

图 3–11　蓄电池单体

图 3–12　动力蓄电池模组

4. 辅助元器件

动力蓄电池箱内的辅助元器件按照作用分类，主要有电子控制单元、继电器组件、信息采集元件、温度调节元件、保护装置以及高低压连接线束等部件。

（1）主控盒

主控盒是动力蓄电池管理系统的控制中心，用来控制总正继电器、加热继电器以及预充继电器，还通过 CAN 总线与 VCU 进行通信。

（2）从控盒

从控盒用来分别采集左右动力蓄电池组的蓄电池单体电压和动力蓄电池模组温度，然后通过 CAN 总线将信息输送给主控盒。

（3）高压配电盒

高压配电盒的主要作用是采集总电压、电流，监测高压绝缘情况等，然后通过 CAN 总线将信息传输给主控盒。

（4）高压继电器

动力蓄电池包内通常设有多个高压继电器。动力蓄电池管理系统要完成对高压继电器的驱动与状态检测，通过与整车控制器通信协调后进行控制。动力蓄电池包内的高压继电器一般有总正继电器、总负继电器、预充继电器以及加热继电器等。

（5）维护插接器

维护插接器也叫维修开关或紧急开关，在特定时刻能够实现高压系统的电气隔离，是保证电动汽车高压电气安全的关键部件。在车辆维修或存在漏电危险等特殊情况时，使用维修开关人工切断高压电路。

（6）高压断路器

高压断路器也叫高压熔断器，是最简单的电器保护装置。它串联在被保护电路中，用来保护新能源电气设备免受过载和短路电流的损害。当电路或电路中的设备过载发生故障时，熔件发热熔化，从而迅速切断电路，达到保护电路或电气设备的目的。

（7）电加热膜

动力蓄电池的电加热膜外表为一层绝缘硅胶，因此又称硅胶电热膜或硅橡胶电热片，是一种采用耐高温、高导热、绝缘性能好、强度高的硅橡胶和耐高温的纤维增强材料以及金属发热膜电路集合而成的软性电加热膜元件。当加热电路工作时，通过电加热膜对动力蓄电池进行加热。

（8）温度传感器

动力蓄电池的化学性能受环境温度的影响非常大，为了保证动力蓄电池的使用性能，必须使动力蓄电池工作在合理的温度范围之内。温度传感器用来检测动力蓄电池电芯温度。

（9）预充电阻

对于高于 60 V 的高压系统，其上电过程必须大于 100 ms。在上电过程中应该采用预充过程来缓解高压冲击，以提高整车的安全性能。

预充管理是新能源汽车必不可少的重要环节，其主要作用是对驱动电机控制器的大电容进行充电和缩小高压系统电压差，以减少高压继电器在接触时产生的火花拉弧，降低冲击，增加安全性。预充电阻与预充继电器配合工作，共同完成车辆的预充电过程。

（10）加热断路器

当动力蓄电池的加热电流过大时，加热断路器会熔断，以保护加热系统零部件。

（11）分流器

新能源汽车动力蓄电池工作电流的测量方案主要有霍尔式电流传感器和电阻分流器两种。分流器是一个能够通过极大电流的电阻，其阻值是严格设计好的，串接在直流电路里。当高压电流过分流器时，分流器两端产生毫伏级直流电压差值信号，该信号输送给动力蓄电池管理系统，用以计量该直流电路里的电流值。

（12）连接线束

动力蓄电池箱体内部连接线束主要分为高压电缆、低压电缆和 CAN 信号线。

二、动力蓄电池管理系统（BMS）

1. 动力蓄电池管理系统的定义

根据国家标准《电动汽车术语》（GB/T 19596—2017）对动力蓄电池管理系统的定义为：监测电池的温度、电压、荷电状态，预测动力电池的电池容量和相应的剩余行驶里程，可以为电池提供通信、安全、电芯平衡及管理控制，并提供与应用设备通信接口的系统。动力蓄电池的管理应避免出现过放电、过充电、过热和单体电池之间电压严重不平衡的现象，最大限度地利用动力电池存储能力和循环寿命。

2. 动力电池管理系统的基本组成

纯电动汽车的动力电池管理系统从结构上可分为硬件和软件。硬件包括主控盒（BCU）、从控盒（BMU）和高压控制盒，还包括采集电压、电流、温度等数据的电子器件。动力蓄电池管理系统架构，如图 3-13 所示。软件包括底层软件和应用层软件，用来监测电压、电流、SOC 值、绝缘电阻值、温度值，通过与 VCU、充电机进行通信，从而控制动力电池的充放电。

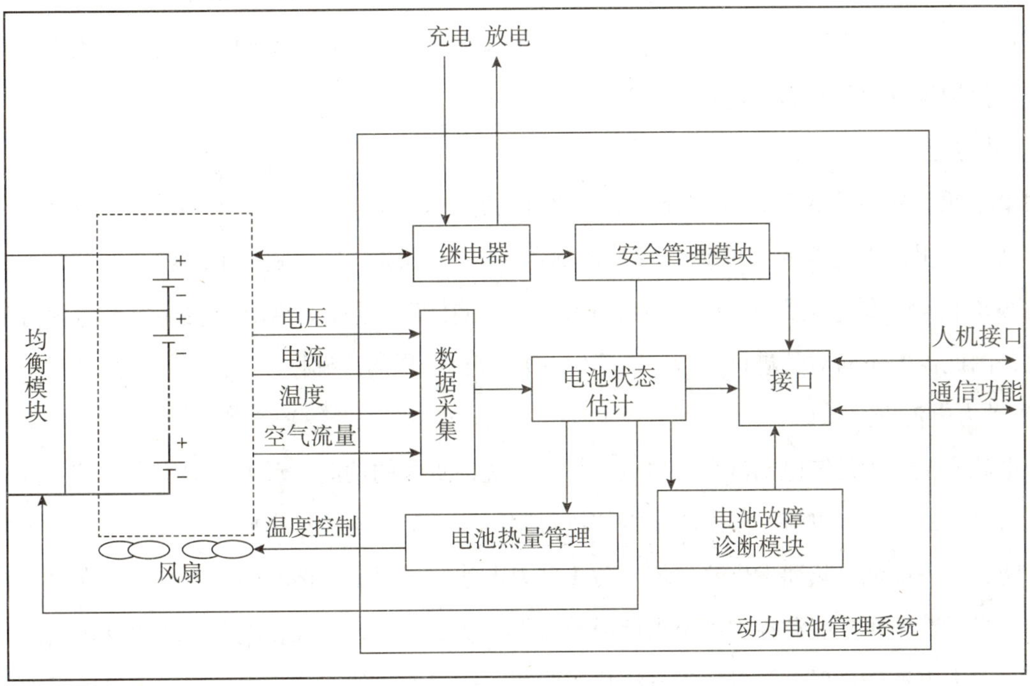

图 3-13 动力电池管理系统架构

3. 动力电池管理系统的基本功能

电池模组管理单元（BMS）是保护和管理动力电池的核心部件，它不仅要保证动力电池安全、可靠，而且要充分发挥动力电池的性能和延长动力电池寿命。BMS 通过控制接触器来控制动力电池的充放电，并向电控系统（VCU）传送动力电池的基本参数及故障信息，BMS 的基本功能，如图 3-14 所示。

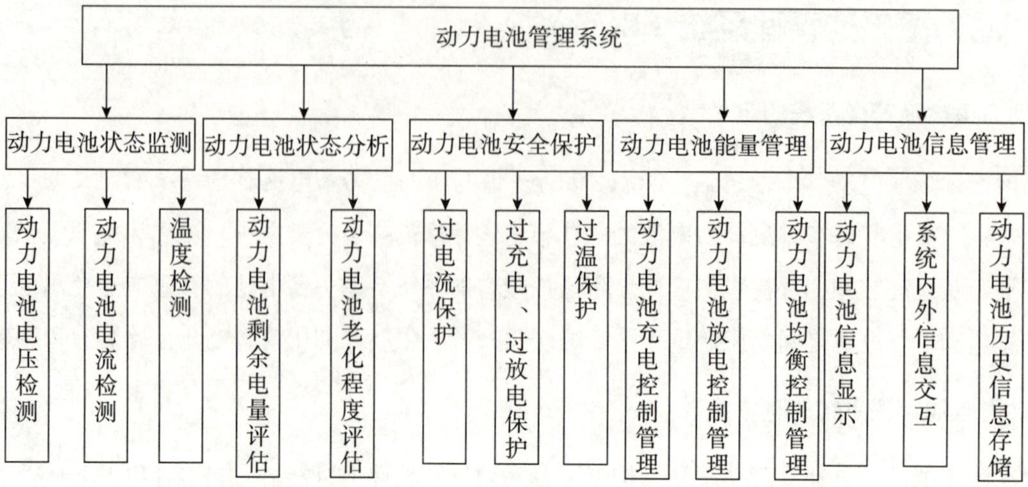

图 3–14　BMS 的基本功能

（1）动力电池状态监测

动力电池状态监测是指对电压、电流、温度三种物理量的监测，也就是动力电池的数据采集功能，能够实时采集动力电池中每个电池模块的端电压、放电电流、动力电池组总电压及温度等。对于温度监测，除了针对动力电池本身，还应对环境温度、动力电池箱的温度进行监测，这对于动力电池剩余电量评估和安全保护等方面具有非常重要的意义。

（2）动力电池状态分析

动力电池状态分析是指 BMS 能够准确地对动力电池的剩余电量（SOC）和电池健康状态（SOH）进行预测，随时预报动力电池的 SOC 值，将其控制在 30% ～ 70%，让驾驶员了解剩余电量对续航里程的影响。对 SOC 的分析结果会受 SOH 的影响，而动力电池在使用过程中 SOH 又受温度和电流等的影响而不断变化，因此需要不断对其进行分析，以确保 SOC 分析结果的准确性。

（3）动力电池安全保护

动力电池安全保护是纯电动汽车动力电池管理系统最重要的功能。动力电池安全保护的具体功能包括监测动力电池的电压、电流、温度等是否超过限制，防止动力电池过度放电，尤其是防止单体电池过度放电，防止动力电池过热而发生热失控，防止动力电池出现能量回馈时的过度充电；在电源系统出现绝缘性能下降时对整车多能源控制系统进行报警或强行切断电源，以及在电源系统出现短路的情况下提供保护等。动力电池安全保护常以动力电池状态监测和动力电池状态分析为前提。“过电流保护”“过充电、过放电保护”“过温保护”是最常见的动力电池安全保护的内容。

（4）动力电池能量管理

动力电池能量管理包括动力电池充电控制管理、动力电池放电控制管理和动力电池均衡控制管理。动力电池充电控制管理是指动力电池管理系统在充电过程中对充电电压、充电电流等参数进行实时优化控制，优化的目标包括充电时长、充电效率及充电的饱满程度等。动力电池放电控制管理是指在放电过程中根据动力电池的状态对放电电流进行控制。动力电池均衡控制管理是指采取一定的措施尽可能降低动力电池不一致性的负面影响，以达到优化动力电池组整体放电效能，延长动力电池组整体寿命的目的。

受生产制造和工作环境的影响，单体电池之间在电压、容量和内阻上会有差别，导致它们在实际使用过程中有效容量和充放电电量不一样，因此，为保证动力电池的整体性能和延长其使用寿命，减少单体电池之间的差异性，对动力电池进行均衡控制是十分必要的。

（5）动力电池信息管理

动力电池信息管理与动力设备通信是动力电池管理系统的重要功能之一。动力电池信息管理是指通过仪表把动力电池状态信息显示出来，告知驾驶员或汽车维修人员实时总电压、总电流、温度信息、动力电池剩余电量、告警信息等。为了使驾驶员获得更为直观的感受，通常把剩余行驶里程的估算值显示在仪表上。

4. 动力电池管理系统的工作原理

BMS 的工作原理可简单归纳为：数据采集电路采集动力电池状态信息数据后，由电子控制单元进行数据处理和分析，然后根据分析结果对系统内的相关功能模块发出控制指令，并向外界传递信息。

（1）充电原理

① 预充电。充电初期，车载充电机接收到充电枪插入信号后唤醒整车控制器及 BMS，BMS 进行自检和初始化，完成后上报给整车控制器。整车控制器控制主负继电器闭合，BMS 控制预充继电器闭合，对各单体电池进行预充电，确定单体电池无短路后，预充电完成。

慢充流程：充电桩→车载充电机→高压控制盒→高压插接件→预充继电器→预充电阻→电池组正极→主保险→电池组负极→电流传感器→主负继电器→高压插接件→高压控制盒→车载充电机→充电桩，构成回路，进行预充。

快充流程：快充充电桩→高压控制盒→高压插接件→预充继电器→预充电阻→电池组正极→主保险→电池组负极→电流传感器→主负继电器→高压插接件→高压控制盒→快充桩，构成回路，进行预充。

② 充电预充电完成后，BMS 闭合主正继电器，随后断开预充继电器，主电路接通，动力电池开始充电。

慢充流程：充电桩→车载充电机→高压控制盒→高压插接件→主正继电器→电池组正极→主保险→电池组负极→电流传感器→主负继电器→高压插接件→高压控制盒→车载充电机→充电桩，构成回路，进行慢充。

快充流程：快充充电桩→高压控制盒→高压插接件→主正继电器→电池组正极→主保险→电池组负极→电流传感器→主负继电器→高压插接件→高压控制盒→快充充电桩，构成回路，进行快充。

（2）放电原理

① 放电初期。打开点火开关至“ON”档，整车控制器唤醒 BMS，BMS 进行自检和初始化，完成后上报给整车控制器。整车控制器发出高压供电指令，BMS 开始按顺序控制继电器的闭合和断开。

因电路中电机控制器和空调压缩机控制器等含有电容，在放电初期，BMS 控制预充继电器闭合，各控制器电容采用低压、小电流进行放电，当电容两端电压接近动力电池总电压时，断开预充继电器。放电初期预充流程，如图 3-15 所示。

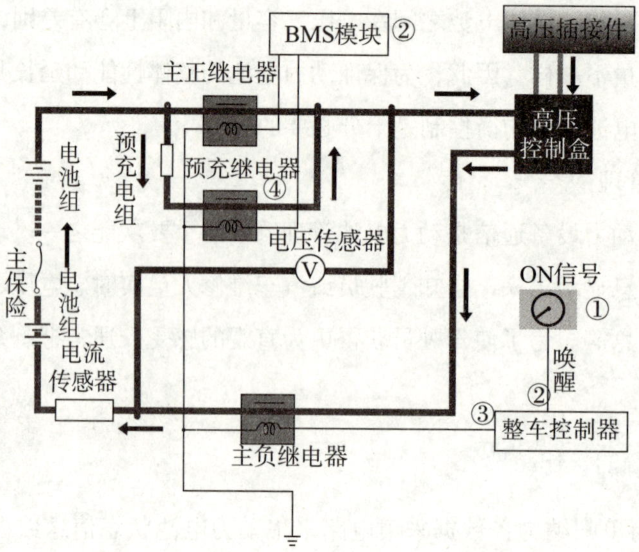

图 3-15　放电初期预充流程

放电初期预充流程：电池组负极→主保险→电池组正极→预充电阻→预充继电器→高压插接件→高压控制盒→主负继电器→电流传感器→动力电池负极，构成回路，完成预充。

② 放电。BMS 闭合主正继电器，断开预充继电器，主电路接通，动力电池开始放电。放电流程，如图 3-16 所示。

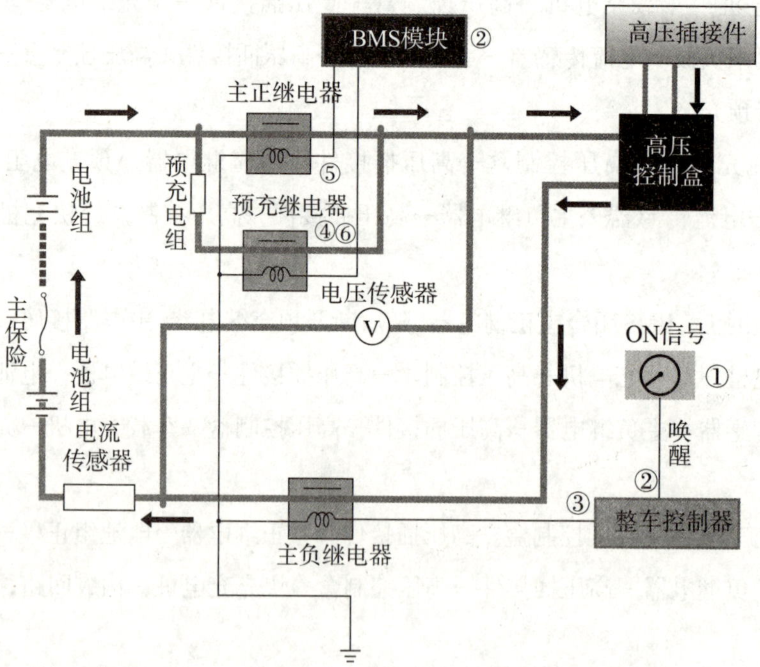

图 3-16　放电流程

放电流程：电池组负极→主保险→电池组正极→主正继电器→高压插接件→高压控制盒→主负继电器→电流传感器→动力电池负极，构成回路，完成放电。

（3）充电加热原理

当动力电池在冬季低温环境下工作时，充放电容量会降低。北汽 EV160 纯电动汽车采用的是磷酸铁锂动力电池组，其充电容量会随温度的降低而下降，因而设置了动力电池加热系统，当车辆充电时，如果电芯温度低于设定值，BMS 会控制加热，继电器闭合，利用动力电池内部的加热元件给电芯加热。充电加热流程，如图 3–17 所示。

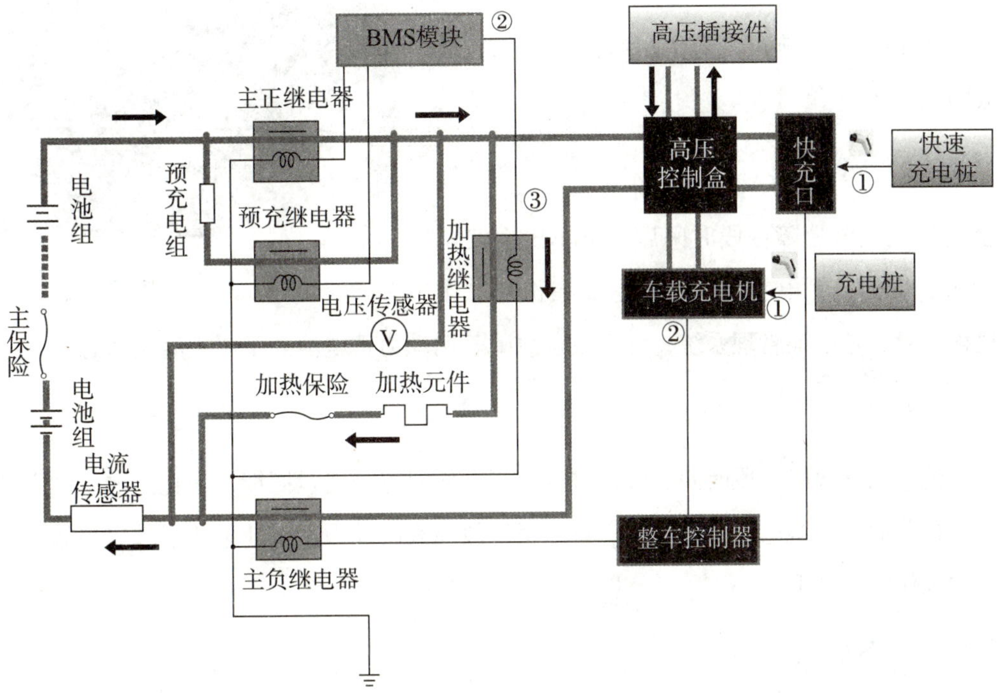

图 3–17　充电加热流程

第三节　新能源汽车电源系统的检修

一、动力蓄电池系统安全指南

（1）非专业维修人员绝对不要自行拆卸、调整、安装动力蓄电池系统。

（2）不要触摸动力蓄电池系统的正负极母线。

（3）由于动力蓄电池系统安装在汽车底部，所以驾驶过程中要注意路面状况，不要让不平的路面或路面障碍物挤压、撞击动力蓄电池。

（4）由于动力蓄电池重量较大，所以不要使用扳手或其他工具松动动力蓄电池系统的紧固螺钉。动力蓄电池实物如图 3-18 所示。

图 3-18　动力蓄电池实物

二、故障分级

根据故障对整车的影响可划分为一级故障、二级故障和三级故障三个等级。

1. 一级故障（非常严重）

动力蓄电池上报该故障一段时间后，整车出现安全事故，如起火、爆炸、触电等。动力蓄电池在正常工作下不会上报该故障，蓄电池管理系统一旦上报该故障表明动力蓄电池处于严重滥用状态。

2. 二级故障（严重）

动力蓄电池上报该故障一段时间后整车进入跛行，暂时停止能量回馈，停止充电。动力蓄电池正常工作下不会上报该故障，蓄电池管理系统一旦上报该故障表明动力蓄电池某些硬件出现故障或动力蓄电池处于非正常工作的条件下。

3. 三级故障（轻微）

动力蓄电池上报该故障对整车无影响或不同程度地造成整车进入限功率行驶状态。动力蓄电池正常工作下可能上报该故障，蓄电池管理系统一旦上报该故障表明动力蓄电池处于极限环境温度下或单体蓄电池一致性出现一定劣化等。

三、动力蓄电池性能检测

1. 外观及尺寸的检查

检查动力蓄电池外观，不得有变形及裂纹，表面应平整、无外伤、无污物等，且标志清晰。直观检查动力蓄电池紧固螺栓是否有松动，接头是否脱落、松动、极柱是否氧化，表面是否脏污，各高压导线有否损坏等现象，如有应予排除。目测检查电池包壳体是否破损或变形、裂纹，密封法兰是否完整，外部有否漏液，如有应更换壳体或蓄电池组。

2. 单体蓄电池电压的测量

将万用表旋钮旋转到直流电压档，万用表两表笔分别接单体蓄电池的正、负极，测得电压值。

3. 动力蓄电池模块电压的测量

将万用表旋钮旋转到直流电压档，万用表两表笔分别接动力蓄电池模块的正、负极线束端子，测得电压值。

4. 动力蓄电池电压的测量

将万用表旋钮旋转到直流电压档，万用表红黑表笔分别接动力蓄电池的主正继电器和主负继电器前的动力蓄电池线束。

5. 单体蓄电池内阻的测量

使用内阻测试仪测量单体蓄电池内阻时，将内阻测试档调到 20 V/2 000 mΩ，内阻测试仪的红黑表笔分别接单体蓄电池的正极和负极，测出内阻值，并对测出的故障单体蓄电池内阻值和正常的单体蓄电池内阻值进行对比。

6. 动力蓄电池模块均衡充放电

使用均衡测试仪对动力蓄电池模块进行均衡充电，将均衡测试仪测试连接口与模块采样线插头相连，打开测试仪开关，在均衡测试仪操作界面选中模块内有故障的单体蓄电池，对其设置充电电压为 3. 7 V，设定电压不可超过额定电压 4.1 V。

7. 动力蓄电池绝缘测量

断开动力蓄电池与高压盒的连接线束，确认动力蓄电池正、负继电器处于断开状态，并用放电工具对动力蓄电池及车辆高压端子进行放电后，分别用绝缘表测量动力蓄电池正、负极对车身的绝缘值。

四、动力蓄电池故障在仪表上的显示

动力蓄电池故障在仪表上会有显示。关于动力蓄电池的故障，仪表上只显示动力蓄电池故障、动力蓄电池绝缘故障及动力蓄电池系统断开三种故障信息。在仪表上显示的故障指示灯及含义如表 3–1 所示。

表 3–1 在仪表上显示的故障指示灯及含义

名称	显示	颜色	故障含义
系统警告故障灯		黄色	与其他故障灯一同亮起，表示动力系统故障。单独亮起，代表系统总线通信出现故障，需要及时维修
动力蓄电池电量不足指示灯		黄色	动力蓄电池电量低于 30% 时候，该指示灯亮起。表示动力蓄电池电量不足，可能不能满足行驶里程的需求。需要及时充电，当动力蓄电池电量高于 35% 时，故障灯就会熄灭
动力蓄电池切断故障指示灯		黄色	动力蓄电池不能提供动力来源，蓄电池动力已切断，需要及时维修
动力蓄电池故障指示灯	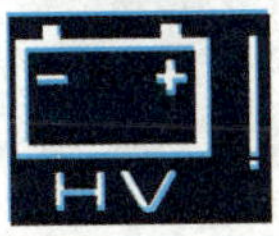	红色	动力蓄电池可能存在故障，慢速行驶及时维修，如果能够感觉到明显的故障，最好不要行车，申请救援

表 3-1（续）

名称	显示	颜色	故障含义
动力蓄电池绝缘电阻低指示灯		红色	表示动力蓄电池绝缘性能降低，大多时候都是长时间淋雨造成的，静放几天等车辆干燥或许能好，如不能，则需要维修
动力蓄电池过热警告灯		红色	说明动力蓄电池过热，最好不要继续行驶，应该靠边停车，等待动力蓄电池冷却，待动力蓄电池冷却故障灯熄灭后再行驶
电机及控制器过热指示灯		红色	表示汽车电机及控制器过热，需要靠边停车，自然冷却。如果故障灯熄灭可继续行驶，如故障灯不熄灭或者频繁亮起，表明需要检查、维修

五、比亚迪 E5 电源管理系统故障诊断与检修

以比亚迪 E5 纯电动汽车为例，介绍低压电源管理系统故障诊断与检修方法，其他品牌型号的车辆请参照相关的维修手册或资料。

1. 比亚迪 E5 低压电池管理系统

（1）低压电池安装位置

比亚迪 E5 车型低压电池采用比亚迪自制的铁电池，并且内部集成有电池管理器（也称 LBMS），其通过通信口和整车模块交互信息。低压电池安装在机舱左侧，如图 3-19 所示。

（2）低压铁电池的功能及数据流

① 低压配电。E5 车型低压铁电池与 DC/DC 变换器低压输出端并联，通过正极熔断丝盒为整车低压电器提供 13.8 V 电源。DC/DC 变换器集成在高压电控总成内部，车辆在启动后或充电时，为低压铁电池补充电量，相当于传统燃油车上的发电机。

正极熔断丝盒外挂在低压铁电池侧面，DC/DC 变换器低压输出正极与低压铁电池正极在正极熔断丝盒里通过螺栓连接，熔断丝盒内还有 3 个熔断丝，分别是 100 A（至前舱配电盒）、125 A（至前舱配电盒）、100 A（至 REPS 电机）。比亚迪 E5 正极熔断丝盒安装位置如图 3-20 所示。

图 3-19　比亚迪 E5 低压电池安装位置

图 3-20　比亚迪 E5 正极熔断丝盒安装位置

② 低压铁电池的控制逻辑。E5 车型低压铁电池由电芯和模块两部分组成，其中电芯由 4 节磷酸铁锂电池单体串联而成。而模块部分则是 LBMS 系统，与动力电池管理器系统一样，具有电压、电流和温度监测功能，存在异常状态会触发故障报警功能，当铁电池故障报警时，仪表上的故障指示灯点亮，同时显示“请检查低压电池系统”。

低压铁电池带有 BMS 系统，当它监测到低压电池 SOC 低于 40% 时，将会向高压 BMS 发送充电请求，若整车满足一定条件（前舱盖关闭、“OFF”档、高压系统正常等），将会启动 DC/DC 变换器给低压铁电池充电，组合仪表提示“低压电池电量低，进入智能充电模式”，此为“智能充电功能”。

若“智能充电”失效，低压铁电池可能切断整车电源（低压电池正极柱与电芯正极之间通过继电器和 MOS 管连接，LBMS 可对该继电器和 MOS 管进行开闭控制），如发现车辆无电时，可尝试持续按下左前门微动开关激活启动铁电池，并立即启动车辆至“OK”档，给低压铁电池充电。

③ 低压铁电池的数据流。E5 车型低压铁电池监控数据流如图 3-21 所示。

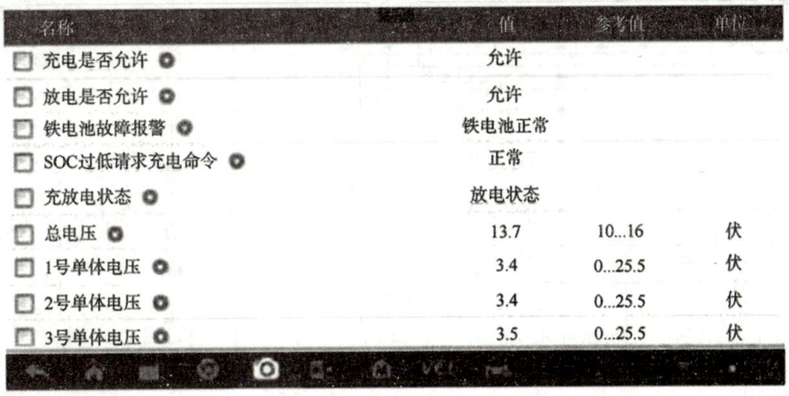

名称	值	参考值	单位
充电是否允许	允许		
放电是否允许	允许		
铁电池故障报警	铁电池正常		
SOC过低请求充电命令	正常		
充放电状态	放电状态		
总电压	13.7	10...16	伏
1号单体电压	3.4	0...25.5	伏
2号单体电压	3.4	0...25.5	伏
3号单体电压	3.5	0...25.5	伏

图 3-21　比亚迪 E5 低压电池的数据流

④ 超低功耗设置。对于库存车辆，为保护低压铁电池电芯，避免过放，可以对 LBMS 进行主动设置，使低压铁电池进入超低功耗，此时正极柱断开对外输出，整车无电。其操作方法如下。

a. 用诊断仪进入低压电池管理系统（LBMS）。

b. 选择低压电池管理系统的主动控制，再选择“启动铁电池整车超低功耗功能”，此时整车断电。

c. 切记不可再次按压左前门微动开关，否则之前设置的“超低功耗”状态将会失效，需要重新通过诊断仪设置。

2. 比亚迪 E5 低压电池管理系统的故障排查

（1）电路分析与测量

① 电路插接器端子接口定义。LBMS 接插口定义如图 3-22 所示。唤醒低压电池，通过将图 3-22 上的 6 号针脚与电池负极柱短接方式来实现，如图 3-23 所示。

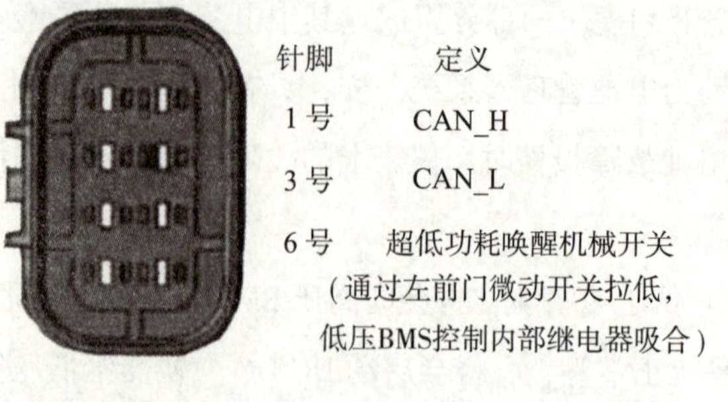

图 3-22　LBMS 接插口定义

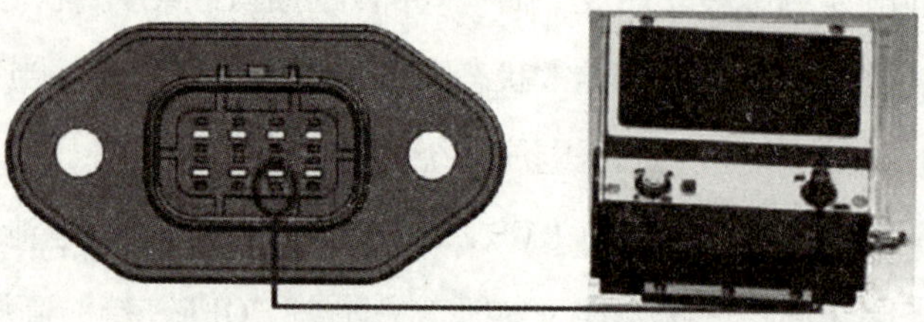

图 3-23　唤醒低压电池的方法

② 低压铁电池控制电路如图 3-24 所示。

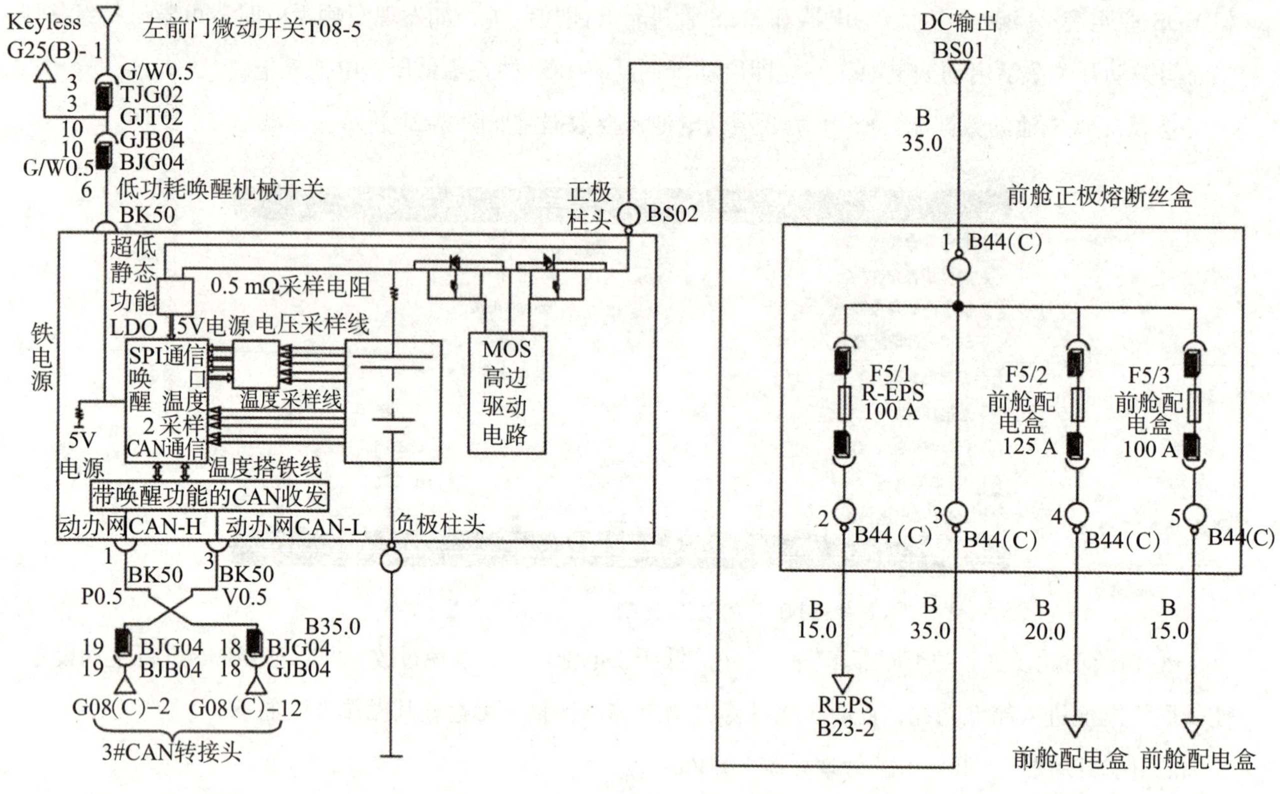

图 3-24　低压铁电池控制电路图

（2）故障排查

故障代码如表 3-2 所示，故障案例分析如下。

表 3-2　故障代码表

DCT	故障描述	DCT	故障描述
B1FB2	电源电压过低故障	B1FB5	电源温度过高故障
B1FB3	电源电压过高故障	B1FB9	MOS 失效故障
B1FB4	电源电流过大		

① 故障现象。一台 E5 加装 GPS 定位系统后，车辆停放一段时间未使用，整车无电，按左前门微动开关无法唤醒。

② 故障诊断。出现此类故障，一般是由于加装系统无法经过网关监控，导致亏电造成的，可能的故障部位有唤醒线路故障、低压电池 CAN 线路故障、低压铁电池故障。

③ 故障分析与排查。因按下遥控开锁按钮及左前门微动开关均不能开启车门，使用机械钥匙打开车门，拉开前舱机盖，测量低压铁电池正负极柱之间电压为 0 V，如图 3–25 所示。

测量低压电池通信接口 6 号针脚与负极之间电压为 10.41 V，如图 3–26 所示。判定为低压电池进入超低功耗状态，将 6 号针脚与负极柱进行短接，也无法唤醒。

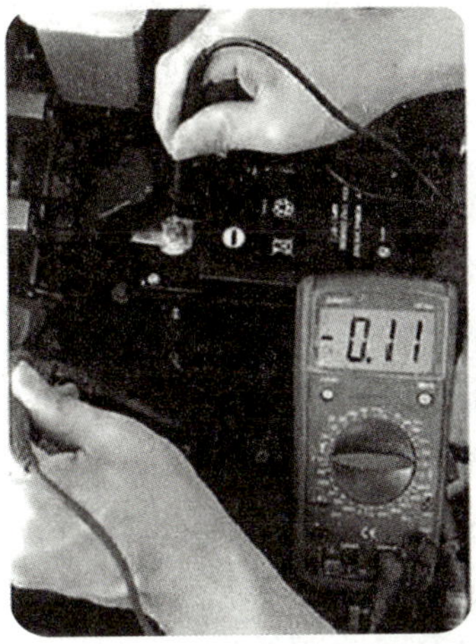

图 3–25　测量低压电池电压

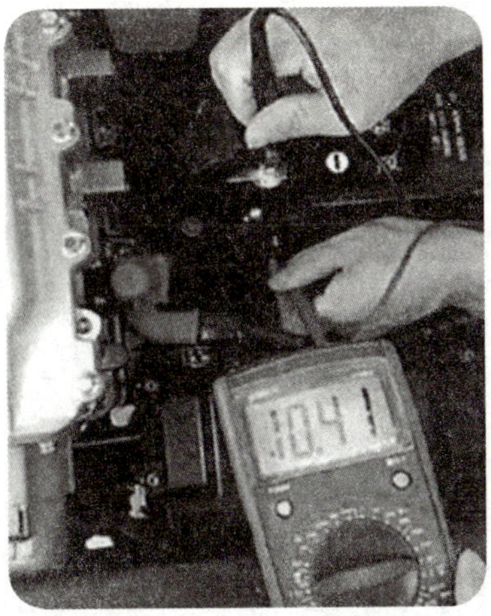

图 3–26　通信接口 6 号针脚电压

并联电池启动车辆，仪表提示请检查低压电池系统，如图 3–27 所示；VDS 扫描不到电路、传感器、交流电路、电机、动力电池、高压安全操作及安全防护低压电池，如图 3–28 所示。

图 3–27　仪表显示

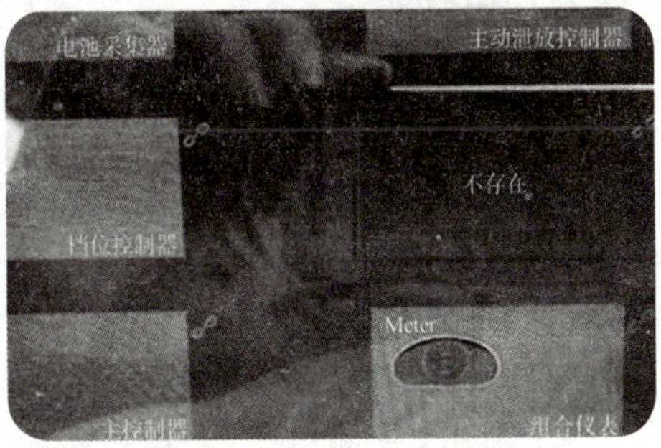

图 3–28　检查低压电池系统显示

VDS 扫描测量低压电池 CAN 线对搭铁电压正常，如图 3–29 所示。

检查 DC/DC 变换器输出电压大于 13 V，且 DC/DC 变换器数据流正常，如图 3–30 所示，确认为低压铁电池内部故障。

④ 故障排除。更换低压铁电池后，试车故障排除。

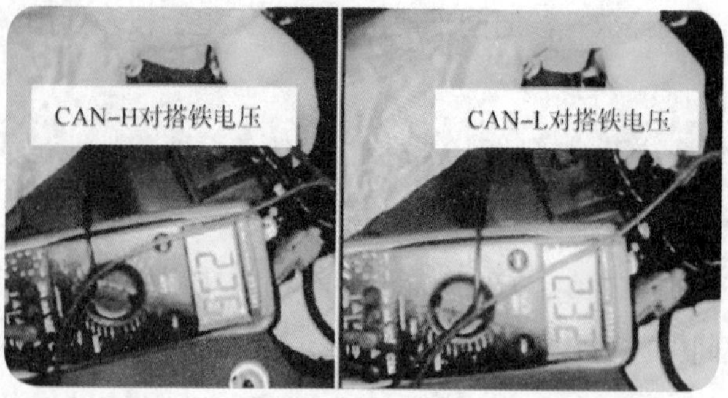

图 3–29 CAN 线对搭铁电压

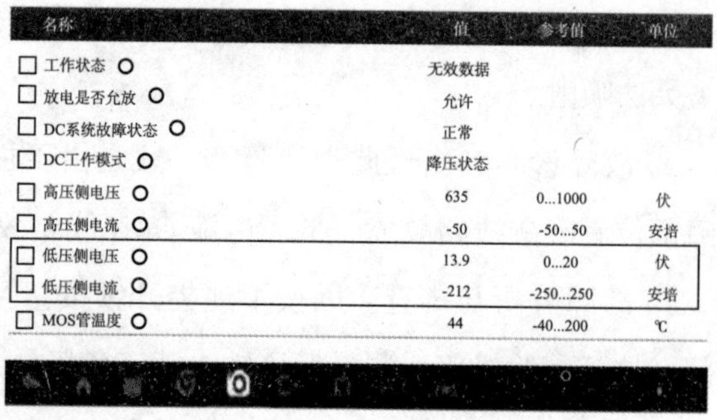

名称	值	参考值	单位
工作状态	无效数据		
放电是否允放	允许		
DC系统故障状态	正常		
DC工作模式	降压状态		
高压侧电压	635	0...1000	伏
高压侧电流	-50	-50...50	安培
低压侧电压	13.9	0...20	伏
低压侧电流	-212	-250...250	安培
MOS管温度	44	-40...200	℃

图 3–30 DC/DC 数据流

思考练习

一、选择题

1. 新能源汽车对动力蓄电池的性能要求不包括（　　）。

A. 高比能量　　B. 高比功率

C. 价格要高　　D. 安全可靠

2. 新能源汽车，不管是强混、插电 / 增程式混合动力，还是纯电动汽车，整个系统架构上都用（　　）来取代原有的发电机，用高压的电机直接驱动车辆。

A. 低压电源管理单元

B. 交流发电机

C. DC/DC 转换器

D. 高压电池模块

3. （　　）是动力蓄电池管理系统的控制中心，用来控制总正继电器、加热继电器以及预充继电器，还通过 CAN 总线与 VCU 进行通信。

A. 主控盒　　B. 从控盒

C. 高压配电盒　　D. 高压继电器

4. （　　）包括动力电池充电控制管理、动力电池放电控制管理和动力电池均衡控制管理。

A. 动力电池状态监测

B. 动力电池能量管理

C. 动力电池状态分析

D. 动力电池信息管理

二、简答题

1. 简述 12 V 辅助蓄电池的特点。

2. 简述电动动力蓄电池系统基本组成。

第四章

新能源汽车充电系统

本章导读

充电系统是新能源汽车能源补给系统，为车辆持续行驶提供动力能源。新能源汽车，特别是纯电动汽车的充电技术，最关键的问题是如何实现高效率的快速充电。这关系到充电器的容量和性能、电网的承载能力和动力电池的承受能力等。随着动力电池本身充放电速度的不断提高，充电系统的性能也在不断地改进，以满足在多种不同应用情况下的快速充电需求。

学习目标

1. 能够描述充电系统的基本术语。
2. 能够描述充电系统的组成。
3. 能够正确给新能源汽车充电。
4. 能够正确进行充电机的拆装。

学习目标

1. 能够通过小组合作制订检修计划，按照维修手册标准或国家标准排除充电系统的相关故障。
2. 引导学生认真学习贯彻落实党的二十大精神，高质量推进科教兴国战略，为全面建设社会主义现代化国家积极贡献青春力量。

第一节 新能源汽车充电系统概述

一、新能源汽车充电技术概况

新能源汽车，特别是纯电动汽车的充电技术，最关键的问题是如何实现高效率的快速充电。这关系到充电器的容量和性能、电网的承载能力和动力蓄电池的承受能力等。随着动力蓄电池本身的充放电速度的不断提高，充电系统的性能也在不断地改进，以满足在多种不同的应用情况下的快速充电需求。由于电力的储运和使用比汽油方便得多，充电设备的建造也呈现出多样性和灵活性，既可以为集中式的充电站，也可以设置在马路边、停车场、购物中心等任何方便停车的地方。除了固定充电装置以外，新能源汽车还带有车载充电器，可以在夜间从家里的市电插座进行充电，甚至还可以在用电高峰期把电力逆变后返送回电网。目前，根据不同的汽车动力蓄电池电压和容量、充电速度要求以及电网供电容量等因素的考量，固定充电器的容量一般在 15 ～ 100 kW 的范围内；输出电压一般为 50 ～ 500 V。车载充电器容量约 3 kW。

目前，世界各国都在研究新能源汽车的快速充电技术。欧洲已研发出 10 min 充电可行驶 100 km 的快速充电系统。美国也已经研发出了 6 min 充电可以行驶 100 km 的超快速充电系统。这些系统都采用国际通用的快速充电标准接口，输入电源可以用交流电，也可以用直流电。

由于快速充电系统需要强大的瞬时功率，所以在快速充电设施中电网的承载能力是一个关键的制约因素。如果想要把充电速度进一步提高，从普通电网直接供电基本上不可能。为了解决这个矛盾，技术人员正着手研发新一代带有储能缓冲环节的超快速充电系统。这项技术目前还处于早期发展阶段，但已经有示范系统展示。汽车在行驶中充电叫作在线充电，这也是技术人员将要研究和开发的技术之一。这种技术一旦实施，车载的动力蓄电池容量将可以降低。随着新能源汽车市场的迅速发展，这些技术一定会得到广泛的应用并产生巨大的经济效益。

近年来，新能源汽车充电技术取得了长足的进步，充电方式的分类化使充电设施的设计针对性更强、指标更明确，为动力蓄电池的安全充电提供了准则保障；充电电源各器件运行环境的高频化提高了主功率变换器件的开关速度、工作效率，减小磁性变压器和电容器的体积、重量等；功率变换器的集成化使系统控制、驱动、保护、检测以及后级功率放大集成为一体，减小了能量的传输损耗，减轻了系统的重量，促进了系统智能化的发展；控制系统的智能化加大了充电判断的精确度，促进了充电系统工作效率的提高等。

二、充电系统基本术语

对充电系统基本术语进行阐述。

1. 交流充电（AC charging）

交流充电是指通过交流电对带充电系统的新能源汽车的动力蓄电池组充电。进行交流充电时，车辆的车载充电器必须将交流电整流成直流电，并调节充电电压，使其符合动力蓄电池组的要求，如图 4–1 所示。

2. 直流充电（DC charging）

直流充电是指通过直流电对带充电系统的新能源汽车的动力蓄电池组充电。进行直流充电时，直流电被输送到动力蓄电池组，由充电桩来调整动力蓄电池组的充电电压，如图 4–2 所示。

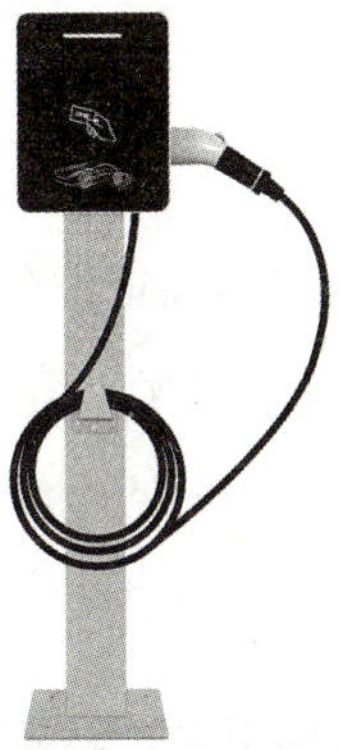

图 4–1　交流充电桩

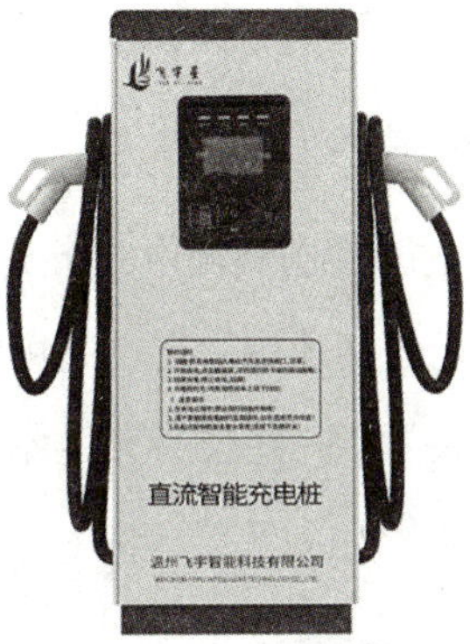

图 4–2　直流充电桩

3. 充电器（charger）

充电器是指将电气设备或其他电能供应设备输出的交流电转变成直流充电电流的设备，如图 4–3 所示。车载充电器安装在车辆上，而非车载充电器则是（电动汽车供电设备 EVSE）的一部分。

图 4–3　车载充电器

4. 充电插头（charge connector）

充电插头即充电枪，可以插入汽车充电端口对动力蓄电池组充电，如图 4–4 所示。在北美地区，一级和二级充电插头遵循 SAE 标准 J1772，该标准规定了充电插头的形状、电路和通信协议。

5. 充电口或充电插口（charging port 或 charging socket）

充电口或充电插口是指安装在纯电动汽车及插电式混合动力汽车上的电气插座，通常位于保护盖后面。充电口或充电插口的技术标准必须与插入车辆的充电插头一致，才能进行充电，如图 4–5 所示。

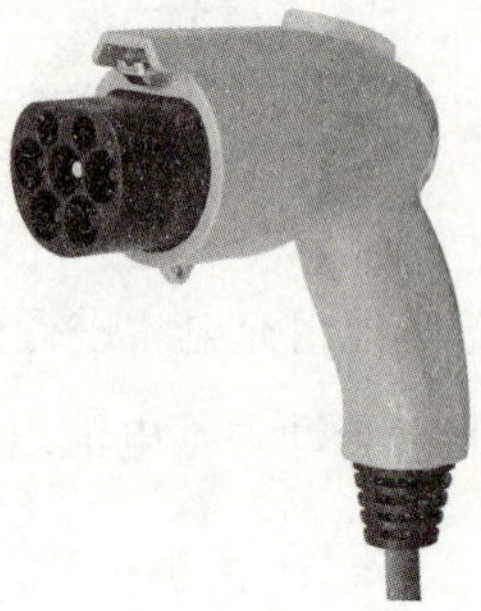

图 4–4　充电插头

图 4–5　充电口

6. 充电电缆（charging cable）

充电电缆是一级交流充电的便携式充电装置，其一端插入车辆，另一端插入 220 V 墙壁插座，如图 4–6 所示。

7. 充电桩（charging station）

充电桩是一种用来将电能输送到插电式混合动力汽车或纯电动汽车的固定设备，通常安装在家庭车库、工作地点、停车位置或公共区域。充电站可能如 220 V 电气插座那样简单，也可能是适合多种车型、多种充电标准的复杂充电装置。一些公共充电站可免费使用，而有些则需缴费，并由专人操作，如图 4–7 所示。

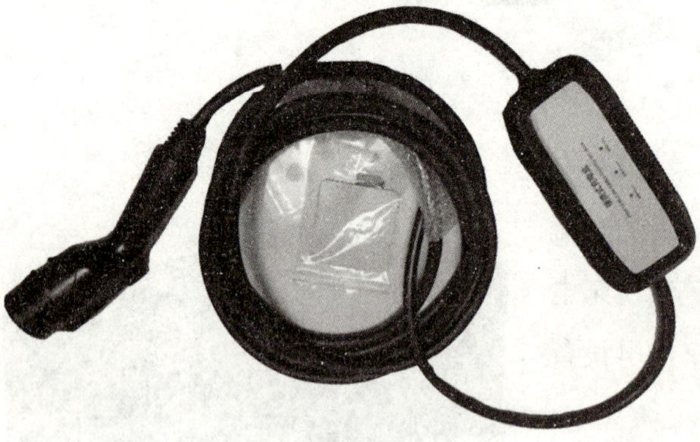

图 4–6　充电电缆

图 4–7　充电桩

三、新能源汽车的充电需求

下面就针对不同车型对充电需求进行分析。

1. 公交车充电需求

公交车作为一种不间断运营车辆，需要在指定时间内不断行驶，根据我国公交车的运营情况，一般每天行驶里程为 150 ～ 200 km，且其载客量大，电能消耗较快。一般而言，新能源汽车晚上时段进行慢速充电，白天时段进行快速充电。

在上下班高峰段要求其能够实现短间隔发车，且受到交通情况限制，要求其单次运营持续较长时间。受到动力蓄电池容量、体积等的限制，公交车饱和充电一次不能够满足其用电需求，因此一天内至少要对公交车进行一次快速充电，每次快速充电花费时间大概为 2 ～ 3 h。但是，基本所有的运营车辆都需要进行这种快速充电，且均在运营时间的中间时段，充电时间集中，不仅对充电网造成较大的冲击，也使得公交车运营时间缩短，在运营车辆数量减少，不能满足群众出行要求。现阶段有人提出公交车应该以换动力蓄电池为主，受到运营时间的限制，白天时段进行充电会影响运营效率，如果将充电改为换动力蓄电池，像传统加油站一样，可以极大地提高公交车的运营时间和效率。但是，车载动力蓄电池体积庞大，安装拆卸复杂，在动力蓄电池拆卸过程中极有可能造成汽车零部件的损坏，带来不必要的损失。

电动公交车需要一种充电时间短且可以在给定路段中进行动态充电（即在行驶过程中充电）的充电系统。

2. 出租车充电需求

一般而言，出租车行驶时间较长，由两名驾驶员驾驶，通常两名驾驶员换班方式有两种：每 24 h 进行一次换班或者每 12 h 进行一次换班。每 24 h 换班一次（大班轮换模式）的情况下，驾驶员可以在白天中午用餐时间进行一次快速充电，晚上睡觉时间进行一次常规充电。每 12 h 换班一次（小班轮换模式）的情况下，驾驶员可以在中午用餐时间进行一次快速充电，晚上利用 2 ～ 3 h 的时间进行一次快速充电。由此可见，平均一天，出租车需要花去 5 h 左右的时间完成充电，充电次数至少为 2 次。目前，我国的出租新能源汽车以比亚迪公司纯电动汽车等车型为主，其额定行驶里程为 300 km 左右，但是由于出租车一般在市区范围内行驶，实际的行驶里程达不到额定数值。即使一天两次充电也很难满足其行驶要求，这种情况下对出租车的运营效益等造成了极大的影响，因此迫切需要一种不影响运营时间的充电方式来改变这种现状。

3. 公务用车充电需求

公务用车一般而言只在上班执行公务期间行驶，且其行驶里程要求不高，每天需要一次完全充电即可满足工作要求，因此晚上可以进行常规充电或者慢速充电即可。

4. 私家车充电需求

私家车主要用于车主的日常上下班以及旅游等娱乐活动，据统计，私家车充电地点主要有单位停车场、商场停车场、小区停车场等。当私家车用于上下班时，其在单位停留时间较长，因此一般可以选择半天在工作单位进行慢速充电或者常规充电，或者下班回家之后进行慢充或者常规充电。但是当车主进行自驾游活动时，一次完全充电不一定能够满足用户需求，当距离较长时必须在中间时段进行一次快速充电。一般而言较长路程时，用户会选择高速公路行驶，因此有必要在高速公路部分路段设置快速充电系统，满足用户长距离行驶要求。

第二节 新能源汽车充电系统的结构原理

一、新能源汽车充电系统的组成

新能源汽车充电系统包含车载充电机、车载充电接口、DC/DC 变换器及相关线束。车载充电机的主要功能是将交流 220 V 市电转换为高压直流电给动力蓄电池进行充电，从而保证车辆正常行驶；车载充电接口是充电桩与车辆对接的唯一接口；DC/DC 变换器的主要功能是将动力蓄电池高压电转换为 12 V 低压电，供整车低压系统用电；主要相关的线束有高压线束、充电线束、充电线和前机舱线束（低压控制及低压供电）。

1. 车载充电机

车载充电机提供相应的保护功能，从而保证车辆正常行驶。其中包括过电压、欠电压、过电流、欠电流等多种保护措施，当充电系统出现异常时会及时切断供电。车载充电机同时将内部故障信息通过 CAN 总线发送至网络，可以通过诊断仪或 CAN 卡读出相应的数据，如图 4-8 所示。

图 4-8　车载充电机

车载充电机内部可分为主电路、控制电路、线束及标准件三部分。

（1）主电路分成两部分，前端将交流电转换为恒定电压的直流电，主要是全桥电路 +PFC 电路。后端为 DC/DC 变换器，将前端转出的直流高压电变换为合适的电压及电流供给动力蓄电池。

（2）控制电路是控制 MOS 管的开关，与 BMS 之间通信，监测充电机状态，与充电桩握手等功能。

（3）线束及标准件的作用是用于主电路及控制电路的连接，固定元器件及电路板。

2. 车载充电接口

车载充电接口是指用于连接活动电缆和新能源汽车的充电部件，它由充电插座和充电插头两部分组成，是传导式充电机的必备设备，充电插头在充电过程中与充电插座进行结构耦合，从而实现电能的传输。

根据《电动汽车传导充电用连接装置 第 2 部分：交流充电接口》（GB/T 20234.2—2015）和《电动汽车传导充电用连接装置第 3 部分：直流充电接口》（GB/T 20234.3—2015）两个国家标准，对充电接口进行了规范。

3. DC/DC 变换器

DC/DC 变换器相当于传统汽车的发电机，将动力蓄电池的高压电转为低压电给辅助蓄电池及低压系统供电。具有效率高、体积小、耐受恶劣工作环境等特点。

DC/DC 变换器工作首先需要整车“ON”档上电或充电唤醒上电，然后动力蓄电池完成高压系统预充电流程，最后整车控制器 VCU 发给 DC/DC 变换器使能信号，DC/DC 变换器开始工作，如图 4–9 所示。

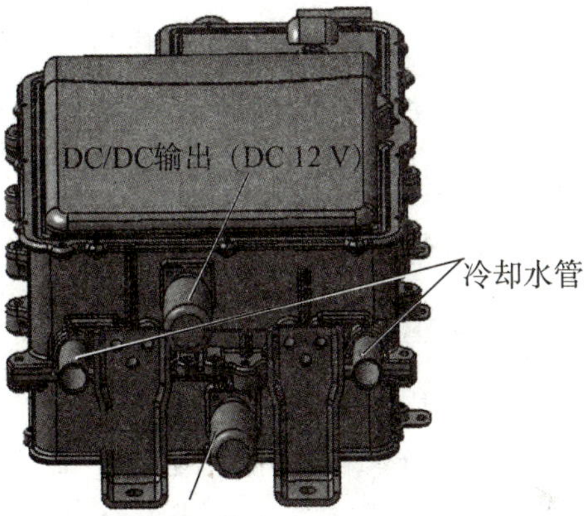

图 4–9　DC/DC 变换器

目前，在新能源汽车里 DC/DC 变换器有高低压变换器、12 V 电压稳定器和高压升压器三种类型。

（1）高低压变换器（辅助功率模块）

此模块的主要作用是取代传统燃油汽车的 12 V 发电机。在混合动力车辆里，发动机输出的动力直接驱动高压继电器直接给动力蓄电池系统补充电力，传统的 12 V 的用电负荷就完全依靠高低压变换器供给，功率范围一般是 1 ～ 2.2 kW。

（2）12 V 电压稳定器

12 V 电压稳定器主要用在部分起停（Start–stop）系统中，可在起动中避免电压波动对一些敏感的负载造成影响或损坏，例如用户可见的负载、车内照明、收音机和显示屏等。电压稳定器的功率等级随着用电器负荷而定，一般是 200 ～ 400 W。

（3）高压升压器

高压升压器是为了提高动力系统的效率，选用一个升压器来提高逆变输入的电压，这个部件是动力总成的一部分，集成在动力总成中。如果采用锂离子蓄电池作为动力蓄电池，升压器是一个十分重要的部分。

二、新能源汽车充电方式与充电模式

1. 新能源电动汽车充电方式

新能源电动汽车充电方式主要有常规充电方式、快速充电方式、电池更换方式、无线充电方式及未来其他前沿技术等。

（1）常规充电方式

常规充电方式采用恒压、恒流的传统充电方式对电动汽车进行充电，相应充电机的工作和安装成本相对比较低，电动汽车家用充电设施（车载充电机）和小型充电站多采用这种充电方式。

新能源汽车上常见的充电系统

车载充电机是电动汽车的一种最基本的充电设备，如图 4-10 所示。充电机作为标准配置固定在车上或放在后备厢里。由于只需将车载充电机的插头插到停车场或家中的电源插座上即可进行充电，因此充电过程一般由客户自己独立完成，直接从低压照明电路取电，充电功率较小，由 220 V/16 A 规格的标准电网电源供电。典型的充电时间为 8 h（SOC 值达到 95% 以上）。这种充电方式对电网没有特殊要求，只要能够满足照明要求的供电质量就能够使用。由于在家中充电通常是晚上或者是在用电低谷期，有利于电能的有效利用。

小型充电站是电动汽车的一种最重要的充电方式，如图 4-11 所示，充电桩设置在街边、超市、办公楼、停车场等处。采用常规充电电流给电动汽车充电，驾驶员只需将车停靠在充电站指定的位置上，接上电线即可开始充电。计费方式是投币或刷卡，充电功率一般在 5 ～ 10 kW，采用三相四线制 380 V 供电或单相 220 V 供电。其典型的充电时间是：补电 1 ～ 2 h，充满 5 ～ 8 h（SOC 值达到 95% 以上）。

图 4-10　车载充电机充电方式

图 4-11　小型充电站充电方式

常规充电方式主要优点：充电技术成熟，技术门槛低，使用方便，容易推广普及；充电设施配置简单，占地较小，投资少；电池充电过程缓和，电池能够深度充满；充电时电池发热温和，不易发生高温短路或爆炸危险，安全性较高；接口和相关标准较低；充电功率相对低，对配电网要求降低，基础设施配套需求小，一般选择夜间充电可避开傍晚用电高峰期，节能效果较好。

常规充电方式主要缺点：充电时间长，续驶里程有限，使用受到限制；用于有慢速充电需求的停车场所，如住宅小区停车场、社会公共停车场等。

（2）快速充电方式

快速充电方式以 150 ～ 400 A 的高充电电流在短时间内为蓄电池充电，与常规充电方式相比，安装成本相对较高。快速充电也可称为迅速充电或应急充电，其目的是在短时间内给电动汽车充满电，大型充电站（机）多采用这种充电方式。

大型充电站（机）的快速充电方式，如图 4-12 所示。它主要针对长距离旅行或需要进行快速补充电能的情况进行充电，充电机功率很大，一般都大于 30 kW，采用三相四线制 380 V 供电。其典型的充电时间是 10 ～ 30 min。这种充电方式对电池寿命有一定的影响，特别是普通蓄电池不能进行快速充电，因为在短时间内接受大量的电量会导致蓄电池过热。快速充电站的关键是非车载快速充电组件，它能够输出 35 kW 甚至更高的功率。由于功率和电流的额定值都很高，因此这种充电方式对电网有较高的要求，一般应靠近 10 kV 变电站附近或在监测站和服务中心中使用。

图 4–12　大型充电站（机）的快速充电方式

快速充电方式主要优点：技术较为成熟，接口标准要求较低，充电速度快，能够增加电动汽车长途续航能力，是一种有效的补充方案。

快速充电方式主要缺点：充电功率较大，接口和用电安全提高，电池散热成为重要因素；电池不能深度充电，一般为电池容量的 80% 左右，容易损害电池寿命，需要承担更多的电池折旧成本；短时用电消耗大，对配电网要求较高，基础设施配套需求巨大。

（3）更换电池充电方式

更换电池充电方式除了以上几种，还可以采用更换电池组的方式，即在蓄电池电量耗尽时，用充满电的电池组更换已经耗尽的电池组。电动汽车用户把车停在一个特定的区域，然后用更换电池组的机器将耗尽的蓄电池取下，换上已充满电的电池组。由于电池更换过程包括机械更换和蓄电池充电，因此有时也称它为机械“加油”或机械充电。电池更换站同时具备正常充电站和快速充电站的优点，也就是说可以用低谷电给蓄电池充电，同时又能在很短的时间内完成“加油”过程。通过使用机械设备，整个电池更换过程可以在 10 min 内完成，与现有的燃油车加油时间大致相当。

电池更换方式主要优点：电池更换时间接近传统的加油站加油；用户只需购买裸车，电池采用租赁的方式，大幅降低了车辆价格；采用适合的充电方式保证电池的健康以及电池效能的发挥，电池集中管理便于集中回收和维护，减小环境污染；选择夜间用电低谷时段慢速充电，降低服务机构运行成本，对电网起到“错峰填谷”作用。

电池更换方式主要缺点：基础设施建设成本较高，占用场地大电网配套要求高；需解决电动汽车更换电池方便的问题，如电池设计安装位置、电池拆卸难易程度等；需要电动汽车行业众多标准的严格统一，包括电池本身外形和各项参数的标准化，电池和电动汽车接口的标准化，电池和外置充电设备接口的标准化等；电池更换容易导致电池接口接触不良等问题，对电池及车辆接口的安全可靠要求提高；电池租赁带来的资产管理、物流配送、计价收费等一系列问题，运作复杂性和成本提高。

（4）无线充电方式

无线充电方式包括电磁感应式、磁场共振式、无线电波式三种方式。电动汽车非接触充电方式的研究目前主要集中在感式充电方式，不需要接触即可实现充电。目前，日产和三菱都有相关产品推出，其原理是采用可在供电线圈和受电线圈之间提供电力的电磁感应方式，即将一个受电线圈装置安装在汽车的底盘上；将另一个供电线圈装置安装在地面，当电动汽车驶到供电线圈装置上，受电线圈即可接收到供电线圈的电流，从而对电池进行充电。

相对于电动汽车的有线充电而言，无线充电具有使用方便、安全、可靠，没有电火花和触电的危险，无积尘和接触损耗，无机械磨损，没有相应的维护问题，可以适应雨、雪等恶劣的天气和环境等优点。无线充电技术用于电动汽车充电可以降低人力成本、节省空间、不影响交通视线等。如果可以实现电动汽车的动态无线充电，则可以大幅减少电动汽车配备的动力电池容量，从而减轻整车重量，降低电动汽车的运行成本。

有了无线充电技术，公路上行驶的电动汽车或双能源汽车可通过安装在电线杆或其他高层建筑上的发射器快速补充电能。电费将从电动汽车上安装的预付卡中扣除。

（5）移动式充电方式

对电动汽车蓄电池而言，最理想的情况是汽车在路上巡航时充电，即移动式充电（MAC）。这样，电动汽车用户就没有必要去寻找充电站、停放车辆并花费时间去充电了。MAC 系统埋设在一段路面之下，即充电区，不需要额外的空间。

接触式和感应式的 MAC 系统都可实施。对接触式的 MAC 系统而言，需要在车体的底部装一个接触拱，通过与嵌在路面上的充电元件相接触，接触拱便可获得瞬时高电流。当电动汽车巡航通过 MAC 区时，其充电过程为脉冲充电。对于感应式的 MAC 系统，车载式接触拱由感应线圈所取代，嵌在路面上的充电元件由可产生强磁场的高电流绕组所取代。很明显，由于机械损耗和接触拱的安装位置等因素的影响，接触式的 MAC 系统对人们的吸引力不大。

2. 电动汽车常见充电模式

充电是电动汽车使用过程中必不可少的环节，充电快慢影响着电动车使用者的出行规律。根据电动车动力电池组的技术特性和使用性质，在国际电工委员会（IEG）标准（IEG61851-1）中规定了不同的充电模式。表 4-1 汇总了各种充电模式的重要参数。

表 4-1 电动汽车充电模式

充电类型	充电模式	额定电压电流	与车辆通信	充电插头连接
交流充电	充电模式一	220 V AC/16 A	无	插座
	充电模式二	220 V AC/（8 ~ 16 A）	通过充电电缆内的模块	插座
	充电模式三	220 V AC/（16 ~ 63 A）	通过充电站内的模块	交流充电桩
直流充电	充电模式四	380 V AC/（30 ~ 300 A）	通过充电站内的模块	非车载充电机（柜）

根据充电电流大小及充电方式的异同，交流充电可以分为多种充电模式，各厂家不同模式对应不同的充电导线或不同颜色的插头。

（1）充电模式一

由于家用充电插座内不带控制导线和接近导线，充电模式一，如图 4–13 所示。无法与车辆建立通信，充电时无法限制，且无法确认最大电流强度，所以大部分厂家都不采用。

1—普通家用插座；2—用于普通家用插座的插头；3—保护开关；
4—充电电缆；5—充电插头；6—车辆上的充电接口。

图 4–13　充电模式一

（2）充电模式二

纯电动汽车与插电式混合动力汽车车载充电器负责与交流电压网络建立连接并满足车辆充电电气安全要求，此外还通过控制导线与车辆建立通信。这样可以安全启动充电并在车辆与车载充电器之间交换充电参数（例如，最大电流强度）。采用随车配备的便携式移动充电包进行充电，一般采用充电模式二，如图 4–14 所示。可使用家用电源或厂家专用充电桩电源。充电电流较小一般在 8 ～ 16 A 左右，电流可两相交流电和三相交流电，因此依据电池组容量大小，充电时间为 5 ～ 8 h。

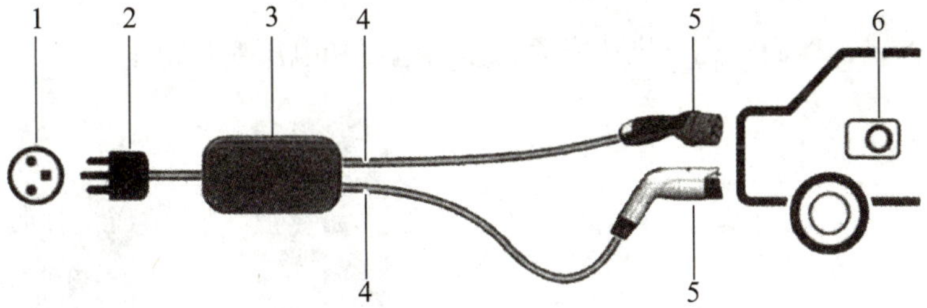

1—普通家用插座；2—用于普通家用插座的插头；3—集成式电缆箱；
4—充电电缆；5—充电插头（欧洲规格和美国规格）；6—车辆上的充电接口。

图 4–14　充电模式二

由于使用普通家用插座将集成式电缆箱连接到交流电压网络上，因此限制了最大充电电流强度。值得注意的是，一般家用插座为 10 A，16 A 插头并不通用，需要用电热水器或空调的插座。电源线上的插头有标明该插头是 10 A 或 16 A。充电模式二适用非常广泛，可设立在家里、公共停车场与公共充电站等地方。因充电时间较长，可满足白天运作、晚上休息的车辆。

（3）充电模式三

在充电站还没有全面普及的情况下，公共充电桩或厂家充电机很大程度上解决了纯电动汽车或插电式混合动力汽车在公共场合充电难的问题。通过厂家充电机或充电桩进行交流充电时，一般采用充电模式三，如图 4–15 所示。

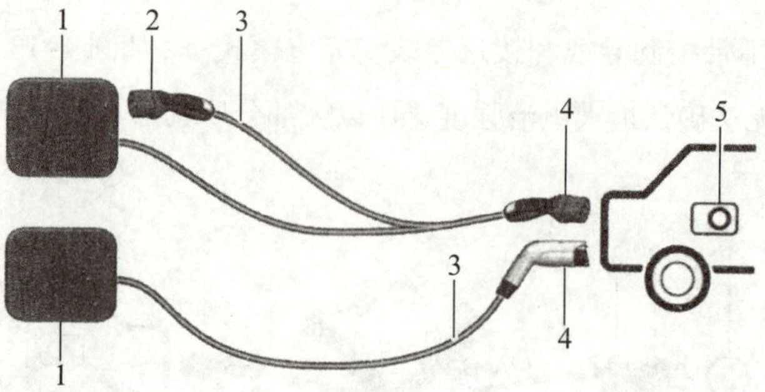

1—充电机或充电桩；2—充电插头（欧洲规格）；3—充电电缆；
4—用于连接车辆的充电插头（欧洲规格和美国规格）；5—车辆上的充电接口。

图 4–15　充电模式三

交流充电桩充电需要通过充电模式三的充电插头进行车辆连接，如图 4–16 示所。在美国充电电缆与交流电充电站 / 充电桩之间不允许使用插接连接件。因此用户无法断开充电电缆与交流电充电站 / 充电桩的连接。

（4）充电模式四

直流充电桩主要用于对纯电动汽车进行快速充电，需要通过充电模式四的充电插头进行车辆连接。直流充电桩实质上为应急充电模式，其目的是短时间内给电动汽车充电。高功率、高电压的工作条件使得直流充电桩仅存在大型充电站或公路旁作为应急使用。总体使用层面来说，并不建议常使用直流充电桩进行充电。直流充电桩仅部分车型支持，如特斯拉、比亚迪 E6、北汽新能源 E150/200、启辰晨风和荣威 E50。快速充电模式的电流和电压一般在 150 ～ 400 A 和 200 ～ 750 V，充电功率大于 50 kW。此种方式多为直流供电方式，地面的充电机功率大，输出电流和电压变化范围宽。

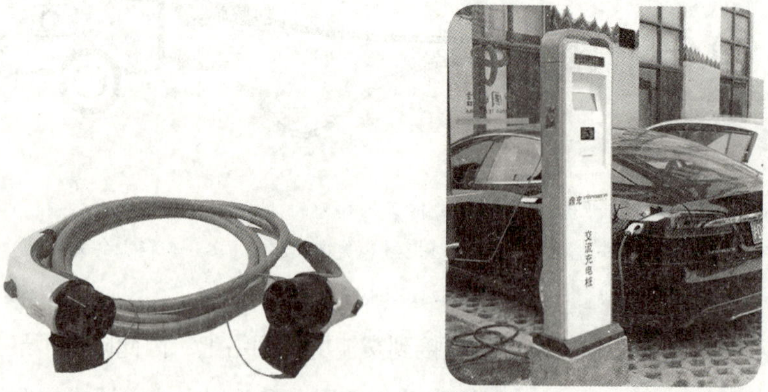

图 4–16　交流充电桩充电

虽然快速充电的充电速度非常高，其充电时间接近内燃机注入燃油的时间。可是充电设备安装要求和成本非常高，并且快速充电的电流电压较高，短时间内对电池的冲击较大，容易令电池的活性物质脱落和电池发热，因此对电池散热方面要求更高，并不是每款车型都可快速充电。无论电池再完美，长期快速充电终究影响电池的使用寿命。

3. 充电连接装置及连接方式

电动汽车充电时，连接电动汽车和电动汽车供电设备的组件，除电缆外，还可能包括供电接口、车辆接口、缆上控制保护装置和帽盖等部件。充电连接装置示意图，如图 4–17 所示。

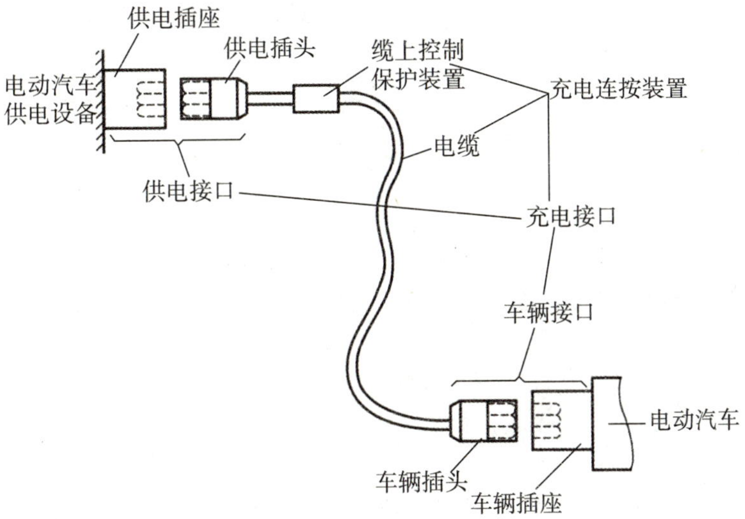

图 4–17　充电连接装置示意图

充电连接方式指的是使用电缆和连接器将电动汽车接入电网（电源）的方法。

（1）连接方式 A

将电动汽车和交流电网连接时，使用和电动汽车永久连接在一起的充电电缆和供电插头，如图 4–18 所示。

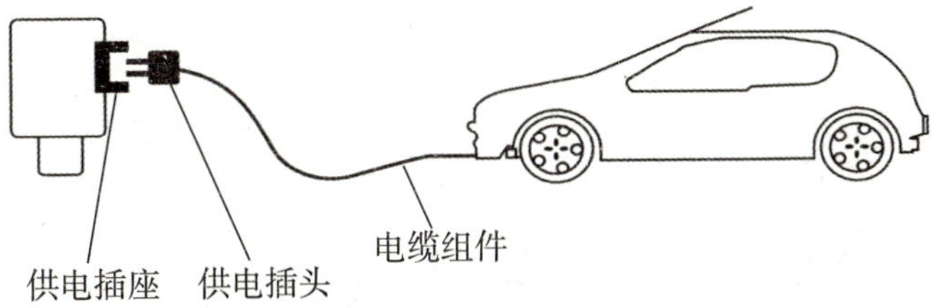

图 4–18　连接方式 A

（2）连接方式 B

将电动汽车和交流电网连接时，使用带有车辆插头和供电插头的独立的活动电缆组件，如图 4–19 所示。

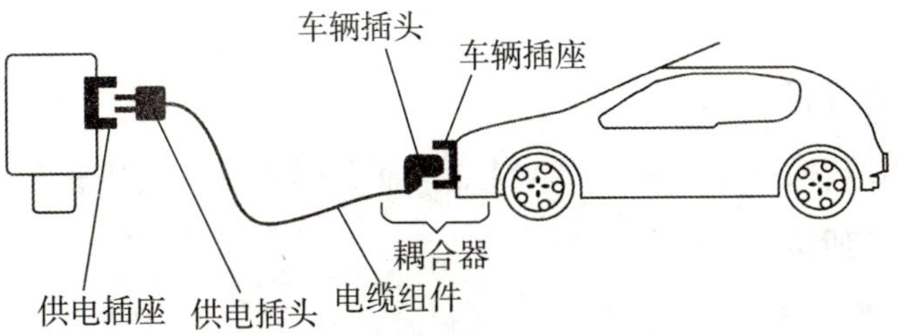

图 4–19　连接方式 B

（3）连接方式 C

将电动汽车和交流电网连接时，使用和供电设备永久连接在一起的充电电缆和车辆插头，如图 4–20 所示。

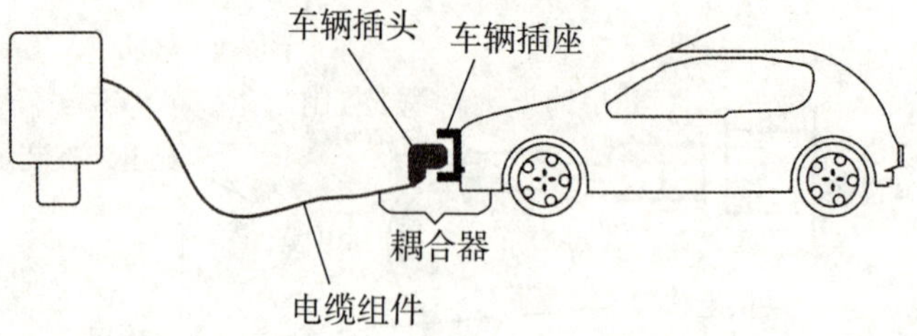

图 4–20 连接方式 C

电缆组件是充电设备的一部分。连接方式 A、连接方式 B、连接方式 C 适用于模式三。仅连接方式 C 适用于模式四。

三、新能源汽车充电系统的工作原理

以北汽新能源 EV 系列新能源汽车为例，介绍充电系统的结构组成与工作原理。

1. 充电系统低压设计的功能

纯电动汽车充电系统低压部分主要是用于低压供电及控制信号。

（1）车载充电器相关低压部分

① 12 V 电源（低压蓄电池）供电，供充电过程中电池管理系统、整车控制器、仪表等用电。

② 控制器局域网（CAN）通信，电池管理系统通过 CAN 通信控制车载充电器工作状态，CAN 网络系统，如图 4–21 所示。

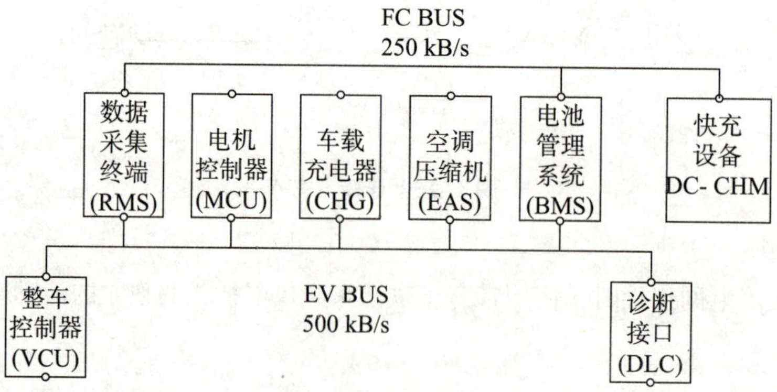

图 4–21 充电系统相关的 CAN 网络结构示意图

（2）DC/DC 转换器低压部分

通过使能控制 DC/DC 转换器开关机，12 V 电源（低压蓄电池）提供整车低压系统用电。低压充电系统控制方式，如图 4–22 所示。

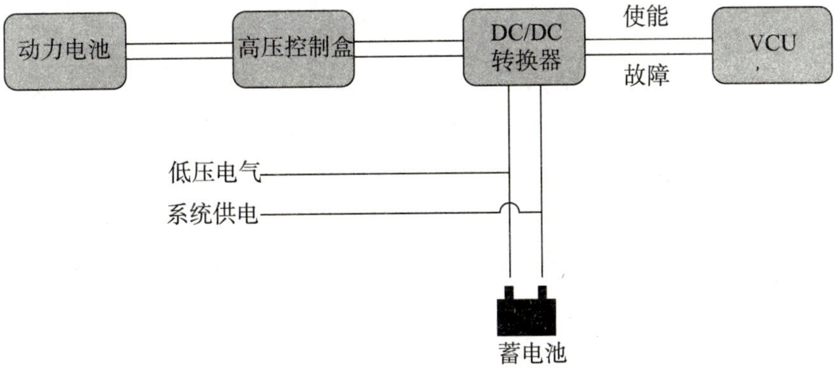

图 4–22　低压充电系统控制方式

2. 慢充和快充控制策略

（1）充电系统控制过程

作为纯电动汽车的核心，动力电池的充电过程由 BMS 进行控制及保护。

车载充电器工作状态及指令均由 BMS 发出的指令进行控制，包括工作模式指令、动力电池允许最大电压、充电允许最大电流、加热状态电流值。

快充和慢充的流程均为：采用恒流—恒压充电方法，在不同温度范围内以恒定电流充电至动力电池组总电压或最高单体电压达到此温度条件下的规定电压值，以恒定电压充电至电流小于 0.8 A 后停止充电。慢充控制顺序，如表 4–2 所示。

表 4–2　慢充控制顺序

顺序	车载充电器	动力电池及 BMS	VCU、仪表及数据采集终端
1	220 V 上电	待机	待机
2	12 V 低压供电等待指令	唤醒	唤醒
3	接收指令并执行加热流程	BMS 检测电池状态并发送加热指令	
4	接收指令并停止工作	BMS 监控电池温度并发送停止指令	
5	接收指令并执行充电流程	BMS 待充电器反馈后发送充电指令	
6	接收指令并停止工作	BMS 监控电池状态并发送完成指令	
7	完成后 1 min 控制充电桩结算	待机	待机

（2）充电温度与充电电流的要求

快充采用地面充电桩充电，快充充电温度与充电电流要求（非车载充电器模式下充电要求），如表 4–3 所示。

表 4-3 快充充电温度与充电电流要求

温度	< 5 ℃	5 ～ 15 ℃	15 ～ 45 ℃	> 45 ℃
可充电电流	0 A	20 A	50 A	0 A
备注	恒流充电至 343 V/3.5 V 以后转为恒压充电方式			

慢充充电温度与充电电流要求（车载充电器模式下充电要求），如表 4-4 所示。

表 4-4 慢充充电温度与充电电流要求

温度	< 0 ℃	0 ～ 55 ℃	> 55 ℃
可充电电流	0 A	10 A	0 A
备注	当电芯最高电压高于 3.6 V 时，降低充电电流到 5 A；当电芯电压达到 3.7 V 时，充电电流为 0 A，请求停止充电		

3. 快充模式充电系统组成和原理

（1）快充模式充电系统组成

在快充模式下，充电系统主要由充电桩（直流快充桩）、快充接口、高压控制盒、动力电池、整车控制器、高压线束和低压控制线束等组成。

（2）快充模式充电系统结构原理

整车控制器是快速充电功能的主控模块。将快速充电接口由充电桩连接至车辆快充接口以后，整车控制器通过 CC 线判断充电接口已经正确连接，并启用唤醒线路唤醒车辆内部充电系统电路及部件。整车控制器通过输出高压接触器接通指令至高压控制盒，实现快速充电桩与动力电池之间高压电路的接通。接通并实现充电时，整车控制器向仪表输出正在充电的显示信息。

快充模式充电系统结构原理，如图 4-23 所示。

（3）充电条件要求

① 充电线连接确认信号正常。

② BMS 供电电源正常（12 V）。

③ 充电唤醒信号输出正常（12 V）。

④ 充电桩、VCU、BMS 之间通信正常（主继电器闭合、发送电流强度需求）。

⑤ 动力电池电芯温度在 5 ～ 45 ℃。

⑥ 单体电池最高电压与最低电压之差小于 0.3 V（300 mV）。

⑦ 单体电池最高温度与最低温度之差小于 15 ℃。

⑧ 绝缘阻值大于 20 MΩ。

⑨ 实际单体最高电压不高于额定单体电压 0.4 V。

⑩ 高、低压电路连接正常（远程开关处于关闭状态）。

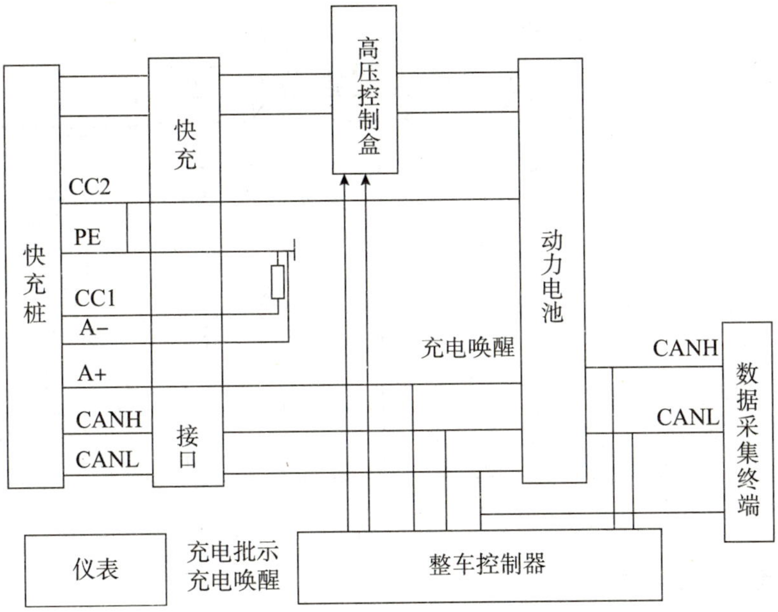

图 4–23　快充模式充电系统结构原理

4. 慢充模式充电系统组成和原理

（1）慢充模式充电系统组成

在慢充模式下，充电系统主要由供电设备（充电桩）、慢充接口、车载充电器、高压控制盒、动力电池、整车控制器（VCU）、高压线束和低压控制线束等组成。

（2）慢充模式充电系统结构原理

充电枪连接通过车载充电机（充电器）反馈到整车控制器，再唤醒仪表显示连接状态（负触发）；充电机同时唤醒整车控制器和动力电池管理模块（正触发），整车控制器唤醒仪表起动显示充电状态（负触发）；正、负主继电器由整车控制器发出指令，并由动力电池管理模块控制闭合。

慢充模式充电系统结构原理，如图 4–24 所示。

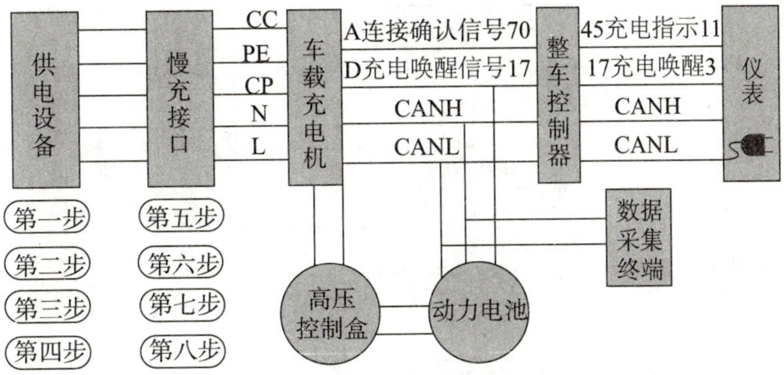

图 4–24　慢充模式充电系统结构原理

慢充模式充电系统工作电路，如图 4-25 所示，充电桩通过 CC 连接确认信号后，把 S1 开关从 12 V 端切换到 PWM 端；当检测点 1 电压降到 6 V 时，充电桩 K1/K2 开关闭合，输出电流。

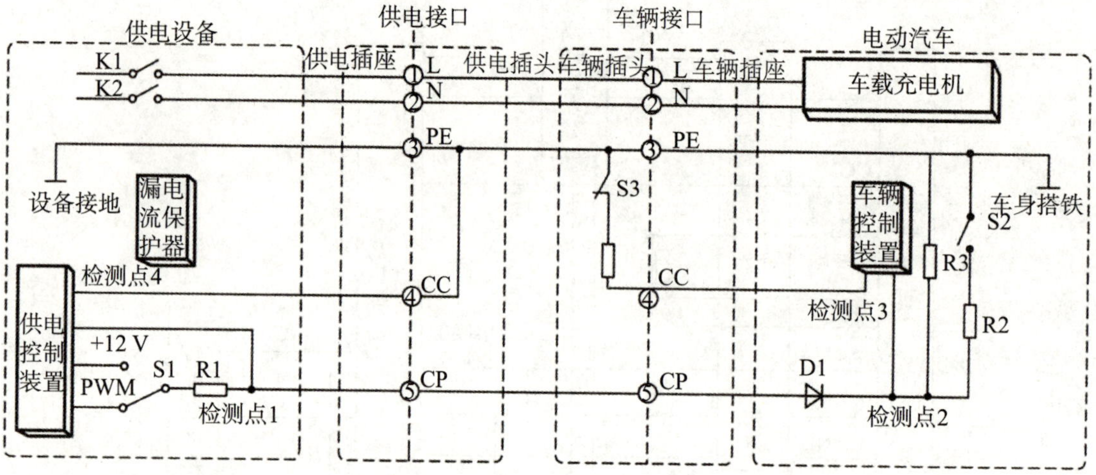

图 4-25　慢充模式充电系统工作电路

（3）充电控制流程

① 交流供电。

② 充电唤醒。

③ BMS 检测充电需求。

④ BMS 给车载充电机发送工作指令并闭合继电器。

⑤ 车载充电机开始工作，进行充电。

⑥ 电池检测充电完成后，给车载充电机发送停止指令。

⑦ 车载充电机停止工作。

⑧ 电池断开继电器。

充电控制流程如图 4-26 所示。

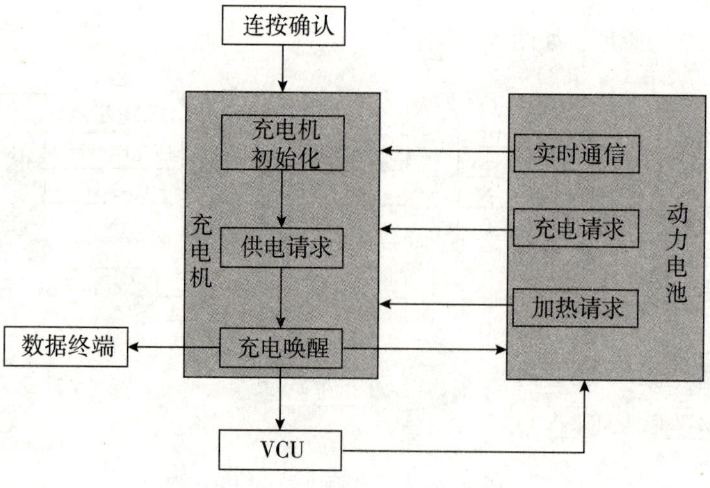

图 4-26　慢充模式充电控制流程

（4）慢充模式充电条件要求

① 充电线连接确认信号正常。

② 充电机供电电源正常（含 220 V 和 12 V）及充电机工作正常。

③ 充电唤醒信号输出正常（12 V）。

④ 充电机、VCU、BMS 之间通信正常（主继电器闭合、发送电流强度需求）。

⑤ 动力电池电芯温度在 0 ～ 45 ℃。

⑥ 单体电池最高电压与最低电压之差小于 0.3 V（300 mV）。

⑦ 单体电池最高温度与最低温度之差小于 15 ℃。

⑧ 绝缘阻值大于 20 MΩ。

⑨ 实际单体最高电压不高于额定单体电压 0.4 V。

⑩ 高、低压电路连接正常（远程控制开关处于关闭状态）。

第三节　充电系统故障诊断与检修

一、充电系统指示灯及其故障码

1. 充电系统指示灯

仪表充电系统相关的指示灯如表 4-5 所示。

表 4-5　充电系统指示灯说明

序号	显示	名称	指示
1		充电线连接指示灯	此灯点亮表示充电线连接。信号来源是 VCU 给出的硬线信号，低有效
2		充电提醒灯	它与传统汽车的燃油过低报警灯作用相同，不过对于新能源汽车来讲，此灯点亮不是让驾驶员去加油，它表示车辆动力电池电量不足，提醒驾驶员应该充电了，信号来自 VCU 的 CAN 信号

表 4-5（续）

<table>
<tr><th>序号</th><th>显示</th><th>名称</th><th colspan="2">指示</th></tr>
<tr><td rowspan="7">3</td><td rowspan="7">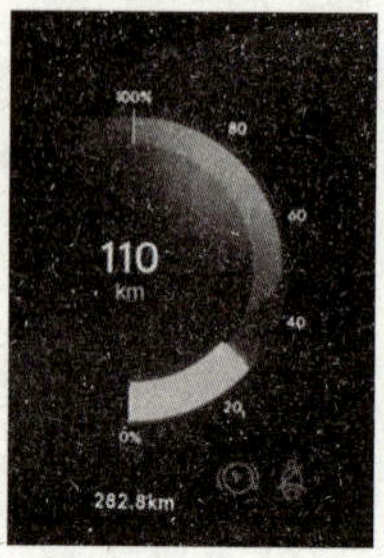</td><td rowspan="7">剩余电量表</td><td>当前 SOC 范围</td><td>剩余电量表 LED 点亮数目</td></tr>
<tr><td>SOC > 82%</td><td>5</td></tr>
<tr><td>82% ≥ SOC > 62%</td><td>4</td></tr>
<tr><td>62% ≥ SOC > 42%</td><td>3</td></tr>
<tr><td>42% ≥ SOC > 22%</td><td>2</td></tr>
<tr><td>22 ≥ SOC > 5%</td><td>1</td></tr>
<tr><td>SOC ≤ 5%</td><td>0</td></tr>
</table>

2. 充电系统故障码

当充电系统出现故障时，可以使用诊断仪读取相应的故障码，从而协助故障定位，如表 4-6 所示。

表 4-6 充电系统故障码列表

序号	故障码	故障名称
1	P0AA572	负极继电器断路故障
2	P0AE372	预充继电器断路故障
3	P0AA272	正极继电器断路故障
4	P103B01	自适应故障
5	P103364	BCU（电池控制单元）自检超时
6	P103464	MCU 高压自检超时
7	U300316	蓄池电压低
8	P11D213	预充电阻断路
9	P0A9513	MSD（手动维护开关）/ 主熔断器断路
10	P122001	预充电失败故障
11	P118822	电池单体过压
12	P119022	总电压过压
13	P118111	电池外部短路
14	P118312	电池内部短路
15	P0A7E22	电池温度过高

表 4-6（续）

序号	故障码	故障名称
16	P0AA61A	绝缘电阻低
17	U119982	电池内部通信故障
18	P12F929	子板单体电压采集电路故障
19	P12FA29	子板温度采集电路故障
20	P11D429	外部总电压检测电路故障
21	P11D729	绝缘检测电路故障
22	P14804B	一级过温故障
23	P13801C	温度检测回路故障
24	P148116	输入欠电压故障
25	P148117	输入过电压故障
26	P148216	输出欠电压故障
27	P148119	输入过电流故障
28	P148219	输出过电流故障
29	P148214	输出短路故障
30	U011187	BMS 通信异常故障
31	U010087	VCU 通信异常故障
32	P148701	OBC（车载充电机）自检异常故障

二、充电系统常见故障与检修

1. 车载充电机常规检查

（1）检查散热风扇是否有异物。

（2）散热齿上尽可能减少杂物，保证散热时风道畅通。

（3）低压连接器是否有松动，保证连接器可靠连接。

（4）检查高压连接器是否可靠连接。

（5）检查外壳是否有明显碰撞痕迹，对充电机内部模块是否造成损坏。

（6）检查车载充电机指示灯工作是否正常。

2. 车载充电机常见故障与检修

车载充电机故障信息将通过 CAN 总线报至总线上，通过 CAN 总线可以找出发生的故障信息。

车载充电机常见的故障如下。

（1）12 V 低压供电异常

当充电机 12 V 模块异常时，BMS、仪表等由于没有信号唤醒，无法与充电机进行通信。当 12 V 未上电，最简单的判断方式就是交流上电的时候，电池没有发出继电器闭合的声音，一般都是 12 V 异常。检查低压保险盒内充电唤醒的保险及继电器，以及充电机端子是否出现退针的情况。

（2）充电机检测的电池电压不满足要求

此问题是在充电过程中，BMS 可以正常工作，但充电机工作开始前需要检测电池电压，当动力电池电压在工作范围内，车载充电机可以正常工作，否则充电器认为电池不满足充电的要求。此情况常见的为高压插件端子退针或高压熔丝熔断，或电池电压超过工作范围。

（3）充电机检测与充电桩握手不正常

充电机工作过程中会检测与充电桩之间的握手信号，当判断到 CC 开关断开，充电机认为此时将要拔掉充电枪就会停止工作，防止带电插拔，提升充电枪端子寿命。当充电枪未插到位，可能出现此情况。

（4）充电桩输入电压正常，由于施工时电源线不符合标准所引起的无法充电故障

车辆在低温环境下，充电桩开始时与充电机连接正常，由于车辆动力电池在低温下需将电芯加热至 0～5 ℃时，才能进行正常充电。加热过程时，负载较小，电压下降并不多，进入充电过程时，负载加大，输入电压下降。充电桩为充电机提供的电源电压低于 187 V 时，充电机无法正常工作，充电机停止工作后。负载减小，测量时电压又恢复正常，这种情况一定要在充电机进入充电过程时测量当时的准确电压，以便找到故障所在。

3. 快充常见故障与检修

快充常见故障与检修方法如表 4-7 所示。

表 4-7　快充常见故障与检修方法

序号	故障现象	检修方法
1	充电桩显示车辆未连接	（1）检查快充口 CC1 端与 PE 端是否有 1 000 Ω 电阻； （2）检查快充口导电层是否脱落； （3）检查充电枪 CC2 与 PE 是否导通
2	动力电池继电器未闭合	（1）检查充电桩输出正极唤醒信号是否正常； （2）检查充电桩输出负极唤醒信号与 PE 是否导通； （3）检查充电桩 CAN 通信是否正常
3	动力电池继电器正常闭合，但无输出电流	（1）检查充电桩与 BMS 软件版本是否匹配； （2）检查高压连接器及线缆是否正确连接； （3）用诊断仪查看充电监控状态
4	DC/DC 变换器不工作	（1）检查连接器是否正常连接； （2）检查高压熔丝是否熔断； （3）检查信号输入是否正常（12 V）

4. 慢充常见的故障与检修

慢充常见的故障诊断与排除方法，如表 4–8 所示。

表 4–8　慢充常见故障与检修方法

故障类别	故障现象	可能原因	故障诊断与排除	故障分析
车辆无法充电	车辆在使用充电桩充电时，充电桩指示灯亮，充电机电源工作灯亮，但车辆无法充电	动力电池控制器故障、动力电池故障、通信故障	根据所述故障现象（充电桩和充电机工作指示灯正常），第一个检查对象应该放在通信和动力电池内部。用故障检测仪检测故障码及数据流，读出故障码 P1048（SOC 过低保护故障）、P1040（电池单体电压欠压故障）、P1046（电池电压不均衡保护故障）、P0275（电池电压不均衡保护故障）；读出数据流：动力电池单体电芯最低电压为 2.56 V、动力电池单体电芯最高电压为 3. 2 V，单体电芯电压差大于 500 mV 时动力电池管理系统（BMS）启动充、放电保护而无法充电，经过更换动力电池单体电芯，动力电池故障解除，车辆恢复充电	通过故障诊断与排除过程，总结一下动力电池具备充电的条件：①充电桩与充电机或快充桩与动力电池的通信要匹配；②车载充电机要能正常工作，无故障；③整车控制器与充电机、动力电池控制器通信要正常；④唤醒信号要正常；⑤整车控制器和动力电池控制器的信号要正常；⑥单体电芯之间电压差小于 500 mV;⑦高压电路无绝缘故障；⑧动力电池内部温度在充电的温度范围内
充电时充电桩跳闸	车辆在使用充电桩充电时，出现充电桩跳闸，充电器无法充电	充电机内部短路	检查充电桩交流 220 V 电压、充电桩 CP 线与充电器连接正常，再检查充电线束、高压线束、充电器、动力电池的绝缘均正常，更换充电机，故障排除	因为此车的故障现象是充电桩跳闸，说明唤醒信号和互锁电路正常；基本可以断定是充电机内部短路故障
充电机指示灯不亮	车辆在使用充电桩充电时，充电机指示灯不亮，车辆无法充电	充电机内部故障、充电唤醒信号中断或互锁电路故障	检查 FU 低压熔丝盒内的电池充电熔丝和充电机低压电源，将万用表旋到直流电压档测量充电器低压电源正常，再检查充电系统插接件无退针、锈蚀现象、更换充电机、故障排除	经检查，充电机低压供电正常，而充电工作指示灯都不亮，基本确定为充电机内部故障

三、北汽新能源汽车充电系统的检修

1. 车载充电机的检查与维护

（1）检查车载充电机工作状态

操作之前要设置隔离，放置警示标识，穿戴好防护用品。对车辆进行充电，检查指示灯是否正常，如图 4–26 所示。

图 4–26　车载充电机指示灯

“POWER”灯是电源指示灯，当接通交流电后，电源指示灯亮起；“RUN”灯是充电指示灯，当充电机接通动力电池进入充电状态后，充电指示灯亮起；“FAULT”灯是警告灯，当充电机内部有故障时，警告灯亮起。

检查车载充电机的工作状态是否正常的方法如下。

当充电正常时，“POWER”灯和“RUN”灯亮起；当启动半分钟后仍只有“POWER”灯亮，有可能是动力电池无充电请求或已充满；当“FAULT”灯亮时，说明充电系统出现异常；当所有指示灯都不亮，要检查充电桩、车载充电机以及充电线束。

（2）检查与维护车载充电机外观

车载充电机工作状态检查完成之后，将电源开关至于“OFF”档，钥匙放安全处，断开蓄电池负极，负极电缆蓄电池桩头用绝缘胶布包好。拆下维修开关，并放好。静置车辆 5 ～ 10 min。举升车辆，断开动力电池低压线束和高压线束。验电，如果有电需放电，确保高压母线无电才可进行下一步操作。

检查并清洁车载充电机外表面，外表面应无异物和灰尘，以确保其能够及时散热。检查车载充电机有无变形、有无碰撞痕迹，必要时进行更换。

（3）检查与维护车载充电机连接线束

检查车载充电机各连接线束有无破损、裂纹，检查高低压接线端子是否牢固，有无松动。

（4）检查与维护车载充电机紧固螺栓

检查车载充电机紧固螺栓有无锈蚀，螺栓紧固力矩是否合适。车载充电机的紧固螺栓的力矩应为（45 ± 5）N · m。

（5）检查车载充电机风扇

检查车载充电机风扇转动是否灵活，挡风圈上有无异物，必要时，清洁外表面。

（6）检查车载充电机的绝缘性能

拆下车载充电机上的输出高压线束插头，将绝缘测试仪表笔负极与电缆外壳或车身搭铁点充分有效连接，正表笔分别测量车载充电机高压接口端子，按下绝缘测试仪测试键，测得绝缘电阻，与标准值进行比较，判断其绝缘性能是否正常。在工作温度（23 ± 2）℃和相对湿度为 45% ～ 75% RH 时，车载充电机正负极输出与车身（外壳）之间的绝缘电阻≥ 1 000 MΩ。

提示：也可以拔下高压控制盒 11 芯插头，将绝缘测试仪黑表笔接于车身，红表笔逐个测量高压控制盒 11 芯插头的 E（正极）和 F 端子（负极）。

2. 车载充电器的拆装

以下步骤适用于 2012—2014 款北汽 E150EV 和 2014—2015 款北汽 EV160、EV200，其他车型参照维修手册。

（1）操作前注意事项

拆装工具、万用表、绝缘表、防护工装、绝缘手套等准备齐全；翼子板护罩、警示标牌、隔离栏等放置妥当。

（2）规范标准提示

① 车辆维修防护器具配置到位。

② 车辆检测、维修工具配备齐全。

（3）拆卸规范标准提示

① 按照高压系统维修安全操作流程执行下电、放电、检测、维修操作。

② 高低压插接件拆卸过程中避免破坏针脚。

③ 固定螺栓齐全、完好，螺孔无破损。

（4）拆卸步骤

① 打开前机舱盖拔下钥匙。

② 支起前机舱盖将翼子板护垫铺好，避免损坏车辆。

③ 断开低压 12 V 蓄电池负极线并用绝缘胶带进行包裹，防止与蓄电池正极接触。

④ 将动力电池维修开关取下并妥善保管，放置高压安全警示牌，戴好高压防护装备。

⑤ 打开快充充电口。

⑥ 使用放电工具放电。

⑦ 用万用表测量电压确认无电。

⑧ 关闭快充充电口。

⑨ 拔掉 4 个连接线束插头，松开并取下 6 个螺栓，拿下 DC/DC 变换器（仅适用于 2012 ～ 2014 款北汽 E150EV）。

⑩ 拔下车载充电器 3 个线束插头，松开并取下 4 个车载充电器固定螺栓，取下车载充电器，并检查固定螺栓及螺孔状态。

（5）安装步骤（根据拆卸相反步骤执行）

① 将新充电器进行更换，按标准力矩（20 ～ 25 N · m）将充电器固定螺栓拧紧。

② 将高压系统及低压系统进行恢复，并对车辆进行充电，测试正常后填写表单。

③ 对现场及举升机进行清理，检查工具并保持环境清洁。

（6）安装提示

① 按要求规定力矩装配。

② 高低压插接件安装过程确保插件对接到位，无松动。

③ 确保现场清洁、无油污，工具无遗漏、丢失。

3. DC/DC 变换器的检查与维护

（1）检查与维护 DC/DC 变换器外观

做好高压安全防护准备之后，检查并清洁 DC/DC 变换器外表面，外表面应无异物，散热齿上无杂物、灰尘等，以保证散热时风道畅通。检查 DC/DC 变换器外壳有无变形、碰撞痕迹。

（2）检查与维护 DC/DC 变换器连接线束

检查 DC/DC 变换器各连接线束有无破损、裂纹，高低压接线端子连接是否可靠，有无松动。

（3）检查与维护 DC/DC 变换器紧固螺栓

检查 DC/DC 变换器紧固螺栓有无锈蚀，检查紧固力矩是否合适，紧固力矩为（25 ± 5）N · m。

（4）检查 DC/DC 变换器功能

① 将电源开关置于“OFF”档，断开所有用电器并拔出钥匙。

② 按压低压蓄电池锁压件，打开盖板并裸露出低压蓄电池正极。

③ 使用专用万用表电压档位测量低压蓄电池的电压（并记录此电压值）。

④ 将车钥匙置于“ON”档位置。

⑤ 使用专用万用表电压档位测量低压蓄电池的电压，这时所测的这个电压值是 DC/DC 输出的电压。DC/DC 正常输出电压为 13.2 ～ 13.5 V（或 13.5 ～ 14 V）（关闭车上的用电设备的情况下）。

造成所测值低于规定值时可能有以下几点原因。

① 车上用电设备未关闭。

② 专用工具万用表测量值有误差。

③ DC/DC 变换器故障。如是 DC/DC 变换器故障，则应更换 DC/DC。

（5）检测 DC/DC 绝缘性能

① 设置隔离，放置警示标识，穿戴好防护用品。

② 将电源开关至于“OFF”档，钥匙放安全处，断开蓄电池负极，负极电缆蓄电池桩头用绝缘胶布包好。

③ 拆下维修开关，并放好；静置车辆 5 ～ 10 min。

④ 举升车辆，断开动力电池低压线束和高压线束。

⑤ 验电，如果有电需放电，确保高压母线无电才可进行下一步操作。

⑥ 拔下 DC/DC 变换器上的高压线束插头。

提示：当拆卸高低压线束时，应先旋松线束插头上的锁扣，然后拔下线束插头。禁止粗暴操作。当安装线束时，应对准线束插头与对应插件上的定位位置，将线束插头插入到底，然后旋紧线束插头上的锁扣，听到“咔嗒”的清脆声响即表示安装到位。

将绝缘测试仪负表笔（黑表笔）与电缆外壳或车身搭铁点充分有效连接，正表笔（红表笔）分别测量端子 A、端子如图 4-27 所示。按下测试键，读出并记录读数，将测试值和标准值进行比较，判断其绝缘性能是否正常。在工作温度为 −20 ℃～ 65 ℃和工作湿度 5% ～ 85% RH 环境下，高压输入与车身（外壳）绝缘电阻≥ 20 MΩ。

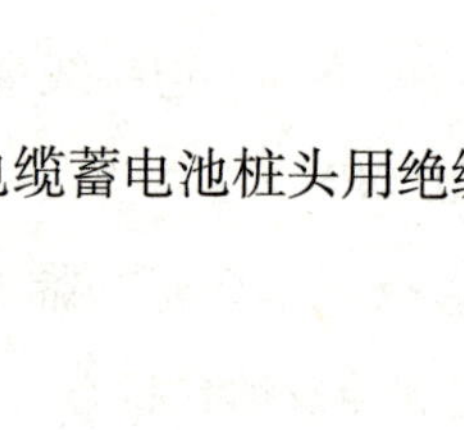

图 4-27　DC/DC 高压插件针脚定义

4. 故障检修实例

（1）北汽 EV200 新能源汽车无法使用慢充系统给车辆充电

① 故障现象。一辆北汽 EV200 新能源汽车无法使用慢充系统给车辆充电，同时，连接车辆慢充线束后，接通电源开关发现动力电池断开，警示灯点亮。

② 故障分析与排除。根据维修经验，动力电池断开警示灯点亮表明该车高压电气系统存在故障，整车高压回路被断开。动力电池断开警示灯在车辆进行慢充充电时点亮，初步判断可能是慢充系统故障引发的汽车高压电气系统故障。

连接车外充电器，220 V 电源灯点亮，说明外接电源供电正常。在电源开关断开的情况下，仪表盘上的慢充线束连接指示灯点亮，但充电指示灯却未被点亮。慢充线束连接指示灯点亮说明慢充电线束连接正常，否则报“请连接充电枪”；充电指示灯未点亮说明该车未进入充电状态。接通电源开关，动力电池断开，警示灯点亮，则确认慢充系统故障已经引发汽车高压电气系统断开故障。

打开汽车前舱盖，观察车载充电机指示灯，发现“Power”电源红色指示灯点亮；“Charge”充电指示灯和“Error”充电机内部故障报警指示灯均未亮起。查阅维修手册发现如下信息：“Power”灯为电源指示灯，当接通交流电后，电源指示灯亮起；“Charge”灯是充电指示灯，当充电机接通电池进入充电状态后，充电指示灯亮起；“Error”灯是充电机内部故障报警指示灯，当充电机内部有故障时亮起。由此可知，慢充线束供电电源确定为正常，但动力电池未进入充电状态，“Error”灯未亮起说明车载充电机不存在故障，排除了车载充电机本身有故障的可能。

点开电源开关后重新接通电源开关，仔细地听动力电池正负继电器的吸合声，未发现“咔嗒”的吸合声，这表明动力电池继电器没有闭合的动作。查阅维修手册发现如下信息：动力电池继电器未闭合的解决方案是，检查连接器是否正常连接，检查充电机输出唤醒是否正常。由于慢充电线束连接指示灯未点亮，说明慢充充电连接器已正常连接，则可以判定车载充电机输出唤醒系统存在问题。

故障诊断至此，问题变得比较明朗，故障范围已经指向了慢充电系统的输出唤醒系统。查找该车电路图。由于厂家只提供了一张电路总图，于是便自行绘制了一张该车的慢充系统的拆分图，如图 4–28 示所。从图中发现北汽 EV200 新能源汽车慢充电系统的唤醒信号是通过车载充电机的端子 A15 传输给集成控制器（VCU）的端子 113，从而实现集成控制器（VCU）的慢充唤醒信号的激活，完成慢充电系统的连接。因此，检测可以从集成控制器（VCU）的端子 113 开始，如果端子 113 有信号电压则说明 VCU 损坏。由于“Error”报警指示灯未亮起，说明车载充电机工作正常，所以如果端子 113 无信号电压，则可以判定该线路或连接状况存在问题。

在慢充充电连接器正常连接的情况下，接通电源开关后，慢充电线束连接指示灯未点亮，说明车辆慢充线束已经连接好，由于慢充线束存在互锁关系，可以先排除慢充电口上 CP 信号通信及其他（N、E、L、CC 线路）线路存在问题的可能性。

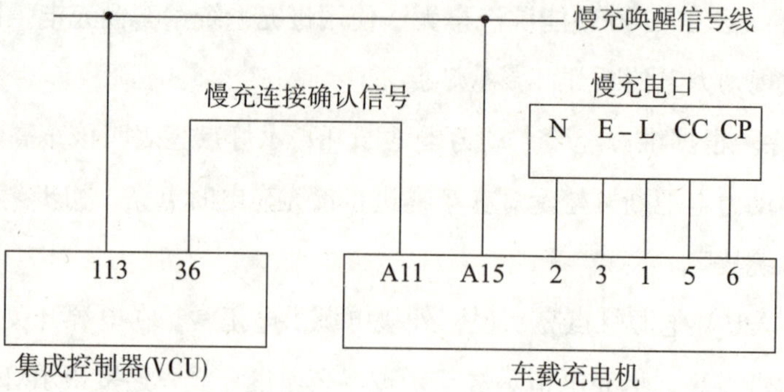

图 4-28 慢充系统的拆分图

断开电源开关，拔下集成控制器（VCU）121 端子导线连接器（VCU 导线连接器为左边较小的），找到集成控制器（VCU）端子 113。重新接通电源开关，测得端子 113 的电压为 0 V，这说明车载充电机端子 A15 未能将唤醒信号传输到集成控制器（VCU）处。

断开电源开关，拔下车载充电机端子 16 导线连接器，测量集成控制器（VCU）端子 113 与车载充电机端子 A15 之间的线路电阻，结果为∞，说明该线路确实发生断路故障。

更换该线束后试车，每次都能顺利充电，确认故障排除。

③ 故障总结。该故障的第 1 个关键判断点是动力电池断开，故障警示灯点亮是慢充电系统引起的故障而非真正的动力电池故障；第 2 个关键判断点是诊断人员是否注意到接通电源开关的瞬间，动力电池正负继电器没有发出“咔嗒”的吸合声，无吸合声说明动力电池没有开启充电模式；第 3 个关键判断点在于诊断人员是否观察到车载充电机指示灯“Error”未亮起，说明无须怀疑车载充电机本身故障。

（2）北汽 EV160 纯电动汽车无法行驶

① 故障现象。一辆北汽 EV160 纯电动汽车，行驶 3 930 km，事故修复后（左前侧碰撞）车辆无法行驶，动力电池断开故障灯和整车系统故障灯报警。

② 故障分析与排除。钣金工拆下机舱内所有高压部件和二次支架及机舱线束，进行钣金校正和外围部件更换，线束和高压部件外壳未变形受损。更换主副安全气囊，更换安全气囊电脑板。通过目测机舱内低压线束和高压线束（包括保险盒）没有破损、变形和挤压，高压部件（MCU、DC/DC、高压控制盒、车载充电机）外观没有受损、挤压、变形现象。

该车修复好之后在厂内开了很小一段距离后，就无法行驶了，动力电池断开故障灯和整车系统故障灯都点亮了。经检查发现将加速踏板踩到底仪表会黑屏或不规律闪烁、电动真空助力泵常转。初步判断为剩余电量不足，于是进行慢充。在充电时观察了机舱的情况，打开发动机盖观察车载充电机，发现充电机散热风扇不转。用手触摸车载充电机散热片时能明显感觉到发热现象，表明无法充电。

打开高压控制盒后，进行高压保险测量。发现车载充电机的高压保险并没有烧毁，而其余的三个高压保险全部烧毁，在 PTC 控制器电路板上有一处 IC 芯片也被烧毁。

随后开始对与烧毁保险相连接的高压部件进行逐一拆解检查，接着又对 DC/DC 进行拆解，拆开后发现 DC/DC 电路板上有一蓝色的圆片插件已烧毁，模块也有烧灼的迹象。所有烧毁的部件除了电子空调压缩机外都替换了新的部件试车，结果车辆还是不能行驶。

接着检查了高压系统（B 类电压系统）所有的连接插头，插头紧实牢固，极性全都正确。发现点火开关可以打到“ON”档，低压系统（A 类电压系统）可以供电时，马上对该车辆进行专用检测电脑读码，发现除了安全气囊电脑可以与检测仪建立通信外，其余模块均无法通信。在清除安全气囊电脑故障码后，故障码并没有再出现。

（3）故障总结。由于检测电脑与 VCU 和动力电池无法建立通信，故对低压总保险和保险盒进行了检测，与同款正常车辆对比，除了真空助力泵的保险拔出外（因为常出现故障，维修人员在车辆不能走之后就把其保险拔出了，此故障为常见故障，发生概率比较高，一般情况下更换真空罐压力开关就可以修复此故障）其他都良好。后经逐步检查，发现点火开关各档位、VCU 供电均正常，15 号线继电器工作也正常，网络 CAN 线也无短路或断路现象。由于 VCU 在整车控制策略里权位最高、优先级最高，因此判断故障原因是 VCU 损坏。

思考练习

一、选择题

1. 快速充电的电流是（　　）。

A. 直流　　B. 交流

C. 都正确　　D. 都错误

2. 下列哪项不属于动力蓄电池具备充电的条件？（　　）

A. 车载充电器工作正常

B. 高压电路无绝缘故障

C. 12 V 蓄电池有电

D. 整车控制器和动力蓄电池控制器的信号正常

3. 当充电系统出现故障时，可以使用诊断仪读取相应的故障码，从而协助故障定位。故障码 P0AE372 表示（　　）。

A. 负极继电器断路故障

B. 正极继电器断路故障

C. 预充继电器断路故障

D. 自适应故障

4. 车载充电机故障信息将通过（　　）报至总线上。

A. CAN 总线

B. 高压线束

C. 电机控制系统

D. 充电桩

二、简答题

1. 简述电动汽车的充电方式。

2. 简述车载充电机的常规检查。

第五章

新能源汽车转向系统

本章导读

节能、舒适、经济不仅是汽车用户对汽车提出的基本要求，还是现代汽车技术发展的重要目标，充分反映了现代汽车行业的发展方向。而汽车转向系统在这些方面可起到至关重要的作用。电动助力转向系统（electric power steering，EPS）经过电动助力电机能够直接给予转向助力，与传统液压助力形式不同，该系统不需要配备液压转向助力系统所需要的传送带、转向油泵、液压油等装置条件，表现出能耗低、绿色环保、装配灵活、智能化等优点。传统助力转向系统已然难以满足汽车发展要求，随着汽车技术及电子技术的不断发展，电动助力转向系统逐步转变成汽车助力转向系统发展的一大趋势。

学习目标

1. 能够熟悉新能源汽车电动助力转向系统的功用。
2. 能掌握电动助力转向（EPS）系统的结构。
2. 能明晰电动助力转向（EPS）系统的工作原理。
3. 熟悉电动助力转向系统的常见故障。
4. 能够正确地拆装 EPS 控制器进行 EPS 故障检修。

思政目标

1. 激发学生科技报国的决心，做担当民族复兴大任的时代新人。
2. 深化爱国主义教育，培养学生自信自强、守正创新的强国意识。

第一节 新能源汽车转向系统

一、转向系统的概述

汽车转向系统（steering system）是汽车的一个重要构成部件，是保障汽车安全驾驶十分重要的安全装置，其功能就是要求能够按照驾驶员的意图来控制汽车的行驶方向，它直接影响到汽车的整体操纵性和行驶稳定性。随着汽车各方面的技术不断发展、完善、突破、创新，人们对汽车的需求已经不仅仅局限于安全性和功能性，还比较关注它的舒适性和经济性等。转向系统是用来控制车辆前进方向的一套机构，最初的转向机构是纯机械结构，操作费力、驾驶舒适性差。助力转向系统的出现很好地解决了这个难题，并逐渐发展成为现代汽车结构中必不可少的一部分。

传统液压助力转向系统自诞生以来，经过半个多世纪的发展，技术已经趋于成熟，但是它结构复杂、效率低、易泄漏、有污染等固有弊端难以解决；而电动助力转向（electric power steering，EPS 或 electric power assist steering，EPAS）系统只依靠电动机提供转向助力，具有机构简单、控制灵活、效率高等诸多优点，并且助力电动机只是在有转向操作时才转动，与前者相比可以显著降低能耗；此外，还可以提供合理的助力转矩来适应不同的车速，更好地协调了驾驶轻便性和路感。因此，在汽车行业的助力转向领域，EPS 产品表现出强有力的竞争力，必将逐渐取代液压助力转向系统。

EPS 系统结合了汽车电子和控制技术，有助于车辆的智能化发展。作为一种机电一体化的产品，控制是必不可少的，所以，EPS 系统的控制对 EPS 系统的研究来说尤为重要，包括助力方式的确定、系统动力的匹配、助力曲线的选择、控制策略的设计等，对电动助力转向系统（EPS）的工作性能都有很大影响。

二、汽车转向系统的发展历程

汽车的转向系统按照转向力的来源不同可以分为机械式转向系统和动力转向系统，其中后者又先后经历了传统液压助力转向（HPS）系统、电控液压助力转向（EHPS）系统、电动助力转向（EPS）系统和线控转向（SBW）系统几个发展阶段。

新能源汽车
电动转向系统

1. 机械式转向系统

机械式转向系统大致分为转向操控机构、转向器和转向传动部分。

（1）转向操控机构

转向操控机构的部分，负责把驾驶员的动作和力传递到转向系统当中。

（2）转向器

转向器是转向系统的核心部件，一方面将驾驶员输入的力进行放大，另一方面变换这个力的方向。

（3）转向传动部分

转向传动部分包括转向器与转向轮之间的传动零部件，负责把转向器输出的力传递到转向轮上，从而完成转向轮的动作。

图 5–1 为机械式转向系统的结构组成，从原理上来说机械式转向系统的结构最好理解，就是用单纯的人力驱动整个机械系统，驾驶员操控转向盘，转向力经中间传动零部件输入给转向器，转向器将动力放大、变向后输出给横拉杆，再经梯形臂作用于轮毂实现转向轮的转动。这种方式的整体结构简单、可靠性高、制造成本低；但操纵费力，增加了驾驶员的工作强度，操纵稳定性和精确程度都不高，多用于微型轿车和一些农用车上。

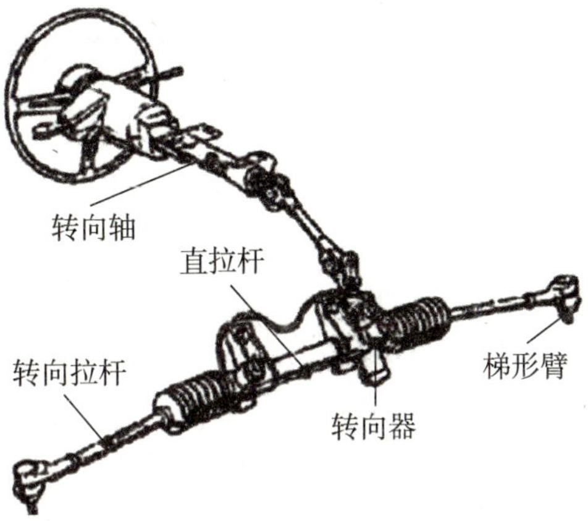

图 5–1 机械式转向系统

2. 传统液压助力转向系统

传统液压助力转向系统是目前车辆使用最多的一种转向助力方式，其系统结构，如图 5–2 所示。它通过在机械式转向系统中添加一套液压系统（包括动力缸、阀、液压油罐、油泵和油管等）用以提供转向系统的助力，液压系统根据液流的形式不同，又分为常流式和常压式两种。常压式液压助力转向系统在车辆行驶过程中，不管转向盘有没有转向力输入，它的液压系统始终保持高油压；而常流式液压助力转向系统在车辆行驶过程中，转向盘不动的情况下，流量控制阀处于中间处，油路常通。

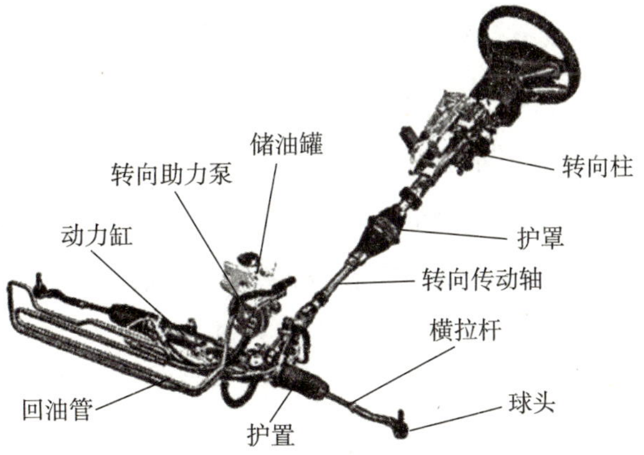

图 5–2 传统液压助力转向系统

传统液压助力转向系统因其技术成熟可靠，并且成本不高，所以得到广泛普及。但随着我国高速公路的快速建设和车速的不断提升，它的一些固有的缺点和不足慢慢显现出如下几个方面。

（1）不能兼顾车辆低速时转向的轻便性和高速时驾驶员的路感。如果保证了车辆停车或低速时转向轻松省力，高速时驾驶员就不能获得好的路感；而保证了车辆高速行驶时驾驶员的操纵手感，停车或低速的转向就会非常吃力。

（2）无论转向系统是否工作，只要发动机转动，油泵就保持运转，增加了整车的动力消耗。

（3）油液泄漏和污染，油液泄漏是液压系统不可避免的问题，同时会对环境造成污染，这是液压系统固有的不足。

（4）冷起动工作性能较差，低温条件下液压油的黏度变大，液压系统不能正常工作，转向系统的助力性能变差。

3. 电控液压助力转向系统

由于传统液压助力转向系统会消耗相当多的发动机动力，所以人们在它的基础上进行了改进，得到了能耗相对较低的电控液压助力转向系统结构，如图 5-3 所示。主要包括动力转向电子控制系统（ECU）、电动液压泵、液压油罐、限压阀、单向阀、转向器、车速传感器以及其他信号传感器等。

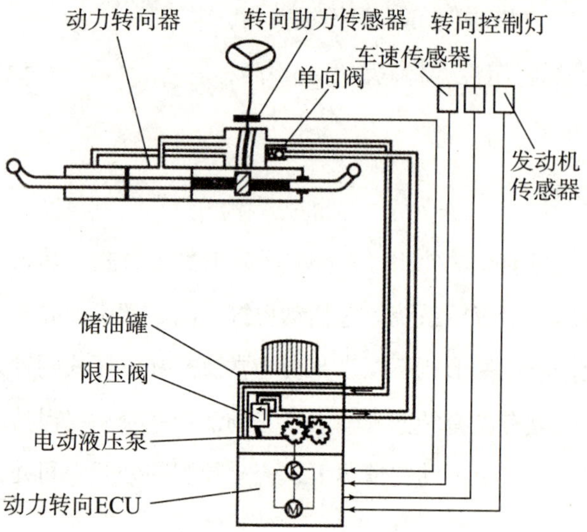

图 5-3　电控液压助力转向系统结构

电动液压泵用一个单独的电动机带动，不再直接消耗发动机的动力，转向系统的 ECU 根据车速信号调节电磁阀的电流大小，进而控制其节流开度，最终达到控制助力大小的目的。

电控液压助力转向系统虽然兼顾了车辆低速时转向的轻便性和高速时驾驶员的路感，也降低了发动机的燃油消耗，但是仍然没有解决油液泄漏、环境污染以及效率低的问题，所以它只是传统液压助力转向（HPS）系统向电动助力转向（EPS）系统过渡的一个产品类型。

4. 电动助力转向系统

现如今汽车微电子技术越来越成熟，因此，对车辆节能与环保方面的要求也越来越高，液压助力转向系统所存在的能耗高、油液泄漏和污染等问题变得更加明显，不能完全满足时代发展的要求。电动助力转向系统（EPS）综合了最前沿的电子控制技术和最新的电动机控制技术，它不仅能有效地改善车辆的动、静态性能，还可以显著提高车辆的驾驶舒适性和安全性，降低对环境所造成的污染。所以，EPS 系统刚刚提出，就得到了很多大型汽车企业的青睐，并在第一时间投入大量的人力、财力进行相关研究，由此可见，电动助力转向必将成为助力转向系统中的佼佼者。图 5–4 为速腾汽车 EPS 系统的组成。

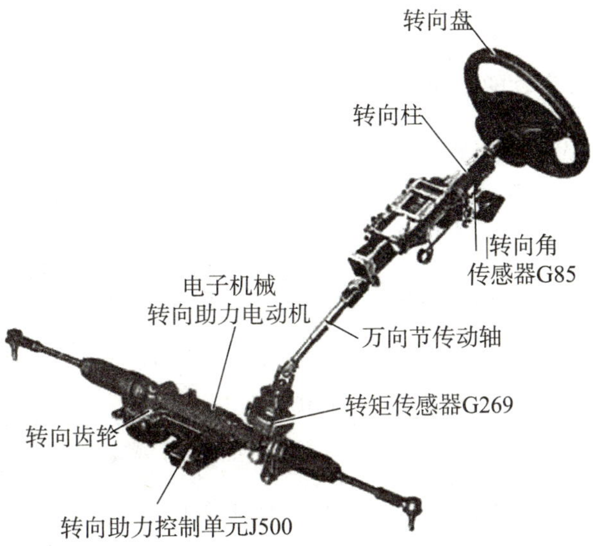

图 5–4　速腾汽车 EPS 系统的组成

电动助力转向（EPS）系统是由电动机来提供转向助力的，其助力的大小是通过电控单元（ECU）进行调控的。转矩传感器安装在转向管柱上，当转向盘有转向动作时，传感器进行检测，并将检测到的转矩信号传给 ECU，同时车速传感器将车速信号传递给 ECU，ECU 根据车速决定电动机的助力效果，以保证车辆既能满足低速时转向轻松省力，又能保障高速时转向稳重。

5. 线控转向系统

线控转向（steering by wire，SBW）系统是 EPS 系统的一个发展方向，其结构如图 5–5 所示。主要包括电子控制单元（ECU）、转向盘、转矩传感器、转向盘回正电动机、助力电动机、转向器以及助力传动机构等，它省去了转向盘和转向器之间的传动机构。

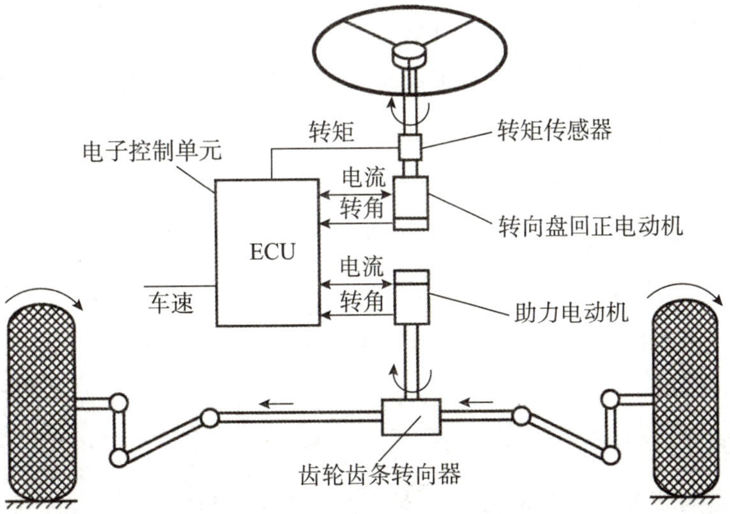

图 5–5　线控转向系统的组成

线控转向系统通过各种传感器来判断驾驶员的一系列动作，并把检测信号传送给电控单元（ECU），同时从控制系统获取反馈信息；控制系统通过操纵机构得到驾驶员的转向指令，并从转向系统得到转向轮的状态，从而控制汽车转向系统的工作。转向系统控制转向轮运动，并将转向轮的转角和转矩信息反馈到转向系统的操纵机构，使驾驶员更好地感知当前路况。线控转向系统的特点如下。

（1）线控转向系统通过车辆的车速、发动机转速等相关参数，智能分析车辆的行驶工况，随时改变转向盘和转向车轮之间的角度传动比。低速或停车时，提供相对小的角传动比，减小转向盘转动的角度；高速行驶时，车辆转向比较灵活，提供相对较大的角传动比，为高速行驶的车辆提供更好的直线行驶条件，改善了车辆的转向性能，有利于减少交通事故的发生。

（2）线控转向系统不存在中间传动的机械结构，所以，路面的冲击和振动不会传递到转向盘上，系统综合分析各种传感器信号，更好地判断出车辆的行驶工况和路面信息，通过转向盘回正电动机为驾驶员提供适当的路感，既保留了有用的信息，又避免了外界的干扰，使驾驶员获得更加真实的“路感”，提高了驾驶舒适性。

（3）线控转向系统没有中间传动的机械结构，发生事故时，避免了转向柱可能对驾驶员造成的伤害，进一步改善了驾驶安全性。此外，去除中间传动的机械结构不仅减少了动力传递过程，提高了系统的效率和响应速度，还增加了驾驶员的腿部空间，方便了相邻系统结构的布置和安装。

但是线控转向系统还处于研发阶段，并没有大量投入使用，原因主要有以下两个方面：一是硬件系统的成本问题与可靠性；二是软件系统的可靠性与安全性不能保障。

三、电动助力转向系统的作用与类型

1. 电动助力转向系统的功用

汽车在行驶过程中，需按驾驶员的意志经常改变其行驶方向，即所谓汽车转向。就轮式汽车而言，实现汽车转向的方法是，驾驶员通过一套专设的机构，使汽车转向桥（一般是前桥）上的车轮（转向轮）相对于汽车纵轴线偏转一定角度。在汽车直线行驶时，往往转向轮也会受到路面侧向干扰力的作用，自动偏转而改变行驶方向。此时，驾驶员也可以利用这套机构使转向轮向相反方向偏转，从而使汽车恢复原来的行驶方向。这一套用来改变或恢复汽车行驶方向的专设机构，即称为汽车转向系统（俗称汽车转向系）。

转向系统按有无助力可分为机械转向系统和助力（动力）转向系统两大类。

（1）机械转向系统就是传统的没有助力的机械转向系统。

（2）助力转向系统是利用发动机动能或蓄电池电能，经空气压缩机或电动机，转换为液体压力、气体压力或电动机输出的机械能，从而增加驾驶员操控转向轮的力。助力转向系统按传力介质的不同，可分为液压助力转向、气压助力转向和电动助力转向三大类。以下介绍电动助力转向系统（EPS）。

电动助力转向系统是汽车转向系统的发展方向。该系统由电动助力机直接提供转向助力，省去了液压动力转向系统所必需的动力转向油泵、软管、液压油、传送带和装于发动机上的皮带轮，既节省能量，又保护了环境。另外，电动助力转向系统还具有调整简单、装配灵活及在多种状况下都能提供转向助力的特点。正是有了这些优点，电动助力转向系统作为一种新的转向技术，将挑战大家都非常熟知的已具有 50 多年历史的液压转向系统。

2. 电动助力转向系统的类型

根据助力电机的安装位置不同，EPS 系统可以分为转向轴助力式、齿轮助力式、齿条助力式三种，如图 5-6 所示。

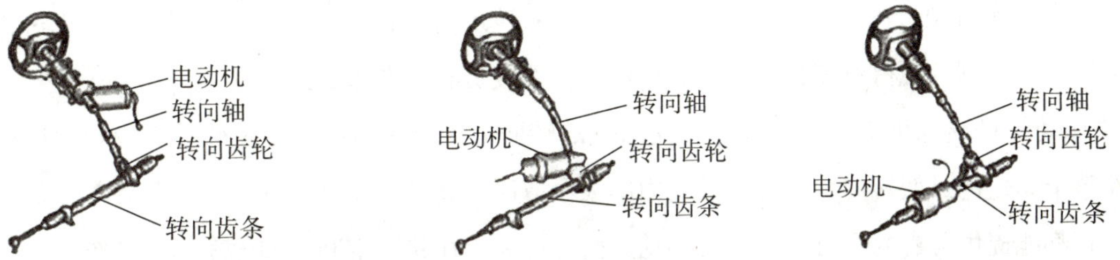

（a）转向轴助力式　（b）齿轮助力式　（c）齿条助力式

图 5-6　电动助力转向系统的类型

（1）转向轴助力式

转向轴助力式转向系统由转矩传感器、电动机、离合器和转向助力机构组成一体，安装在转向轴上。其特点是结构紧凑，电动机助力的响应性较好。但由于助力电机安装在驾驶舱内，受到空间布置和噪音的限制，电机的体积较小，输出扭矩不大，一般只用在小型及紧凑型车辆上。

（2）齿轮助力式

齿轮助力式转向系统的转矩传感器、电动机、离合器和转向助力机构仍为一体，只是整体安装在转向小齿轮处，直接给小齿轮助力，能够获得较大的转向力，可为中型车辆提供较大的助力值。该形式可使各部件布置更方便，但当转向盘与转向器之间装有万向传动装置时，转矩信号的取得与助力车轮部分不在同一直线上，助力控制特性难以保证准确。

（3）齿条助力式

齿条助力式转向系统的转矩传感器单独安装在小齿轮处，电动机与转向助力机构一起安装在小齿轮另一端的齿条处，用以给齿条助力。齿条助力式系统的动力辅助单元安装在齿条上，具体安装位置比较自由，因此在汽车的底盘布置时非常方便。此外，同小齿轮助力式相比，齿条助力式能提供更大的助力值，可用于较大的车辆上，主要用于重型汽车。

3. 电动助力转向系统优缺点

（1）电动助力转向系统的优点

① 降低燃油消耗。传统的液压助力转向系统由发动机带动转向油泵，不管转向或者不转向都要消耗发动机部分动力。而电动助力转向系统只在转向时才由电机提供助力，不转向时不消耗能量，因此电动助力转向系统可以降低车辆的燃油消耗。

② 增强了转向跟随性。电动助力机与助力机构直接相连可以使其能量直接用于车轮的转向。该系统利用惯性减振器的作用，使车轮的反转和转向前轮摆振大大缩减，因此转向系统的抗扰动能力大大增强，和液压助力转向系统相比，电动助力转向首先还增强了转向车轮对转向盘的跟随性能。

③ 改善了转向回正特性。动力转向系统性能的发展已经到了极限，电动助力转向系统的回正特性改变了这一切。该系统还可以让工程师们利用软件在最大限度内调整设计参数，以获得最佳的回正特性。从最低车速到最高车速，可得到一簇回正特性曲线。

④ 提高了操纵稳定性。通过对汽车在高速行驶时过度转向的方法，测试汽车的稳定特性。采用该方法，给正在高速行驶（100 km/h）的汽车一个过度的转角迫使它侧倾，在短时间的自回正过程中，由于采用了微电脑控制，使得汽车具有更高的稳定性，驾驶员有更舒适的感觉。

⑤ 提供可变的转向助力。电动助力转向系统的转向力来自于电机。通过软件编程和硬件控制，可得到覆盖整个车速的可变转向力。可变转向力的大小取决于转向力矩和车速。无论是停车、低速或高速行驶时，它都能提供可靠的、可控性好的感觉，而且更易于在狭窄空间（如停车场）操作。

⑥ 采用绿色能源。电动助力转向系统应用“最干净”的电力作为能源，完全取缔了液压装置，不存在液压助力转向系统中液态油的泄漏问题，可以说该系统顺应了“绿色化”的时代趋势。

⑦ 结构简单，占用空间小。由于该系统具有良好的模块化设计，所以不需要对不同的系统重新进行设计、试验、加工等，不但节省了费用，也为设计不同的系统提供了极大的灵活性，而且更易于生产线装配。

⑧ 生产线装配性好。电动助力转向系统没有液压系统所需要的油泵、油管、流量控制阀、储油罐等部件，零件数目大大减少，减少了装配的工作量，节省了装配时间，提高了装配效率。

（2）电动助力转向系统的缺点

① 可靠性。虽然现在电动助力转向技术已经非常成熟，但是电子系统还是要比纯机械结构“娇气”一些。尤其是在激烈驾驶情况下，助力电机容易出现过载，影响助力系统工作，所以很多考虑激烈驾驶工况的性能车型都还在使用液压助力转向系统。

② 功率的问题。于目前的大多数车辆来说，使用的都是 12 V 的电源系统，能够带动的助力电机功率有限，虽然可以通过搭配不同的减速机构改变助力电机的承载能力，适应范围较电子液压助力更广，但是改变范围毕竟有限，对于转向负荷较大的大型车辆来说，电动助力仍然有些力不从心。

4. 电动助力转向系统的基本参数

电动助力转向系统至少需要三个输入参数：转向盘的位置、转向盘转向力矩和车速。几乎所有的电动助力转向系统都有专用的 ECU 来控制电动机。作为车辆稳定性控制系统的一部分，许多动力转向 ECU 会与其他 ECU 保持通信，相互作用。

（1）转向盘位置

转盘位置由滑动电位器、霍尔传感器或旋转变压器来确定。如果车辆有泊车辅助功能，则 EPS 系统通常会装旋转变压器，因为相比电位计或霍尔效应传感器，旋转变压器能更准确地报告转向盘的位置。

由于车辆的前轮不转动时不需要辅助系统工作，大多数电动助力转向系统必须进行校准，以识别转向盘的“零点位置”或标准值。如果电动助力转向装置在车轮转向的同时进行校准，则车辆可能发生偏转。

（2）转向盘转向力矩

转向盘转向力矩是由力矩传感器通过测量转向轴组件中扭杆的力矩计算得出的。力矩传感器产生与扭杆力矩成比的电信号。该信号被动力转向 ECU 采用，与其他相关参数一起参与运算。

表 5–1 为某电动助力转向系统参数。

表 5–1　某电动助力转向系统参数

参数名称	技术参数
适用的载荷 /kg	≤ 890
齿条行程 /mm	± 71.5
线传动比 /（mm/re V）	44.15
蜗轮蜗杆传动比	1 ： 18
电机额定电流 /A	52
电机额定扭矩 /N · m	2.36
电机额定电压 / V	DC 12
工作环境温度 /℃	30 ～ 100
储存环境温度 /℃	40 ～ 120
控制器额定电压 / V	DC 12
控制器工作电压范围 / V	9 ～ 16
控制器工作电流 /A	0 ～ 90
传感器额定电压 / V	DC 5
传感器类型	非接触式
助力电机功率 /W	360

第二节 新能源电动汽车转向系统的结构与工作原理

一、电动助力转向（EPS）系统的结构

汽车电动助力转向（EPS）系统是一种机电一体化的新一代车辆动力转向系统。它由转矩传感器、电动机总成、转向器和整车控制器（VCU）组成。汽车电动助力转向器是根据转向盘的转向力（即转矩传感器）、车速传感器、发动机转速等控制信号，确定转向助力的大小和方向，并驱动电动机辅助转向操作，如图 5–7 所示。

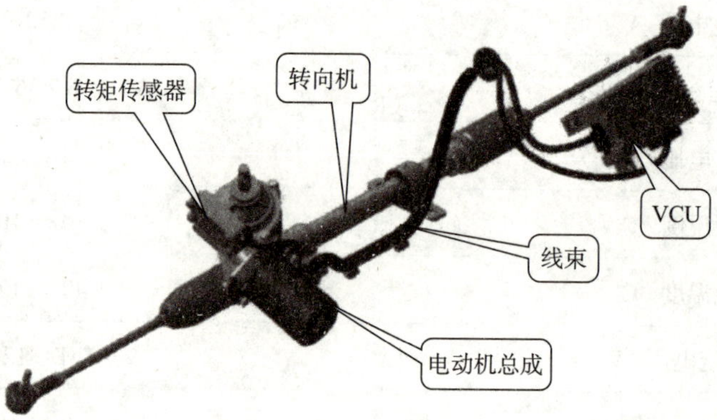

图 5–7 电动助力转向（EPS）系统的结构

1. 转矩传感器

转矩传感器检测扭力杆的扭曲，并把它转换为电信号来计算扭力杆上的力矩，将此信号输出到动力转向 ECU。检测环 1 和检测环 2 安装在输入轴上，检测环 3 安装在输出轴上。输出轴和输入轴通过扭力杆连接在一起，检测线圈和校正线圈位于各检测环外侧，不经接触形成励磁电路，如图 5–8 所示。

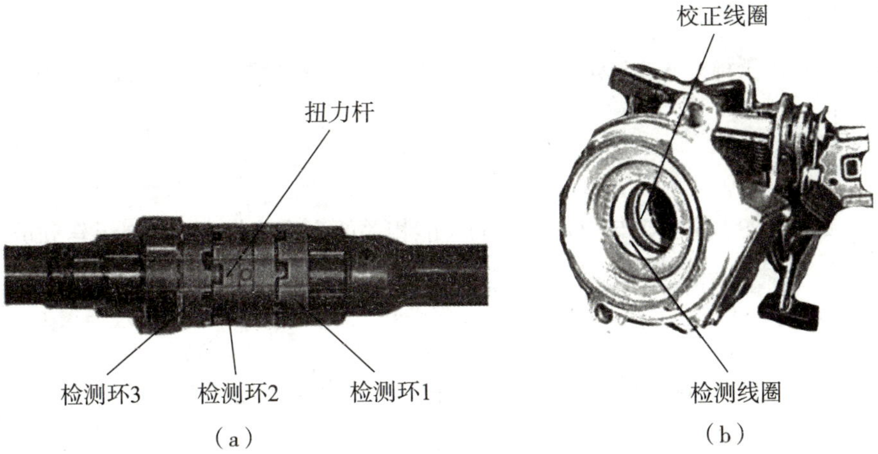

图 5-8　转矩传感器

2. 电动机总成

电动机总成是安装在转向器上的电动机总成由一个蜗杆、一个蜗轮和一个直流电动机组成。当蜗杆与安装在转向器输出轴上的蜗轮啮合时，它降低电动机速度并把电动机输出转矩传递到输出轴，如图 5-9 所示。

3. 转向器

转向器通过蜗轮降低动力转向电动机的转速，并将它传递到转向柱轴，如图 5-10 所示。

图 5-9　电动机总成

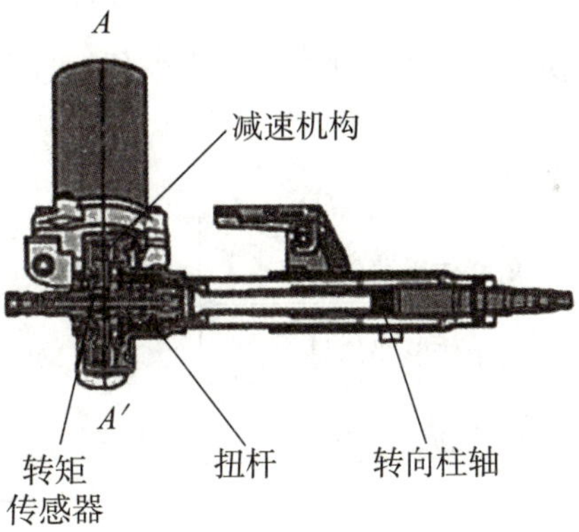

图 5-10　转向器

4. 整车控制器（VCU）

整车控制器（VCU）的作用如下。

（1）EPS 控制

EPS 控制是 VCU 接收各传感器的信号，判断车辆当前的状况，并测定施加到动力转向电动机上相应的助力电流。

对于装有车辆稳定控制（VSC）系统的车型，根据制动防滑控制 ECU 信息，联合控制转向助力力矩，使驾驶员的转向操作更灵便，提高转向稳定性。

（2）VCU 温度传感器

VCU 温度传感器用于检测 VCU 是否过热。如果温度传感器检测到 VCU 过热，则动力转向电动机上的助力电流会减小。

（3）诊断

如果 VCU 检测到 EPS 故障，则与出现故障的功能相关的主警告灯点亮，提示驾驶员出现故障。同时，DTC（诊断故障码）存储到存储器中。

（4）安全保护

如果 VCU 检测到 EPS 故障，则组合仪表上的主警告灯点亮，且蜂鸣器鸣响。同时，VCU 使 EPS 警告出现在显示器上，以提示驾驶员，并进入安全保护模式。

二、电动助力转向系统运行原理

汽车转向原理是驾驶员通过转向盘施加转向作用力，这一作用力流经转向器、转向摇臂、转向直拉杆传输至转向节臂、转向横拉杆，进而使前轴车轮绕主销轴线实现转动。电动助力转向系统运行步骤。在汽车进入转向状态阶段，装置于转向机构上的方向盘扭矩传感器、角度传感器会将对应的扭矩信号、转角信号及车速信号等传输至电子控制单元，电子控制单元可实现对该部分信号的滤波处理；通过电动助力转向系统控制算法，评定电动助力转向系统实时运行情况，并切换至对应的助力控制、回正助力控制等控制模式；通过控制算法得到目标助力电流，借助电流闭环对输出电压驱动电机进行控制，确保助力电力形成有效的电机扭矩；然后经由转向机构将电机扭矩传输至牵引前轮转向的横拉杆，进而实现对转向的有效协助，提高驾驶员转向操作便捷性及车辆转向操纵性。电动助力转向系统运行流程，如图 5-11 所示。

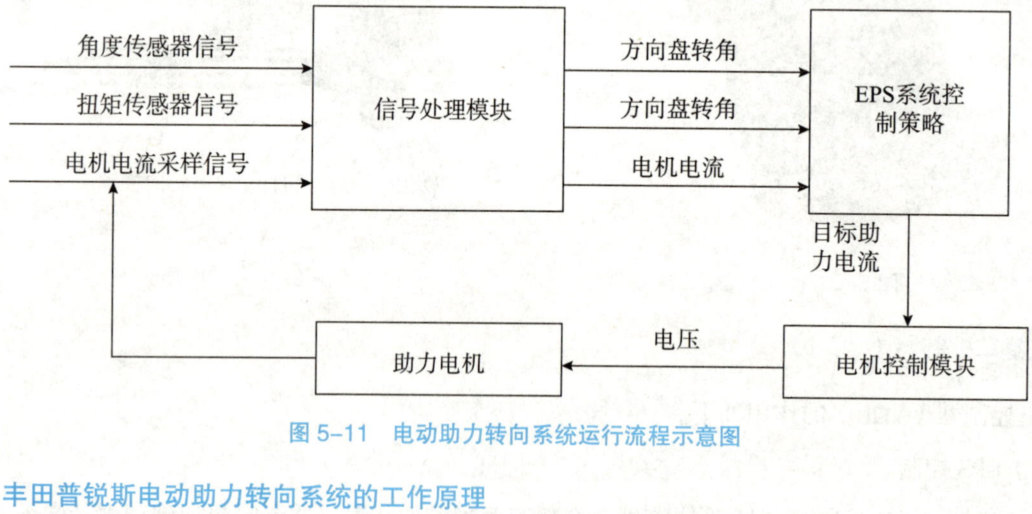

图 5-11　电动助力转向系统运行流程示意图

1. 丰田普锐斯电动助力转向系统的工作原理

普锐斯的电动助力转向系统采用装在转向柱上的动力转向电动机和减速机构，系统原理如图 5-12 所示。

动力转向 ECU 根据传感器和发动机 ECU 的信号计算转向助力的大小。动力转向 ECU 通过 CAN 和制动防滑控制 ECU、H V、ECU 与网关 ECU 保持通信。此外，动力转向 ECU 经由 BEAN，通过网关

ECU 和仪表 ECU 保持通信。

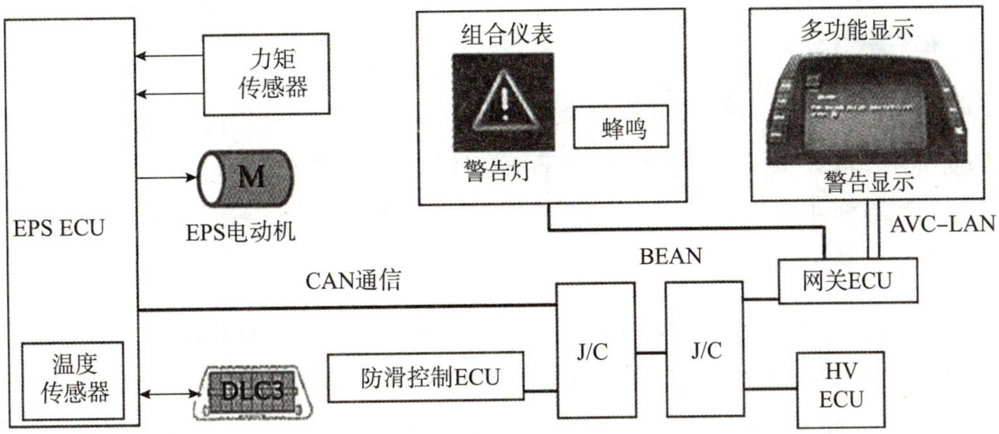

图 5-12　丰田普锐斯电动助力转向系统的工作原理

普锐斯采用车辆稳定控制系统（VSC），该系统工作时控制转向助力力矩，提高车辆的可操纵性。VSC 工作时，动力转向 ECU 收到制动防滑 ECU 的助力力矩请求信号后，立刻控制动力转向电动机的助力矩，采用 EPS 系统联合控制，提高了车身稳定性，如图 5-13 所示。

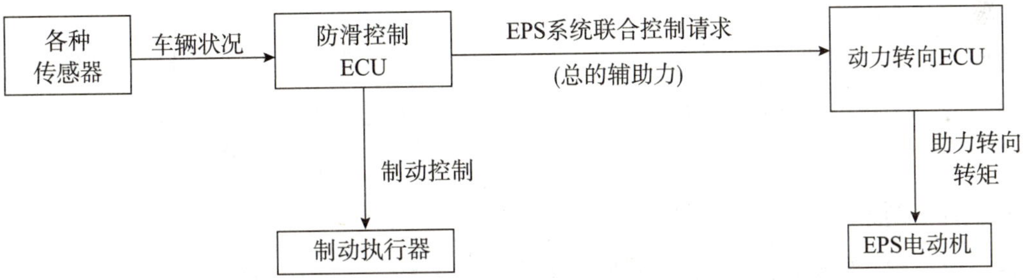

图 5-13　丰田普锐斯 EPS 系统联合控制

2. 比亚迪 E5 电动助力转向系统的工作原理

汽车转向时，力矩及转角传感器把检测到的力矩及角度信号处理后传给动力转向 ECU，动力转向 ECU 同时接收车速传感器检测到车速信号，然后根据这两个信号决定电动机的旋转方向和助力力矩的大小。同时，电流传感器检测电路电流，对驱动电路实施监控，最后由驱动电路驱动电动机工作，实施助力转向，其工作原理如图 5-14 所示。

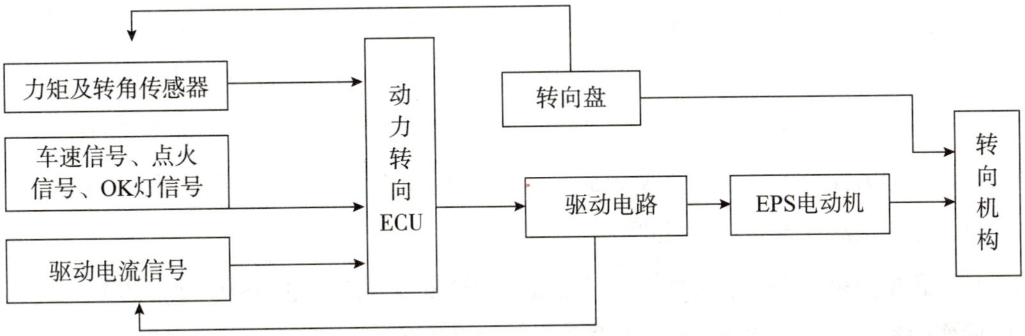

图 5-14　比亚迪 E5 电动助力转向系统的工作原理

三、汽车电动助力转向系统关键技术

1. 电动机和传感器技术

汽车电动助力转向系统的出现、应用和发展实际上是电子技术、电动机技术与控制理论不断发展的必然趋势。如前所述，转向系统对其电动机提出了极高要求，既有尺寸外形方面，又包括性能和功率方面。此外，电动机还要满足很多特殊要求，例如，平滑性要求，即汽车驾驶员不能感到由系统产生的各种形式的冲击；转动惯量必须达到最小的水平；做好防转向失控。

转向系统应用与发展还受到性能价值与价格的影响，这使得系统在选择传感器与电动机时都会受到一定限制。就目前而言，对于扭矩传感器都是在多种要素中进行折中选择，但在实际情况中，无法避免一些性能参数受到影响或抑制。例如为减少成本而对最高温度进行限制，温度其实是和系统运行可靠性存在紧密联系的。扭矩波动的存在，也会对转向系统造成影响，表现为助力过程中产生一定程度的振动，使系统自身可以接受性受到影响而降低，导致成本增加。所以系统的扭矩传感器必须可以提供高质量、快速响应且可靠真实的信号。

2. 控制策略

控制策略指汽车电动助力转向系统是否可以获得理想使用性能，不仅要有可靠的硬件支撑，控制软件也必须良好。汽车在正常行驶时往往处在多种多样的运行工况，转向系统的实际工作除了会受到来自环境因素的不断影响，还会受到在其周围工作的发动机产生的电磁干扰及热辐射的影响。以上因素的存在均对转向系统控制策略的选择提出很高要求。数据包标识符数字（packet identifier digital，PID）、动态补偿、自适应控制、鲁棒控制等技术、理论不断发展的局势下，转向系统在选择适宜的控制策略方面有了更多的选择和支撑。除此之外，智能控制理论及应用技术的出现，也为转向系统控制策略优化升级奠定了坚实基础。通过对这些最新科研成果的快速引入，相信转向系统能在不久的将来突破系统控制方面的瓶颈，使自身得到更大程度的发展。

3. 助力特性

助力特性是指转向系统的助力特性决定了路感和转向的轻便性，现阶段国内外针对路感方面的问题，仍以试验研究为核心。从转向系统角度讲，助力特性是控制目标，它是否合理可行直接影响系统的工作性能。而且助力特性还属于车速感应型，可细分为低速与全速两大类。其中，全速指的是转向系统在所有车速条件下都根据实际情况提供转向助力；而低速指的是只在低速条件下提供转向助力，在汽车行驶速度超过限值后转向系统将停止作业。对低速转向系统而言，它具有对系统要求不高的优势，但无法改善汽车在高速行驶时的操控可靠性；而对全速转向系统而言，它的优势在于可以有效改善汽车在高速行驶时的操控可靠性，但对系统有着很高的要求。

除此之外，转型系统作为一种新兴技术，通过对计算机控制以及电动机驱动等的合理应用，实现了对部分转向操作的独立控制，这部分控制是与汽车驾驶员无关的。基于此，转向系统将产生比以往液压控制式转向系统更多、更复杂的故障，因此必须对该系统运行可靠性及故障预测诊断给予足够的重视。

系统的常见故障形式主要有以下两种。

① 系统停止工作，转入轴力矩比手动转向大，导致转向力超过同状态下的手动系统。若在汽车实际行驶时出现此故障，则很容易引起事故。

② 在汽车驾驶员没有任何输入的条件下自动改变方向，致使汽车出现严重的方向偏离，这种故障带来的后果往往是十分恶劣的，必须予以杜绝。针对此类故障，可通过对系统机械部分设计的优化来起到预防作用，但在某些特殊情况下，还需要借助故障预测及诊断来进行更正。

第三节 新能源电动汽车转向系统的检修

一、电动助力转向系统的维护

汽车行驶过程中，转向是基本的运动形式，遇到障碍物、行人时，汽车必须及时改变路线，以保证安全行使。EPS 系统的应用大大节省了能耗，提高了工作效率，可控性强，而且更加便于维修。为保证 EPS 的性能发挥，降低故障发生率，日常的维护检查必不可少，维修人员应注意遵循科学的维护检查方法。

1. 日常维护检查的主要内容

日常使用中对于转向盘自由间隙、转向力、EPS 控制器的维护检查都是非常必要的，加强维护检查，可以降低故障发生率，促进 EPS 保持良好的性能。

（1）转向盘自由间隙

维修人员应通过移动转向盘，确认转向盘是否出现声响或是松动。当遇到以上缺陷时，维修人员要立即给予修复或更换。检查时首先停止发动机运行，保持向前方向。转向盘的自由间隙应保持在 0 ~ 30 mm，如果转向盘运动超出此范围，维修人员要按照流程逐一检查，包括横拉杆球头、下部球按头、转向轴接头、转向小齿轮等，确认是否出现磨损、破裂、松动等问题。

（2）转向力检查

维修人员将汽车停止在水平的路面上，保持转向盘处于平直向前，然后再确认轮胎气压是否正常，最后启动发动机，当发动机处于怠速状态下，用相反方向钩住转向盘上的弹簧秤，测定出具体的转向力。如果转向力低于 3.5 N，则要及时修复。

（3）EPS 控制器

EPS 系统的运行中，控制器发挥着关键作用，日常维护检查时对 EPS 控制器的拆装要遵循科学的顺序，首先断开蓄电池的负极电缆，再松开螺钉，将插头拆下，最后拆卸控制器。而 EPS 控制器安装的顺序则与之步骤相反。

2. 日常维护检查应注意的事项

在对 EPS 实施维护检查时，应当遵循科学的方法，注意以下事项。

（1）电子部件的保护

EPS 系统的电子部件较为敏感，检查时应避免对电子部件的撞击，以防影响部件的性能，例如电机和 ECU。一旦发生电子部件被撞击的情况，应检查并考虑更换新的部件，而且电子部件对温湿度环境有着较高的要求，检查过程中不能将电子部件暴露在高温、潮湿等环境中。

（2）点火开关位置的确认

控制器断开和连接时，要注意点火开关的位置。将点火开关处于“ON”的位置，回正转向盘，断开 EPS 系统各连接前，再次将点火开关置于“OFF”位置。重新连接前，点火开关应置于“OFF”位置，待重新连接后回正转向盘，再将点火开关置于“ON”的位置。点火开关位置会影响到零点是否出现偏差，若转向力矩左右存在差别，要及时进行校正。

（3）避免剧烈转动转向盘

检查时汽车处于行进或点火状态下，要注意防止剧烈转动转向盘。如果出现较为强烈的震动，将会导致电机功率消耗增加，使电机发热。当电机温度升高时，控制装置检测到热量增加，进而降低低级的电流，以达到保护系统的作用，所以最终 ECU 助力会失效。

（4）维修前重新角度置零

维修人员在对转向机、控制器等更换、调整前，应当使用诊断仪重新角度置零。此时每一次点火只能置零一次，并且在置零时不能转动转向盘。置零后必须经过重新点火，才能保证有效，且两次之间的时间间隔应保持在 5 s 以上。

二、电动助力转向系统检修

1. 转向力的检查

转向力的检查有助于判断电动助力转向系统的工作情况。

（1）汽车停放在水平路面上，转向盘放置在平直向前位置。

（2）检查轮胎充气压力是否符合要求。

（3）启动车辆。

（4）通过相切方向勾住转向盘上的弹簧秤测量转向力。

2. 操作注意事项

（1）处理电子部件

① 避免撞击电子部件，如 EPS 控制器和 EPS 电动机。如果这些部件跌落或遭受严重撞击，则应该更换。

② 不要将任何电子部件暴露在高温或者潮湿的环境中。

③ 不要触碰连接器端子，以防变形或者因静电引起故障。

（2）处理机械总成

① 避免撞击转向管柱或者转向机总成，特别是电动机或者转矩传感器，如果这些部件遭受严重撞击，则应更换。

② 当移动管柱或者转向机总成时，不要提拉线束。

（3）断开或重新连接

断开或重新连接连接器必须确认钥匙置于“OFF”位置。

3. 故障诊断

电动助力转向系统常见故障及排除方法，如表 5-2 所示。

表 5-2　电动助力转向系统常见故障及排除方法

故障现象	可能的原因	排除方法
转向沉重	接插件未插好	插好插头
	线束接触不良或破损	更换线束
	转向盘安装不正确（扭曲）	正确安装转向盘
	转矩传感器性能不良	更换转向器
	转向器故障	更换转向器
	电动机转速传感器故障	更换电动机转速传感器
	车速传感器性能不良	更换车速传感器
	主熔断丝和线路熔断丝烧坏	更换熔断丝
	EPS 控制器故障	更换 EPS 控制器
在直行时车总是偏向一侧	转矩传感器性能不良	更换转向器
转向力不平顺	转矩传感器性能不良	更换转向器

三、荣威 E50 转向系统的检修

以荣威 E50 为例，介绍新能源汽车 EPS 控制器的更换步骤。

1. EPS 控制器的拆卸步骤

（1）确保车轮处于正直方向。

（2）从点火开关上拔下钥匙。

（3）打开前机舱盖，铺设翼子板护垫。

（4）断开蓄电池负极连接，将蓄电池负极用绝缘胶带包裹好，防止线束搭铁。

（5）用内饰拆装工具打开中控台饰板，拆下中控台底部螺钉。

（6）取出杯桶底部螺钉，取出储物箱盖。

（7）检查绝缘手套是否漏气，佩戴绝缘手套。

（8）取出手动维修开关。

（9）拆下两侧气囊模块固定在转向盘的螺钉，从气囊模块上断开连接器。

（10）取出安全气囊。

（11）断开转向盘开关线束的连接器。

（12）在转向管柱轴和螺母上做好标记。

（13）用 21 号套筒松开转向盘螺母，取下转向盘总成。

（14）拆卸护罩固定到转向管柱上的 3 个螺钉。

（15）拆下转向转柱下护罩。

（16）拆下组合仪表饰框上的 2 个螺钉，取出仪表框护罩。

（17）拆下仪表护罩螺钉，并取下仪表护罩。

（18）断开转向柱周围的组合开关连接器。

（19）拆下转向管柱上的 4 个螺钉，从转向管柱上拆下转向柱拨杆组合开关。

（20）拆下驾驶员侧仪表板安装护盖。

（21）拆下将封闭面板固定到仪表板总成上的 3 个螺钉。

（22）断开护板的 2 个连接器，取下驾驶员侧封闭面板总成。

（23）断开转向管柱助力电动机的连接器。

（24）断开将线束固定到转向管柱上的卡钉，在转向管柱万向节输入轴做好标记。

（25）拆下将转向管柱固定在动力转向机上的螺栓，并废弃。

（26）拆下将转向管柱固定在仪表板横梁上的 4 个螺栓，取出转向管柱总成。

2. EPS 控制器的安装步骤

（1）固定转向管柱总成螺栓。

（2）调整转向管柱万向节位置。

（3）安装固定螺钉力矩为 22 N · m。

（4）紧固力矩为 22 N · m 的转向管柱螺栓。

（5）连接转向管柱助力电机的连接器。

（6）连接 EPS 模块连接器。

（7）连接 4 个转向管柱助力电机连接器。

（8）将转向柱拨杆组合开关固定到转向管柱上。安装 4 个螺钉，力矩为 4 ～ 5.5 N · m。

（9）连接组合开关周围的连接器。

（10）安装前照灯调节连接器，安装后视镜调节连接器。

（11）安装面板总成。

（12）装上 3 个驾驶员侧封闭面板螺钉，紧固力矩为 1.3 ～ 2.3 N · m。

（13）安装仪表板侧护盖。

（14）安装组合仪表饰框，紧固螺栓力矩为 1.3 ～ 2.3 N · m。

（15）安装组合仪表上盖总成，紧固螺栓力矩为 1.3 ～ 2.3 N · m。

（16）安装转向管柱下护罩，紧固螺栓力矩为 1.3 ～ 2.3 N · m。

（17）安装转向盘。

（18）对准转向盘管柱轴端标记。

（19）安装固定螺栓，紧固螺栓力矩为 40 ～ 60 N · m，并检查力矩。

（20）连接转向盘开关线束的连接器，连接驾驶员安全气囊连接器。

（21）固定安全气囊两侧螺栓，紧固螺栓力矩为 10 ～ 15 N · m。

（22）安装手动维修开关，安装储物箱。

（23）紧固储物箱前端螺栓，紧固螺栓力矩为 6 ～ 8 N · m。

（24）紧固储物箱后端螺栓，紧固螺栓力矩为 4 ～ 6 N · m。

（25）连接蓄电池的负极。

（26）启动车辆，观察仪表板。

（27）检查左转向系统、右转向系统、刮水器系统、灯光系统、喇叭。

思考练习

一、选择题

1. 电动助力转向（EPS）系统是由电动机来提供转向助力的，其助力的大小是通过（　　）进行调控的。

A. 发动机动能　　B. 蓄电池电能

C. 电控单元　　D. 传送带

2. 电动助力转向系统需要输入的参数不包括（　　）。

A. 转向盘的位置信号

B. 转向盘转矩信号

C. 车速信号

D. 空调开关信号

3. （　　）检测扭力杆的扭曲，并把它转换为电信号来计算扭力杆上的力矩，将此信号输出到动力转向 ECU。

A. 电动机　　B. 控制单元

C. 转矩传感器　　D. 减速机构

4. 转向盘的自由间隙应保持在（　　）的范围内。

A. 0 ～ 45 mm　　B. 0 ～ 50 mm

C. 0 ～ 30 mm　　D. 50 mm 以上

二、简答题

1. 简述电动助力转向系统的功用。

2. 电动助力转向系统的日常维护检查包括哪些内容？

3. 简述丰田普锐斯电动助力转向系统的工作原理。

第六章

新能源汽车制动系统

本章导读

随着新能源汽车日渐增多，还有智能驾驶技术的迅猛发展，汽车制动系统和外界的交互很关键。新能源汽车的续航里程对能回收要求日渐升高，能回收中的滑行回收以及汽车低附上的稳定性相关，制动回收需要汽车制动系统来主导，特别是液压制动和电机回收制动之间的协调性。提升制动系统的性能是汽车制动系统亟须解决的问题，也是现在的技术难点，因为一旦电控系统失效，应有相应的措施保证车辆具有足够的制动能力。

学习目标

1. 能够了解新能源汽车制动系统与传统汽车的区别。
2. 能知晓制动能量回收系统的原理及能量回收模式。
3. 能够掌握新能源汽车制动系统的结构组成及检修方法。
4. 能对新能源汽车制动系统进行检修。

思政目标

1. 培养学生踔厉奋发、勇毅前行，科技强国的意识和信念。
2. 践行社会主义核心价值观，培养学生关心国家发展、参与祖国建设的主人翁意识。

第一节 新能源汽车电动制动系统概述

一、认识汽车的制动系统

新能源汽车
电控制动系统

制动系统是汽车安全系统。制动系统是汽车上用以使外界（主要是路面）在汽车某些部分（主要是车轮）施加一定的力，从而对其进行一定程度的强制制动的一系列专门装置。

1. 制动系统的功能

现代汽车上装有制动系统，其目的就是保证行车的安全。只有保证行车安全，才能发挥汽车的动力功能。使汽车能以较高的安全速度行驶，这是提高汽车运输生产率的主要技术措施之一。

汽车制动系统的功能主要是汽车以任何速度行驶时，都能强制汽车减速行驶或者强制停车；在汽车下坡行驶时限制汽车速度；对于已经停驶的汽车在原地或者斜披上保持不动。

一辆汽车至少有两套各自独立的制动系统，就是汽车行车制动系统和驻车制动系统。行车制动系统的主要作用是使汽车在行驶中能够快速的减速或者逐渐的减速，对于制动系统的主要要求就是工作必须可靠，制动性能要稳定。制动效能要能满足对于制动的要求，还要操纵位置便当、制动轻便等。对于任何一种形式的汽车都要有这些基本性能。

行车制动一般由右脚操纵，右脚踏下制动踏板，传动行车系统的一系列动作，使汽车减速或者停车。说得简单一些就是这边动一动，那边就停车。就像人们看电视剧一样，这边电视机开关一开，那边电视机荧光屏上就出现图像和电视机喇叭里放出的声音。如果不是这样，那就是系统发生了故障。那么对于汽车的无制动和行车制动力弱的故障就可以做出较为系统的检验。

2. 制动系统的分类

制动系统通常可分为行车制动系统、驻车制动系统、应急制动系统及辅助制动系统等。用以使行驶中的汽车降低速度甚至停车的制动系统称为行车制动系统，俗称脚刹，如图 6–1 所示；用以使已停驶的汽车驻留原地不动的制动系统则称为驻车制动系统，俗称手刹，如图 6–2 所示；在行车制动系统失效的情况下，保证汽车仍能实现减速

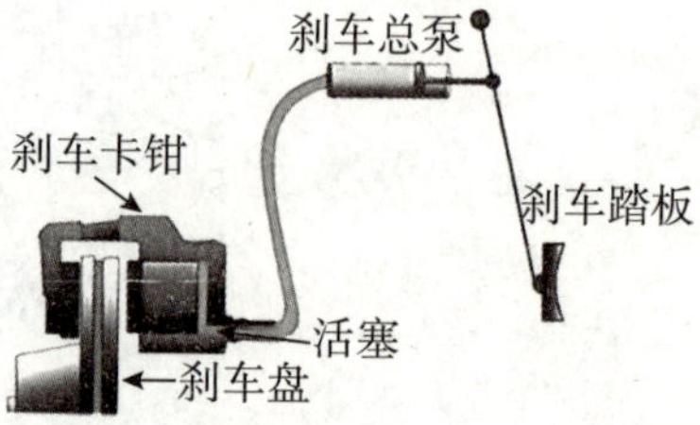

图 6–1　行车制动系统

或停车的制动系统称为应急制动系统，如图 6–3 所示；辅助制动系统主要作用是为了更好的保护行车制动系统、优化制动操作过程中车辆的制动能力。例如，ABS 系统，设计理念就是通过机电一体化装置来达到点刹的效果，防止车轮抱死导致轮胎摩擦爆胎、侧向滑移、甩尾等，如图 6–4 所示。

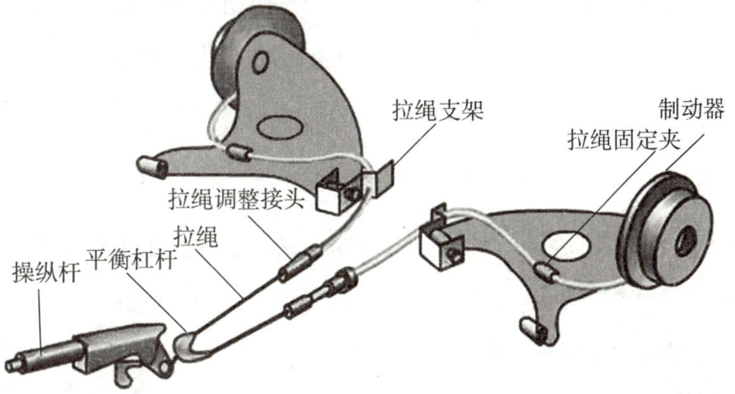

图 6–2　驻车制动系统

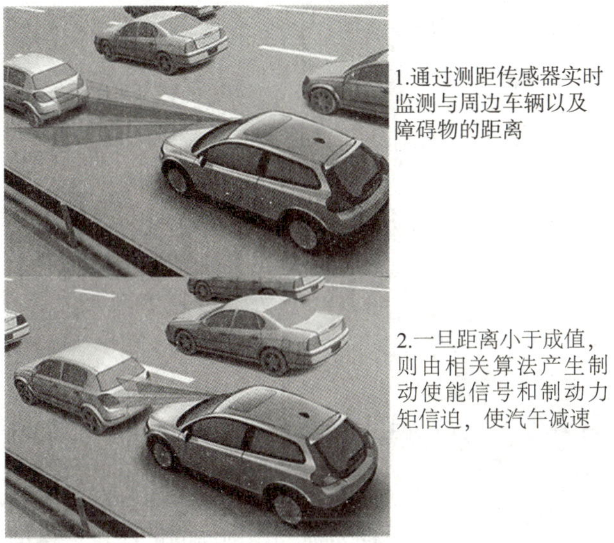

图 6–3　应急制动系统

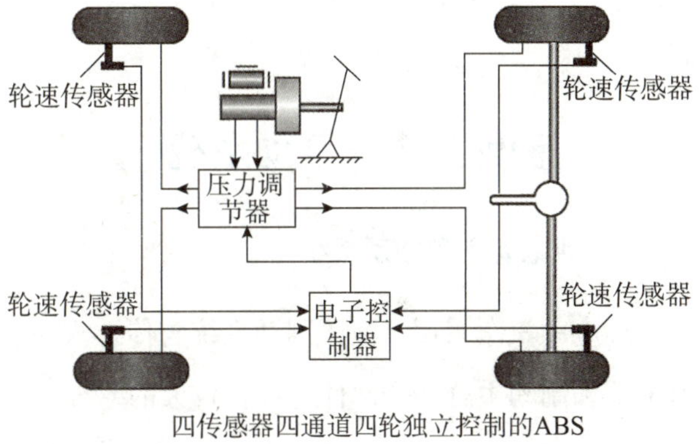

图 6–4　辅助制动系统

在行车制动方面，目前绝大多数厂商在新能源车中所采用的制动系统，都是在传统能源车辆现有结构基础上进行技术改进而来，即原有的真空助力器以及相关管路得到保留，管路的另一端连接电子真空助力泵。

当传感器监测到助力器真空度不足时，电子真空助力泵开始工作，维持真空环境。不过，这样的电子真空助力泵的噪音较大，此外更重要的是，电子真空助力泵的工作稳定性以及寿命都不太适合当作主要及唯一的真空源供应部件（在传统能源车辆汽车上，它只是辅助维持真空环境）。显然，这样的方案是来自传统的汽车研发理念，而并非是站在新能源车的开发角度来解决问题。

新能源电动汽车的制动方式应考虑机械制动和电气制动两种类型的结合，尽可能多地用回馈发电方式取代机械式制动。在电动汽车制动和下坡滑行时，通过控制系统将电动机的状态改为发电状态，将发电机发出的电能存储于电池之中。这样既可减小机械制动系统的损耗，又能提高整车能量使用效率，达到节约能源和提高电动汽车续驶里程的目的。

当电动汽车减速和制动时，即切除电源时，电动汽车电机惯性转动，此时通过电路切换，往转子中提供相比而言功率较小的励磁电源，产生磁场。该磁场通过转子的物理旋转，切割定子的绕组，于是定子感应出电动势，即逆电动势。此时电动机反转，功能与发电机相同，是一个将机械能转化为电能的装置，所产生的电流通过功率变化器接入蓄电池，即为能量回馈，至此制动能量回收过程完成。与此同时，转子受力减速，形成制动力，这个总过程合称再生制动。

3. 制动系统的要求

为了保证汽车行驶安全，发挥高速行驶的能力，制动系统必须满足下列要求：

（1）制动效能好。评价汽车制动效能的指标有制动距离、制动减速度、制动时间。

（2）操纵轻便，制动时的方向稳定性好。制动时，前后车轮制动力分配合理，左右车轮上的制动力应基本相等，以免汽车制动时发生跑偏和侧滑。

（3）制动平顺性好。制动时应柔和、平衡；解除时应迅速、彻底。

（4）散热性好，调整方便。这要求制动蹄摩擦片抗高温能力强，潮湿后恢复能力快，磨损后间隙能够调整，并能够防尘、防油。

（5）带挂车的汽车能使挂车先于主车产生制动，后于主车解除制动；挂自自行脱挂时能自行进行制动。

二、新能源汽车制动系统

1. 纯电动汽车制动系统

纯电动汽车采用的液压制动系统与传统汽车基本结构区别不大，但是在液压制动系统的真空辅助助力系统和制动主缸两个部件上存在较大的差异。

绝大多数的汽车采用真空助力伺服制动系统，人力和助力并用。真空助力器利用前后腔的压差提供助力。传统汽车真空助力装置的真空源来自于发动机进气歧管，真空度负压一般可达到 0.05 ～ 0.07 MPa。对于纯电动汽车由于没有发动机总成即没有了传统的真空源，仅由人力所产生的制动力无法满足行车制动的需要，通常需要单独设计一个电动真空泵来为真空助力器提供真空源，这个助力系统就是电动真空助力系统（electric vacuum pump，EVP）。

计算结果表明，当电动真空泵最小真空度为 37.5 kPa 时，可为制动系统提供满足设计要求的制动助力。图 6-5 为电动真空助力制动系统的基本构成，真空助力器安装在制动踏板和制动主缸之间，由踏板通过推杆直接操纵。助力器和踏板产生的力叠加在一起作用在制动主缸推杆上，以提高制动主缸的输出压力。真空助力器由带有橡胶膜片的活塞分为前室和后室（大气阀打开时可与大气相通），通常常压室的真空度为 60 ～ 80 kPa（即真空泵可以提供的真空度大小）。真空助力器所能提供助力的大小取决于其常压室和变压室气压差值的大小。

当变压室的压力达到外界大气压时，真空助力器即可提供最大的制动助力。真空泵所产生的真空度的大小和速度关系到真空助力器的工作状态，真空泵的容量大小关系到助力器的性能，进而影响到制动系统在各种工况下是否能正常工作。

电动真空助力系统的工作过程为：当驾驶员起动汽车时，车辆电源接通，控制器开始进行系统自检，如果真空罐内的真空度小于设定值，真空罐内的真空压力传感器输出相应电压信号至控制器，此时控制器控制电动真空泵开始工作，当真空度达到设定值后，真空压力传感器输出相应电压信号至控制器，此时控制器控制真空泵停止工作。当真空罐内的真空度因制动消耗，真空度小于设定值时，电动真空泵再次开始工作，如此循环。

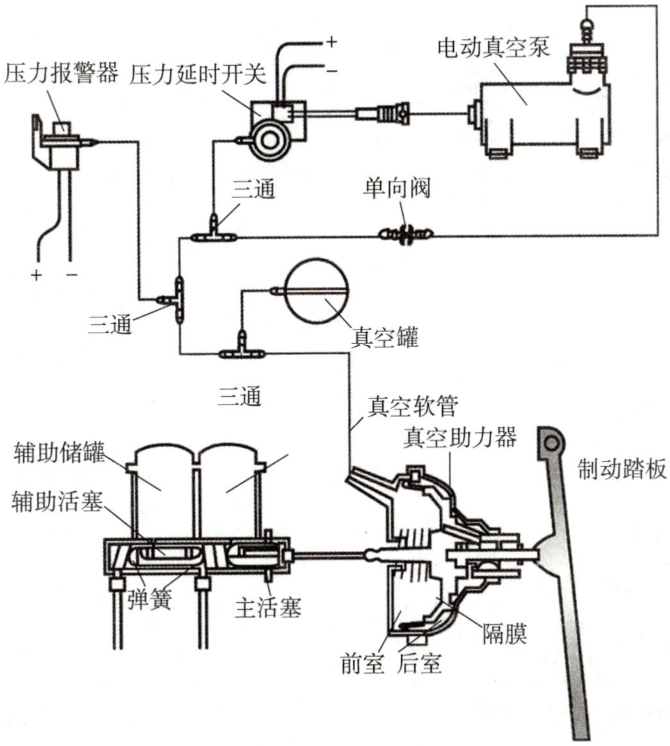

图 6-5 电动真空助力系统组成

（1）电动真空助力系统的主要组成元件

① 真空泵。真空泵是指利用机械、物理、化学或物理化学的方法对被抽容器进行抽气而获得真空的器件或设备。通俗来讲，真空泵是用各种方法在某一封闭空间中改善、产生和维持真空的装置，汽车上通常采用，如图 6-6 所示的电动真空泵。

② 真空罐。真空罐用于储存真空，并通过真空压力传感器感知真空度并把信号发送给真空泵控制器，如图 6-7 所示。

③ 真空泵控制器。真空泵控制器是电动真空系统的核心部件。真空泵控制器根据真空罐真空压力传感器发送的信号控制真空泵工作，如图 6-8 所示。

图 6-6　电动真空泵外观

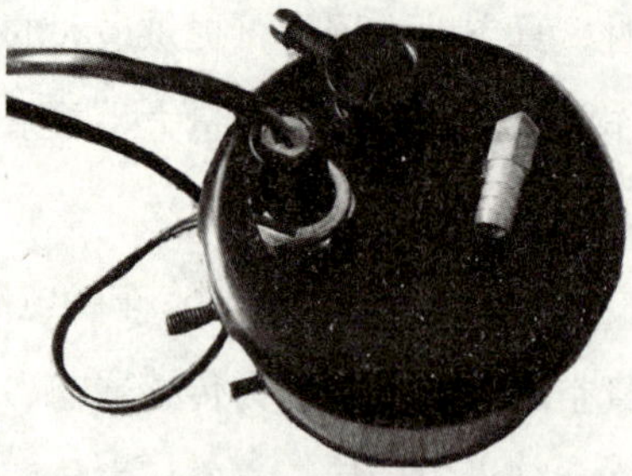

图 6-7　真空罐（电线插头位置为真空压力传感器）

图 6-8　真空泵控制器

（2）电动真空助力系统的工作原理

① 电动真空助力系统性能参数。电动真空助力系统性能参数，如表 6-1 所示。

表 6-1　电动真空助力系统性能参数

类别	参数
电动真空泵	214. 5 mm × 95 mm × 114 mm
真空罐直径	Ø120 × 226 mm
工作电流	不大于 15 A
最大工作电流	不大于 25 A
额定电压	12 V DC
最大真空度	大于 85 kPa
测试容积	2 L
抽至真空度 55 kPa，压力形成时间	不大于 4 s
抽至真空度 70 kPa，压力形成时间	不大于 7 s
真空度从 40 kPa 抽至 85 kPa，压力形成时间	不大于 4 s
延时模块接通闭合的真空度	55 kPa
延时时间	15 s
使用寿命	30 万次
工作环境温度范围	-50 ～ 100 ℃
起动温度	-30 ℃
噪声	75 dB
真空罐密封性	在（66.7 ± 5）kPa 真空度下，15 s 内真空压力降 $\Delta P \leqslant 3$

② 真空泵起动策略。当驾驶员起动车辆时，12 V 电源接通，电子控制系统模块开始自检，如果真空罐内的真空度小于设定值，真空压力开关处于常开状态，此时电动真空泵开始工作，当真空度大于设

定值时，真空压力开关或传感器处于常闭状态，电子延时模块立即进入延时工作模式，15 s 左右延时时间停止。此时真空罐内的真空度达到设定值，电机停止工作，当真空罐内的真空度因制动消耗，真空度小于设定值时，真空压力开关或传感器再次处于常开状态，电动真空泵再次开始工作，如此循环。

③ 真空泵工作原理。电线连接好后，接通 12 V 直流电源，控制器接通真空泵电机开始工作，当真空度达到 −55 kPa 时真空压力开关闭合，输出高电平信号给控制器，控制器在接收到信号后延时 10 s，电机停止工作。

2. 混合动力汽车制动系统

以典型的丰田普锐斯混合动力汽车的 THS- Ⅱ（第二代再生制动）制动系统为例，介绍混合动力汽车的制动系统。

丰田普锐斯混合动力汽车的 THS- Ⅱ制动系统属于 ECB（电子控制制动）系统。THS- Ⅱ制动系统可根据驾驶员踩制动踏板的程度和所施加的力计算所需的制动力。然后，此系统施加需要的制动力（包括再生制动力和液压制动系统产生的制动力）并有效地吸收能量。

THS- Ⅱ制动系统的组成包括制动信号输入、电源和液压控制部分，取消了传统的真空助力器。正常制动时，主缸产生的液压力换成液压信号，而不是直接作用在轮缸上，通过调整作用于轮缸的制动执行器上液压源的液压获得实际控制压力。THS- Ⅱ制动系统组成，如图 6-9 所示。

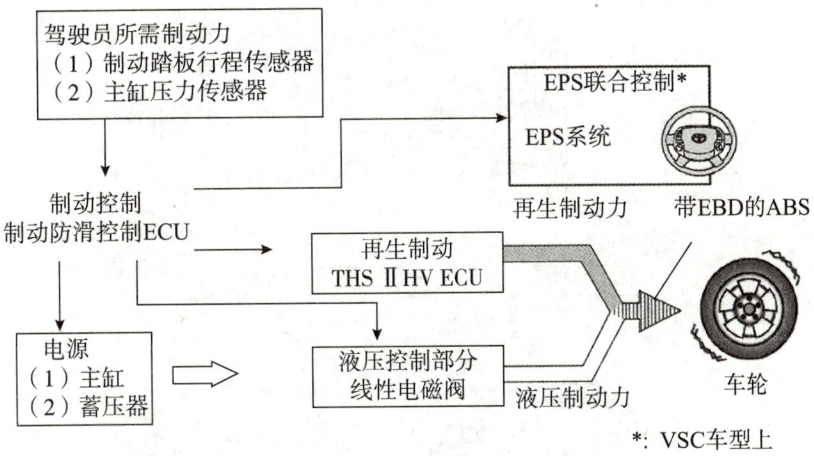

图 6-9 THS- Ⅱ制动系统组成

ECB ECU 和制动防滑控制 ECU 集成在一起，并和液压制动系统（包括带 EBD 的 ABS、制动助力和 VSC+）一起对制动进行综合控制。

VSC+ 系统除了有正常制动控制 VSC 功能外，还能根据车辆行驶情况和 EPS 配合，提供转向助力来帮助驾驶员转向。

THS – Ⅱ系统采用电动机牵引控制系统。该系统不但具有旧车型上的 THS 系统拥有的保护行星齿轮和电动机的控制功能，而且还能对滑动的车轮施加液压制动控制，把驱动轮的滑动减小到最低限度，并产生适合路面状况的驱动力。THS – Ⅱ系统制动系统的功能，如表 6-2 所示。

表 6-2　THS- Ⅱ系统制动系统的功能

制动控制系统	功能	说明
ECB 系统	VSC+（车辆稳定性控制）	VSC+ 系统可以在转向时，防止前轮或后轮急速滑动产生的车辆侧滑和 EPS ECU 一起联合控制，以根据车辆的行驶条件提供转向助力
	ABS（防抱死制动系统）	制动过猛或在易滑路面制动时，ABS 系统能防止车轮抱死，保证车辆及人员安全
	EBD（电子制动力分配）	EBD 控制利用 ABS，根据行驶条件在前分界线和后轮之间分配制动力；另外，转向制动时，它还能控制左右车轮的制动力，以保持车辆平衡行驶
	再生制动联合控制	通过尽量使用 THS- Ⅱ系统的再生制动能力，控制液压制动来恢复电能
	制动助力	制动助力有两个功能，紧急制动时，如果制动踏板力不足，可以增大制动力；需要强大制动力时增大制动力

（1）混合动力汽车电子制动控制系统的主要组成元件

ECB（电子控制制动）系统的主要部件有：制动踏板行程传感器、制动灯开关、行程模拟器、制动防滑控制 ECU、制动执行器、制动主缸、备用电源装置。丰田普锐斯混合动力汽车的主要制动组件位置，如图 6-10 所示。混合动力制动系统的主要部件，如图 6-11 所示。

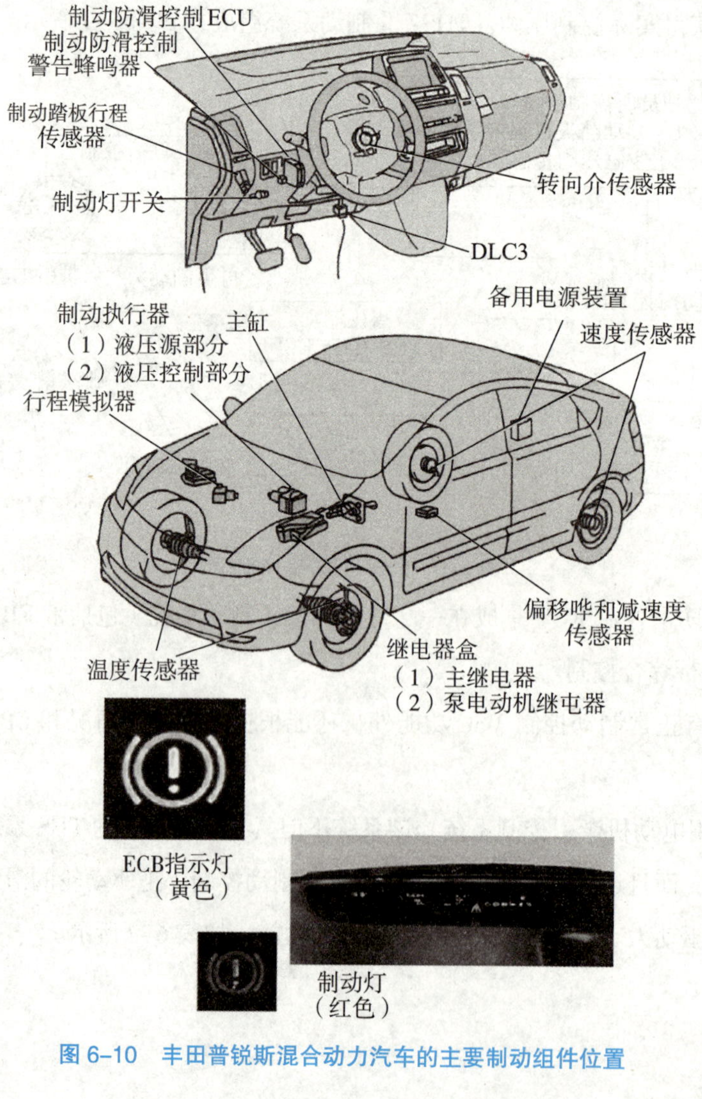

图 6-10　丰田普锐斯混合动力汽车的主要制动组件位置

图 6-11　混合动力制动系统的主要部件

① 制动踏板行程传感器和制动灯开关。制动踏板行程传感器和制动灯开关，如图 6-12 所示。

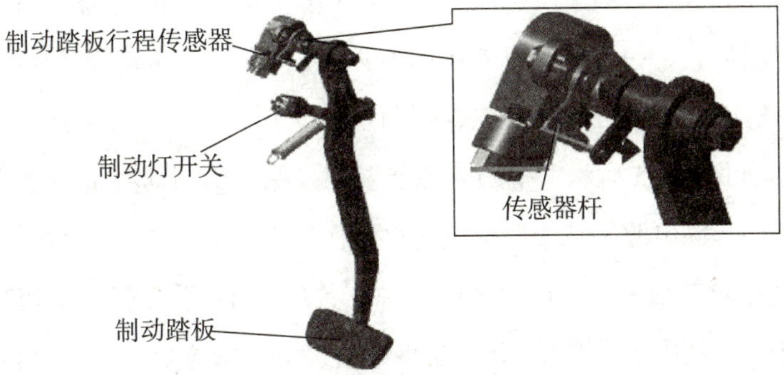

图 6-12　制动踏板行程传感器

制动踏板行程传感器直接检测驾驶员踩下制动踏板的程度。此传感器包括触点式可变电阻器，它用于检测制动踏板行程踩下的程度并发送信号到制动防滑控制 ECU，信号采用反向冗余设计。

制动灯开关的作用与传统汽车相同，作为控制制动灯及制动踏板动作信号。

② 行程模拟器。行程模拟器，如图 6-13 所示，制动时根据踏板力度产生踏板行程。行程模拟器位于主缸和制动执行器之间，它根据制动中驾驶员踩制动踏板的力产生踏板行程。行程模拟器包括弹簧系数不同的两种螺旋弹簧，具有对应于主缸压力的两个阶段的踏板行程特征。

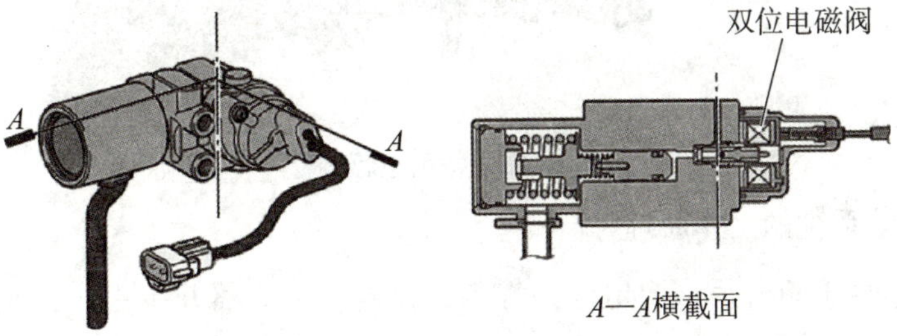

图 6-13　行程模拟器

③ 制动防滑控制 ECU。汽车制动防滑控制系统是制动防抱死系统和驱动防滑系统的统称。制动防滑控制 ECU 处理各种传感器信号和再生制动信号以便控制再生制动联合控制、带 EBD 的 ABS、 VSC+ 制动助力和正常制动。根据各传感器信号来判断车辆行驶状况，并控制制动执行器。

④ 制动执行器。制动执行器如图 6-14 所示，包含以下部分。

a．液压源部分。由泵、泵电动机、蓄能器、减压阀和蓄能器组成。液压源部分产生并存储压力，制动防滑控制 ECU 用于控制制动的液压。蓄能器压力传感器安装在制动执行器中。

b．液压控制部分。包括两个主缸切断电磁阀、4 个供压式电磁阀和 4 个减压电磁阀。

图 6-14　制动执行器

两个双位型主缸切断电磁阀由制动防滑控制 ECU 控制，作用是用来打开或关闭主缸和轮缸间的通道；4 个线性供压电磁阀和 4 个线性减压电磁阀，它们由制动防滑控制 ECU 增减轮缸中的液压。

c．主缸压力传感器和轮缸压力传感器都安装在制动执行器中。

⑤ 制动主缸。混合动力汽车取消了传统汽车制动主缸上的真空助力器，采用了电动机液压助力。制动主缸仍采用双腔串联形式，一旦电动机液压助力失效，制动主缸的前腔和后腔将分别对汽车的左前轮和右前轮进行制动，所以这个主缸也成为前轮制动主缸。

⑥ 备用电源装置。如图 6-15 所示，备用电源装置用以保证给制动系统稳定的供电，该装置包括 28 个电容器电池，用于储存车辆电源（12 V）提供的电量。当车辆电源电压（12 V）下降时，电容器电池中的电就会作为辅助电源向制动系统供电。关闭电源开关后，HV 系统停止工作时，存储在电容器电池中的电量被释放。维修中电源开关关闭后，备用电源装置就处于放电状态，但电容器中仍有一定的电压。在从车辆上拆下备用电源装置或将其打开检查盒内部之前，一定要检查它的剩余电压，如有必要则将其放电。

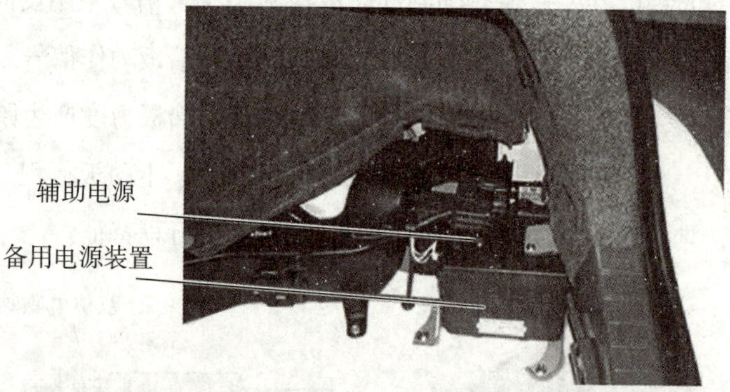

图 6-15　备用电源装置

（2）混动汽车制动系统的工作原理

电源开关（电源信号）打开后，蓄电池向控制器供电，控制器开始工作，此时 EMB 信号灯显示系统应正常工作。驾驶员进行制动操作时，首先由电子制动踏板行程传感器探知驾驶员的制动意图（踏板速度和行程），把这一信息传给 ECU。ECU 汇集轮速传感器、制动踏板行程传感器等各路信号。根据车辆行驶状态计算出每个车轮的最大制动力。再发出指令给执行器（电机），让其执行各车轮的制动。电动机械制动器能快速而精确地提供车轮所需制动力，从而保证最佳的整车减速度和车辆制动效果。

（3）再生制动联合控制

再生制动联合控制如图 6–16 所示，在制动时，电动机 MG2 起到发电作用，和电动机 MG2 转动方向相反的转动轴产生的阻力是再生制动力的来源。发电量（蓄电池充电量）越多，阻力也越大。

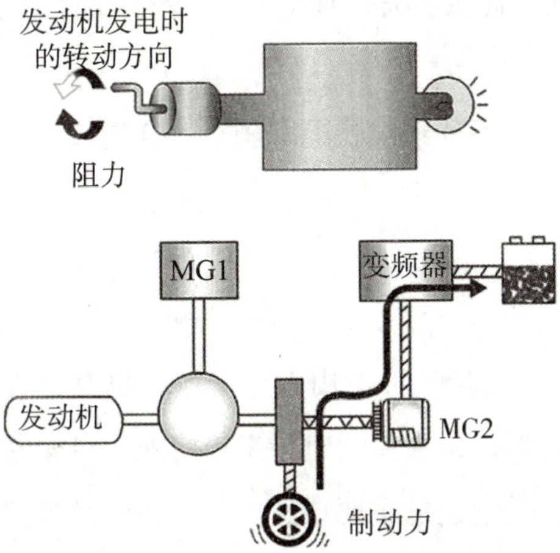

图 6–16　再生制动联合控制

驱动桥和 MG2 通过机械方式连接在一起，驱动轮带动 MG2 转动而发电，MG2 产生的再生制动力就会传到驱动轮，这个力由控制发电的 THS– Ⅱ系统进行控制。

再生制动联合控制和传统制动方式最大的区别是，前者并不单靠液压系统产生驾驶员所需的制动力，而是 THS– Ⅱ系统一起联合控制提供再生制动的合制动力。这样控制能够最大限度地减少正常液压制动的动能损失，并把这些动能转化为电能。

在 THS– Ⅱ系统中，由于采用了 THS– Ⅱ系统，使 MG2 的输出功率得到了增加，THS– Ⅱ增大了再生制动力。另外，由于采用 ECB 系统，制动力得到了改善，从而有效地增加了再生制动的使用范围。这些提高了系统恢复电能的能力，从而提高了燃油经济性，如图 6–17 所示。

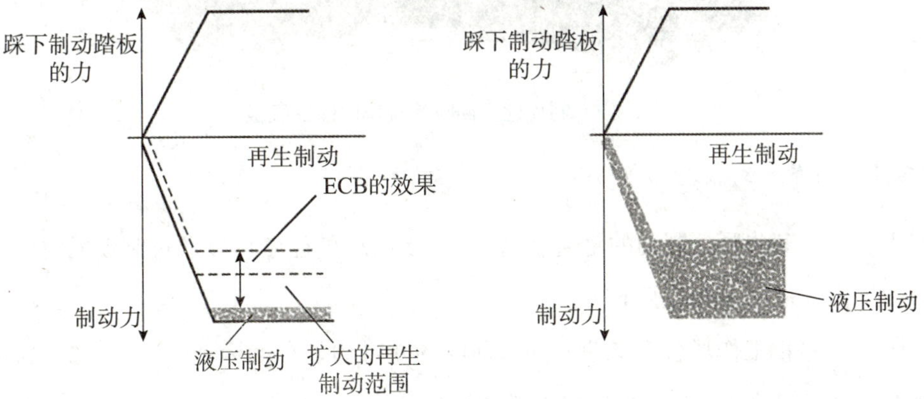

图 6–17　改善的再生制动

3. 新能源汽车与传统汽车制动系统的区别

燃油轿车传统的制动系统主要由制动踏板、制动总泵、真空助力器、ABS 泵、制动缸和刹车片组成。新能源电动汽车基本上由上述部件组成，但他比传统的燃油汽车多了一个真空泵和一个真空气罐。

传统的燃油汽车的真空助力器需要发动机进气歧管来提供真空环境，而新能源电动车没有发动机，无法提供真空环境。所以我们需要在抽真空上安装一个真空泵，但是真空泵抽真空不能直接连接到助力器上，因为当你踩刹车时，真空泵不能立即产生所需的真空。因此有必要在真空泵和真空助力器之间增加一个真空贮罐来储存真空，当需要增压器时，他能立即提供所需的真空度。就像河流需要建水库一样，旱季放水，雨季蓄水。

由于真空罐内储存的真空有限，驾驶新能源电动车时不要连续快速踩刹车，会造成真空严重不足，造成刹车不辅助、刹车非常硬的情况，危险性很大。

三、制动能量回收系统

制动能量回收系统（braking energy recovery system）是指一种应用于汽车或者轨道交通上的，能够将制动时产生的热能转换成机械能，并将其存储在电容器内，在使用时可迅速将能力释放的系统。制动能量回收是电动汽车与混合动力汽车重要技术之一，也是它们的重要特点。在普通内燃机汽车上，当车辆减速、制动时，车辆的运动能量通过制动系统而转变为热能，并向大气中释放。而在电动汽车与混合动力汽车上，这种被浪费掉的运动能量已可通过制动能量回收技术转变为电能并储存于蓄电池中，并进一步转化为驱动能量。例如，当车辆起步或加速时，需要增大驱动力时，电机驱动力成为发动机的辅助动力，使电能得到了有效应用。

制动能量回收系统车辆的仪表板，如图 6–18 所示。

图 6–18 制动能量回收系统车辆的仪表板

1. 制动能量回收系统的原理

一般情况下，在车辆非紧急制动的普通制动场合，约 1/5 的能量可以通过制动回收。制动能量回收按照混合动力的工作方式不同而有所不同。

在发动机气门不停止工作场合，减速时能够回收的能量约是车辆运动能量的 1/3。通过智能气门正时与升程控制系统使气门停止工作，发动机本身的机械摩擦（含泵气损失）能够减少约 70%。回收能量增加到车辆运动能量的 2/3。

制动能量回收系统包括与车型相适配的发电机、蓄电池以及可以监视电池电量的智能电池管理系统。制动能量回收系统回收车辆在制动或惯性滑行中释放出的多余能量，并通过发电机将其转化为电能，再储存在蓄电池中，用于之后的加速行驶。这个蓄电池还可为车内耗电设备供电，降低对发动机的依赖、燃油消耗及二氧化碳排放。

混合动力汽车在车辆减速时，可以通过在发动机与电机之间设置离合器，使发动机停止输出功率而得以解决。但制动能量回收还涉及混合动力汽车的液压制动与制动能量回收的复杂平衡或条件优化的协调控制。那么，为什么可以通过驱动电机能够回收车辆的运动能量呢？概要地说，其原因就是电机工作的逆过程就是发电机工作状态。

电学基础理论阐明，电机驱动的工作原理是左手定则，而电机发电的工作原理则是右手定则。由于电机运转，线圈在阻碍磁通变化的方向上发生电动势。该方向与使电机旋转而流动的电流方向相反，称为逆电动势。逆电动势随着转速的增加而上升。由于转速增加，原来使电机旋转而流动的电流，其流动阻力加大，最后达到某一转速后，转速不再增加。当制动时，通过电机的电流被切断，代之而发生逆电动势。这就是使电机起到发电机作用的制动能量回收的原理。上述这种电机称为“电动机发电机”。

然而，当制动能量回收制动实施时，如何处理行车制动？行车制动时，制动踏板行程（或强度）如何与制动能量回收系统保持协调关系？这是因为起到制动能量回收作用的制动部分，会引起减少行车制动的制动力。

对于行车制动来说，从制动能量回收中所起作用考虑，必须在减少行车制动的制动力方面作出相应措施。在制动力减少的同时，制动踏板的踏板力要求与踏板行程相对应。

重要的是，不论发生或不发生制动能量回收，与通常车辆一样，制动踏板的作用依然存在，为此，人们开发了一种称为行程模拟器（stroke simulator）的装置。

2. 制动能量回收系统的能量回收模式

根据车辆运行状况，制动能量回收系统的能量回收具备不同的模式。

（1）发动机关闭时滑行 / 制动状态下的能量回收模式

在发动机关闭时滑行 / 制动状态下的能量回收模式如图 6-19 所示。

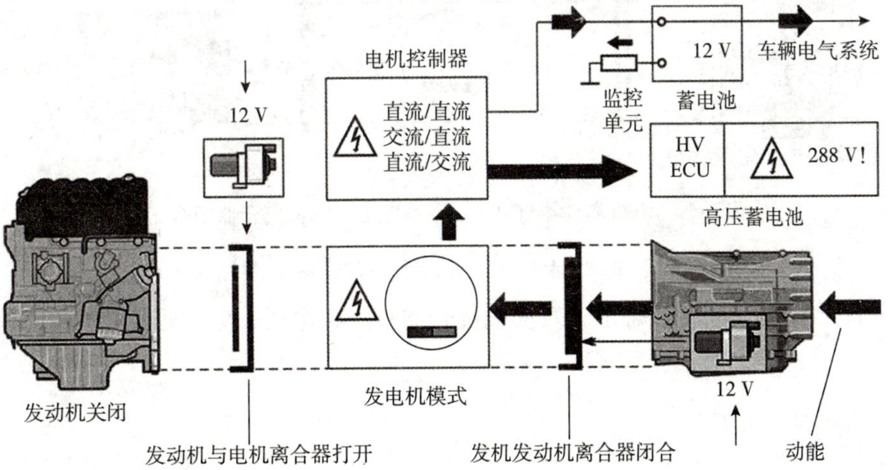

图 6-19　发动机关闭时滑行 / 制动状态下的能量回收模式

在发动机关闭时滑行 / 制动状态下，发动机与电机离合器打开，电机 / 发电机离合器闭合，能量仅通过电机 / 发电机回收。

（2）发动机倒拖时滑行 / 制动状态下的能量回收模式

在发动机倒拖时滑行 / 制动状态下的能量回收模式如图 6-20 所示。

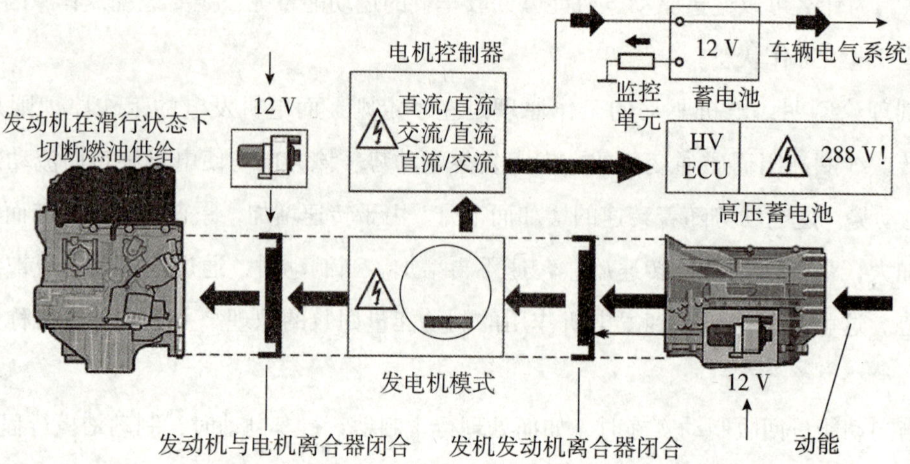

图 6-20　发动机倒拖时滑行 / 制动状态下的能量回收模式

在发动机倒拖时滑行 / 制动状态下，发动机与电机离合器闭合，电机 / 发电机离合器闭合，能量除了通过电机 / 发电机回收外，一部分用于发动机制动（此时发动机切断燃油供给）。

（3）发动机起动时滑行 / 制动状态下的能量回收模式

在发动机起动时滑行 / 制动状态下的能量回收模式如图 6-21 所示。

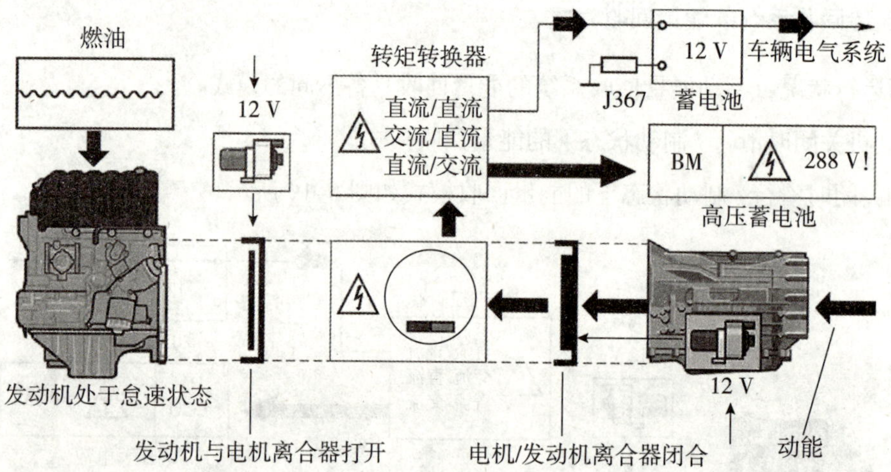

图 6-21　发动机起动时滑行 / 制动状态下的能量回收模式

在发动机起动时滑行 / 制动状态下，发动机离合器打开，电机 / 发电机离合器闭合，能量仅通过电机 / 发电机回收。

第二节 新能源汽车制动系统的检修

一、电动真空助力系统检修

电动真空助力系统，是新能源汽车特别是纯电动汽车制动系统的重要组成部分，以下介绍电动真空助力系统的检修方法，其他与传统汽车相同的部件检修可参照传统汽车的检修方法。

1. 电动真空助力系统电路分析

电动真空助力系统某个真空管路发生空气泄漏，真空罐压力传感器检测到真空度不足，就会发送信号给控制器，控制真空泵工作。如果真空度一直不足，理论上真空泵会一直工作，但是设计的时候在持续工作 15 s 之后会自动停止，防止真空泵过热。此时如果踩下制动踏板，（整车控制器 VCU）检测到真空罐压力不足 55 kPa，就会给真空泵报警继电器和组合仪表发出信号触发仪表报警，如图 6–22 所示。若 8 s 后真空仍未恢复到 55 kPa 以上，会给（驱动电机控制器 MCU）发送信号，将车辆限制在 9 km/h。

图 6–22　仪表报制动故障

电动真空助力系统电路图，如图 6–23 所示。12 V 直流常电接通后，真空泵控制器发送信号让真空泵开始工作，真空罐压力达到 55 kPa 以上时，真空罐压力传感器闭合，发出高电平信号到真空泵控制器和 VCU，真空泵控制器的时间模块延时 10 s，真空泵停止工作。等真空度下降到 –55 kPa 以下，真空罐压力传感器断开，发出低电平信号给真空泵控制器和VCU，真空泵控制器收到信号后，控制真空泵再次开始工作，如此循环。

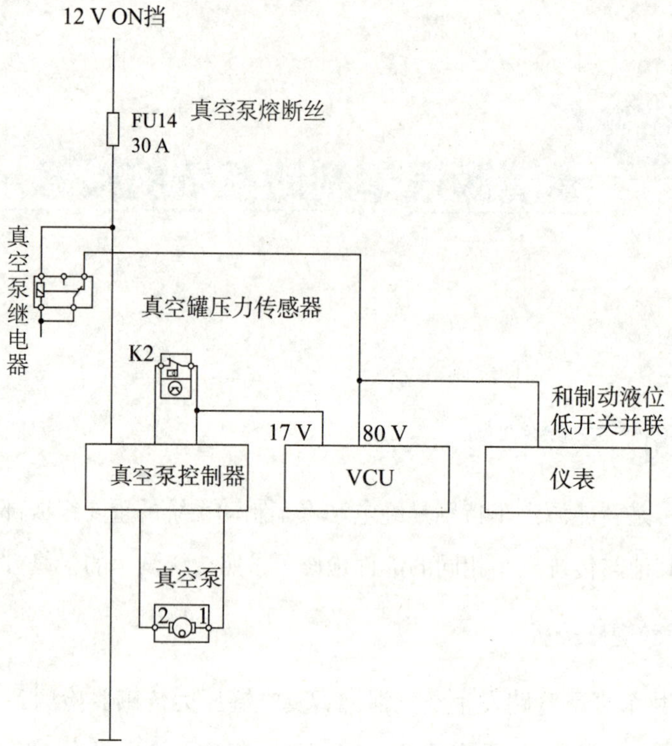

图 6–23　电动真空助力系统电路图

2. 电动真空助力系统接线方式和针脚定义

（1）真空泵控制器

如图 6–24 所示是真空泵控制器连接器针脚示意图，表 6–3 是真空泵控制器针脚的定义。

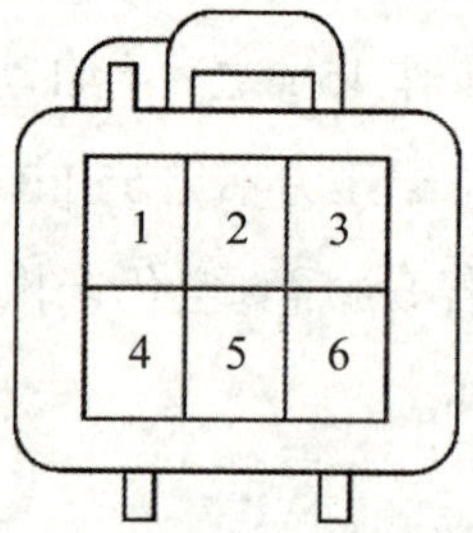

图 6–24　真空泵控制器针脚示意图

表 6–3　真空泵控制器针脚定义

针脚号	针脚功能	线束走向
1	12 V 正极输入	前机舱低压电器盒（30 A 熔断丝）
2	12 V 正极输出	负极搭铁
3	触点 1	真空罐压力开关
4	触点 2	
5	12 V 正极输入	电动真空泵输入正极
6	12 V 负极输出	电动真空泵输入负极

（2）真空泵

图 6–25 为真空泵针脚连接器针脚示意图，表 6–4 是真空泵针脚连接器定义。

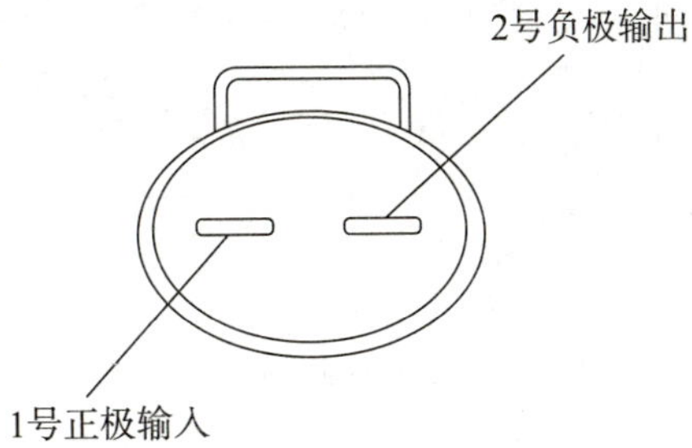

图 6–25　真空泵针脚连接针脚示意图

表 6–4　真空泵针脚定义

针脚号	针脚功能	线束走向
1	12 V 正极输入	真空泵控制器
2	12 V 负极输出	

（3）真空罐

如图 6–26 所示是真空罐针脚连接器针脚示意图，表 6–5 是真空罐针脚连接器定义。

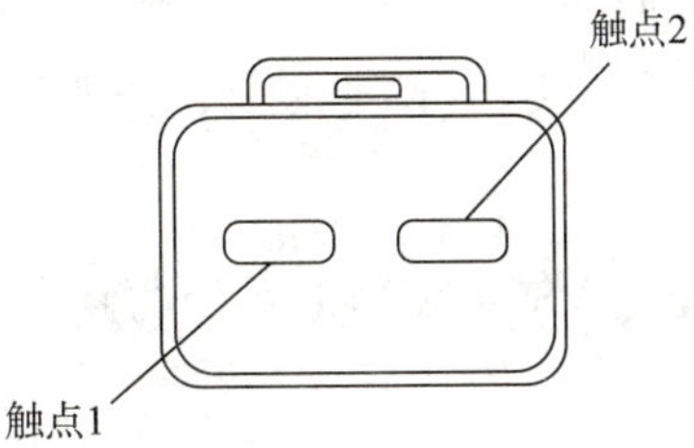

图 6–26　真空罐针脚连接器针脚示意图

表 6–5　真空罐针脚连接器定义

针脚号	针脚功能	线束走向
1	触点 1	真空泵控制器
2	触点 2	

3. 电动真空助力系统检查与诊断

电动真空助力系统的检查与诊断，如表 6–6 所示。

表 6–6　电动真空助力系统检查与诊断步骤

序号	检查步骤	检查结果及操作方法		
1	检查熔断丝是否被熔断	正常：进行下一步骤	不正常：熔断丝被熔断	更换熔断丝
2	检查电动真空泵是否损坏	正常：进行下一步骤	电路有故障或电动真空泵损坏	检修电路或更换电动真空泵

表 6-6（续）

序号	检查步骤	检查结果及操作方法		
3	检查真空罐是否漏气	正常：进行下一步骤	真空罐漏气	更换真空罐
4	正确检修操作后检查故障是否出现	正常：诊断结束	故障未消失	从其他症状查找故障源

二、混合动力汽车制动控制系统的检修

下面以丰田普锐斯为例，介绍典型的混合动力汽车制动系统的检修。

1. 检修时注意事项

（1）当端子触点或者是零件安装出现故障时，对被怀疑零件的拆除和重新安装可能使系统完全或暂时恢复到正常状态。

（2）为了准确地判断故障部位，必须检查故障发生时的各种情况。例如，（故障代码 DTC）输出和历史数据并且在断开每一个连接器或安装拆除零件之前都要记录。

（3）因为该系统可受到除制动控制系统外所有系统的影响，所以一定要检查其他系统中的 DTC。

（4）由于 VSC+ 或 ECB（电子控制制动）部分零件拆装后无法进行正确调整，包括转向传感器、偏移率传感器或制动踏板行程传感器等。因此，除非必要，否则不要对 VSC+ 或（电子控制制动 ECB）的零件进行拆装。

（5）在按照修理手册中的指示完成 VSC+ 或 ECB 系统的修理工作后和进行确认前，一定要做好相应的准备工作。

（6）除非在检查步骤中有专门规定，否则，一定要在电源开关关闭的情况下拆装 ECU、执行器以及每个传感器。

（7）确保在拆装或者更换 VSC+ 或 ECB 零件之前拆下两个主继电器。

（8）执行器、制动主缸或行程模拟器的拆装以及其他步骤能够造成液面下降到储液罐端口以下。如果在进行后续作业时发生这种情况，一定要拆除两个电动机继电器，直到管路中的气体被完全排空。

① 当泵电动机利用制动执行器软管中的空气来运转时，由于执行器中存在空气使得排空空气会变得困难。

② 即使电源关闭，制动防滑控制 ECU 也可以操作行程模拟器并驱动泵电动机。

③ ECB 系统有自己的辅助电源，在从备用蓄电池（12 V）上断开负极端子直到放电完成，这个系统都可以运行。

④ 在电源开关关闭的情况下，制动操作完成之后，制动防滑控制 ECU 仍能够工作 2 min。

（9）主继电器和电动机继电器的拆除，电源开关断开之后等待 2 min，在拆下两个继电器之前，停止制动踏板操作并且关闭驾驶员侧车门。在制动控制系统关闭之前，泵电动机准备进行下一步操作。

（10）在拆装 ECU、执行器和各传感器时，安装所有零件后，一定要确认在进行测试模式检查和

DTC 输出检查时输出正常显示。

（11）修理故障零件后，并不能清除某些 DTC 的警告，如果在修理之后仍显示警告，则应在电源开关关闭之后清除 DTC。清除代码之后重新出现的故障零件的 DTC 会被再次保存。

（12）安全保护功能。

① 当制动控制系统发生故障时，制动防滑控制 ECU 点亮相应故障系统的警告灯（ECB、ABS、VSC+ 和 BRAKE）并且禁止 ABS、VSC+ 和制动辅助系统操作。

② 根据故障情况，除了故障部件之外，正常部件能继续 ECB 的控制。

a. 如果 4 轮中的任一个 ECB 控制被禁止，这个轮就会失去制动助力功能或制动能力。

如果 4 轮中的任一个失去制动助力功能，踩下制动踏板时的感觉变得像行程模拟器（踏板反作用力生成电磁阀）一样，则禁止操作。

b. 如果所有轮的 ECB 控制被禁止，则 2 个前轮制动助力失去功能。

（13）鼓式测试仪注意事项。

① 确保 VSC 警告灯在闪 [转到（测试模式 TESRT MODE）]。

② 用锁链保证车辆的安全。

（14）CAN 通信系统注意事项。

① CAN 通信系统用于制动防滑控制，ECU、转向传感器、偏移率传感器（包括减速传感器）和其他 ECU 之间的数据通信。如果 CAN 通信线路有故障，系统会输出通信线路相应的 DTC。

② 如果系统输出 CAN 通信线路的 DTC，应首先修理通信线路的故障，数据通信正常后，还要对 VSC+ 系统进行故障排除。

③ 由于 CAN 传输线路有规定的长度和路线，因此，不能临时使用旁路接线来修理。断开蓄电池负极（–）端子后，当重新连接端子时，电动窗控制系统将被初始化。

（15）激活混合动力系统应注意。

① 警告灯亮起或蓄电池断开又重新连接，则初次按下电源开关可能无法启动该系统。如果是这样，则再次按下电源开关。

② 打开电源开关（IG），断开蓄电池，如果在重新连接时钥匙不在钥匙孔内，则可能输出 DTC B2799。

2. 制动控制系统测试模式步骤

（1）警告灯和指示灯检查。

① 警告灯检查步骤如下。

a. 松开驻车制动操作手柄，将 P 档开关接通，保持车辆安全。

b. 驻车制动或制动液位低时，BRAKE 警告灯点亮。

② 指示灯检查步骤如下。

打开电源开关（READY），检查“ABS”警告灯、“VSC”警告灯、“BRAKE”警告灯、制动控制警告灯和 SLIP 指示灯点亮大约 3 s，警告灯和指示灯显示面板，如图 6–27 所示。

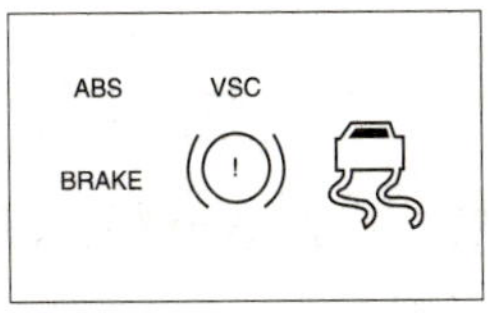

图 6–27　警告灯和指示灯显示面板

如果指示灯检查结果异常，应对“ABS”警告灯电路、“VSC”警告灯电路、“BRAKE”警告灯电路、制动控制警告灯电路或SLIP指示灯电路的故障进行排除。

如果指示灯始终点亮，应对“ABS”警告灯电路、“VSC”警告灯电路，制动警告灯电路、制动控制警告灯电路和SLIP指示灯电路的故障进行排除。

（2）测试模式检查传感器信号。

① 将车辆设定在（测试模式TEST MODE）下，检查减速传感器、制动主缸压力传感器、速度传感器和偏移率传感器的运行状况。

② 检查仅在（测试模式TEST MODE）下输出DTC的结果。

3. 测试模式的步骤

（1）关闭电源开关。

（2）将智能测试仪Ⅱ连接到DLC3，如图6–28所示。

（3）检查转向盘是否在正朝前位置，并将换档杆移到P档。

（4）打开电源开关（READY）。

（5）检查ABS警告灯和VSC警告灯是否指示（测试模式TEST MODE），ABS警告灯和VSC警告灯闪烁方式如图6–29所示。如果ABS警告灯和VSC警告灯不闪烁，则检查ABS警告灯电路和VSC警告灯电路。

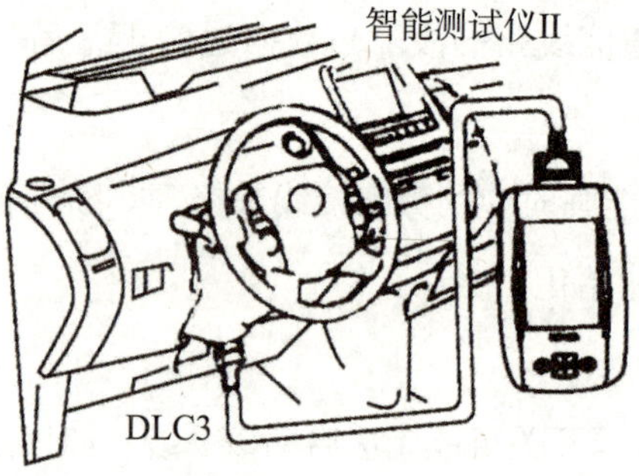

图6–28　智能测试仪Ⅱ与DLC3连接位置图

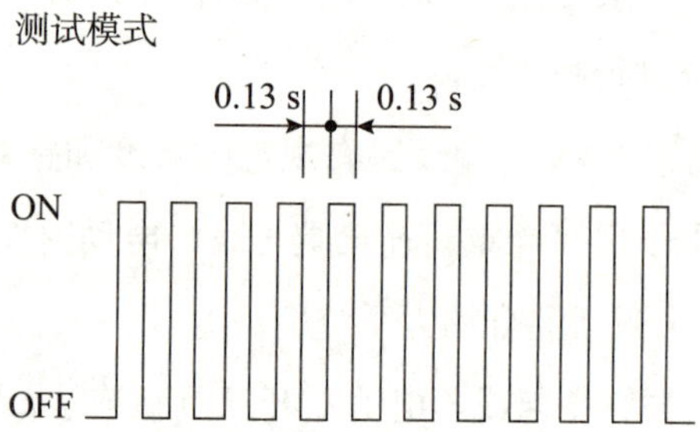

图6–29　ABS警告灯和VSC警告灯闪烁方式

4. 减速传感器检查步骤

（1）在（测试模式TEST MODE）下，检查ABS警告灯闪烁情况。

（2）在水平面保持车辆静止至少1 s。ABS警告灯和VSC警告灯闪烁模式不会改变。当传感器正常且在测试模式下如果以上条件满足，则完成检查。

5. 偏移传感器检查步骤

换档杆换到D档，以大约5 km/h的车速行驶，然后向左或向右以大于90°的角度并沿180°圆弧行驶，如图6–30所示。

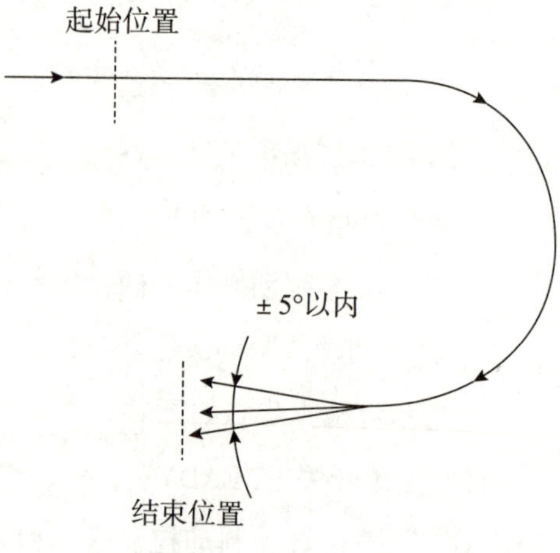

图6–30　车辆偏移位置

（1）车辆起始方向和结束方向应该在 180° ± 5° 的范围内。

（2）转弯时不要将档位换到 P 档也不要关闭电源开关。

（3）转弯方向不重要。

（4）转弯时不可能出现车速变化、停车转弯过度，因此，应在 2 s 内完成这些操作。停车并换到 P 档，检查制动防滑控制蜂鸣器，应响 3 s。

6. 制动主缸压力传感器检查步骤

（1）检查 ABS 警告灯在（测试模式 TEST MODE）下闪烁，警告灯闪烁方式如图 6–31 所示。

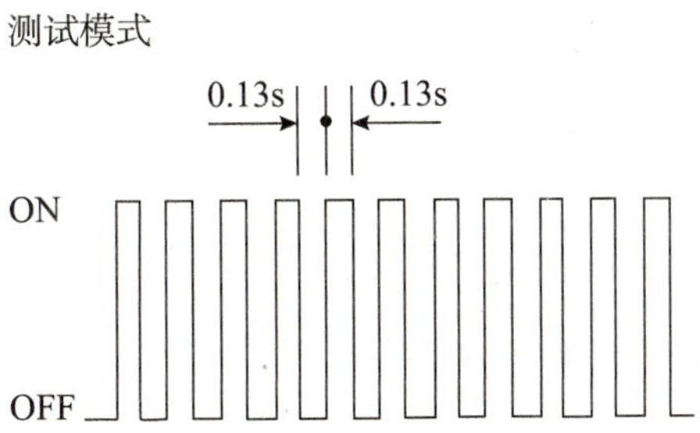

图 6–31　ABS 警告灯闪烁方式

（2）保持车辆在静止状态下，松开制动踏板至少 1 s，然后迅速踩下制动踏板，并保持至少 1 s。

（3）车辆停止时，松开制动踏板。

（4）车辆停止时，迅速踩下制动踏板至少一次，检查 ABS 警告灯是否点亮 3 s。

7. 速度传感器检查步骤

（1）检查（测试模式 TEST MODE）的 ABS 警告灯闪烁情况。

（2）开始传感器信号检查，检查项目如表 6–7 所示。

表 6–7　车辆随车速变化进行的检查项目

车速	测试	检查
0 ～ 45 km/h	低速测试	传感器响应
45 ～ 80 km/h	中速测试	传感器信号偏移

（3）正向前行驶车辆。以至少 45 ～ 80 km/h 的车速行驶车辆数秒，检查 ABS 警告灯应熄火。

8. 结束传感器检查步骤

如果传感器检查完成，则车辆停止时 ABS 警告灯闪烁（测试模式），车辆行驶时警告灯熄灭。

（1）完成偏移率传感器、减速传感器、速度传感器和制动主缸压力传感器检查时，传感器检查结束。

（2）如果传感器检查没有完成，则当车辆行驶时 ABS 警告灯闪烁且 ABS 不工作。

9. 读取（测试模式 TEST MODE）代码步骤

在测试模式下使用智能测试仪 II 检查 DTC 码，如表 6–8 所示。

表 6-8　（测试模式 TEST MODE）的 DCT

DTC	诊断	可能发生故障的部位
C1271/71	右前速度传感器输出电压低	右前速度传感器 传感器安装 传感器转子
C1272/71	左前速度传感器输出电压低	左前速度传感器 传感器安装 传感器转子
C1273/73	右后速度传感器输出电压低	右后速度传感器 传感器安装 传感器转子
C1274/74	左后速度传感器输出电压低	左后速度传感器 传感器安装 传感器转子
C1275/75	右前速度传感器输出电压变化异常	右前传感器转子
C1276/76	左前速度传感器输出电压变化异常	左前速度传感器转子
C1277/77	右后速度传感器输出电压变化异常	右后传感器转子
C1278/78	左后速度传感器输出电压变化异常	左后速度传感器转子
C1279/79	减速传感器故障	偏移率传感器（减速传感器）
1281/81	制动主缸压力传感器输出信号故障	制动主缸压力传感器
C0371/71	信号故障	偏移率传感器（减速传感器）

（1）如果仅显示 DTC，则修理故障部位并清除 DTC。检查 ABS 警告灯和 VSC 警告灯是否正常。

（2）如果仅显示测试模式代码，则再次进行测试模式检查。

（3）如果 DTC 或测试模式代码显示，则修理故障部位，清除 DTC 并进行测试模式检查。

（4）如果 ABS 正常，则 ABS 警告灯以 0.25 s 的间歇闪烁。

（5）仅在 TESTMODE（测试模式）下输出表 6-8 中的代码。

（6）进入测试模式时，制动防滑控制 ECU 一次记录所有的测试模式代码，并当判断为正常代码时将之清除。

（7）在测试模式下，不管传感器检查是否正常， VSC+ 功能都不工作。

（8）当模式回到正常模式，所有的测试模式代码都被清除。

（9）如果传感器故障，则 ABS 警告灯和 VSC 警告灯点亮。

10. 制动控制系统故障症状表

如果没有 DTC 输出但故障仍然存在，则依照表 6-9 所给的顺序依次检查各故障现象的电路。

表 6-9　制动控制系统故障症状表

故障现象	可能发生的故障部位
ABS 不工作 BA 不工作 EBD 不工作	（1）检查 DTC，确保输出正常代码 （2）IG 电源电路和搭铁电路 （3）速度传感器电路 （4）使用智能测试仪 Ⅱ 检查制动执行器 [用 ACTI VE TEST（动态测试）功能检查制动执行器操作] 如果异常，则检查液压回路是否泄漏 （5）检查完故障可能发生部位的上述电路并证明正常后，如果症状仍然出现，则更换制动防滑控制 ECU
ABS 不能有效工作 BA 不能有效工作 EBD 不能有效工作	（1）再次检查 DTC 确保输出正常代码 （2）速度传感器电路 （3）制动控制警告灯开关电路 （4）使用智能测试仪 Ⅱ 检查制动执行器，如果异常，检查液压回路是否泄漏 （5）检查完故障可能发生部位的上述电路并证明正常后，如果症状仍然出现，则更换制动防滑控制 ECU
ABS 警告灯异常	（1）ABS 警告灯电路 （2）制动防滑控制 ECU
不能进行 ABS 的 DTC 检查	（1）再次检查 DTC 确保输出正常代码 （2）TC 端子电路 （3）检查完故障可能发生部位的上述电路并证明正常后，加果症状仍然出现则更换制动防滑控制 ECU
不能进行传感器信号检查	（1）TC 端子电路 （2）制动防滑控制 ECU
VSC 不工作	（1）再次检查 DTC 确保输出正常代码 （2）IG 电源电路和搭铁电路 （3）检查液压回路是否泄漏 （4）速度传感器电路 （5）偏移率（减速）传感器电路 （6）转向传感器电路 （7）检查完故障可能发生部位的上述电路并证明正常后，如果症状仍然出现，则更换制动防滑控制 ECU
SLIP 指示灯异常	（1）SLIP 指示灯电路 （2）制动防滑控制 ECU
不能进行 VSC 的 DTC 检查	（1）再次检查 DTC 确保输出正常代码 （2）TC 端子电路 （3）检查完故障可能发生部位的上述电流并证明正常后，如果症状仍然出现，则更换制动防滑控制 ECU
VSC 警告灯异常	（1）再次检查 DTC 确保输出正常代码 （2）VSC 警告电路 （3）检查完故障可能发生部位的上述电瓶并证明正常后，如果症状仍然出现则更换制动防滑控制 ECU
制动控制警告灯异常	（1）再次检查 DTC 确保输出正常代码 （2）制动控制警告电路灯 （3）检查完故障可能发生部位的上述电路并证明灯正常后，如果症状仍然出现，则更换制动防滑控制 ECU

11. 电动真空助力系统真空泵常见故障与排除方法

电动真空助力系统工作过程为：当驾驶员起动车辆时，12 V 电源接通，整车控制（VCU）开始自检。

如果真空罐内的真空度小于设定值，真空压力传感器输出相应电压值至控制器，此时控制器控制电动真空泵开始工作；当真空度达到设定值后，真空压力传感器输出相应电压值至控制器此时控制器控制真空泵停止工作；当真空罐内的真空度因制动消耗，真空度小于设定时电动真空泵再次开始工作。如此循环。真空泵如果出现故障，可导致制动效果明显下降，甚至制动失灵。仪表通常会报故障码，并点亮故障警示灯，同时会伴随车辆警告声，真空泵的故障现象主要包括：连接电源后电机不转；接通电源后，真空度抽至上限设定值而电机不停转；压力开关不能正常开启和断开；真空泵的机壳带电；真空泵喷油等现象。真空泵常见故障与排除方法，如表 6-10 所示。

表 6-10　真空泵常见故障与排除方法

故障症状	排除方法
真空泵电机不转	连接电源后真空泵电机不转，应检查熔丝是否熔断。若熔断，检查线路是否短路、控制器是否损坏、电机是否烧毁短路。若没熔断，则检查蓄电池是否亏电、线路是否断路、控制器是否损坏
真空泵电机不停转	真空度抽至上限设定值时真空泵电机不停转的故障，应检查开关触点是否短路常开，若开关正常，则电子延时模块损坏，应更换
压力开关不能正常开启和断开	压力开关不能正常开启和断开的故障，首先检查压力开关触点是否污损、锈蚀，或者接触不良。如有上述现象，则清洁触点或更换压力开关；其次检查连接线是否折断或插头连接处是否脱焊。如有上述现象，应更换连接线
真空泵机壳带电	真空泵的机壳带电，应检查电源线是否接错将壳体与电源的正极连接在了一起，应立即纠正此销误连接，此外，检查电源插座的地线是否真实与地连接，应把电源插座中的地线连接好
真空泵喷油	真空泵喷油现象，目前部分新装车的真空泵在工作时会出现从排气孔带出润滑油的现象，此为真空泵自身缺陷，工作一段时间可消除

简单来说，真空泵如果出现故障，可导致制动效果明显下降，甚至制动失灵。所以车友在看到仪表显示制动系统故障报警时请第一时间联系 4S 店并进行维修。

12. 新能源汽车制动系统检修实例

（1）E150E V 踩制动踏板时制动故障灯亮

① 故障现象：车辆行驶中踩制动踏板以后偶尔报出了故障，仪表显示制动故障灯亮、整车故障灯亮，停车后仪表故障灯熄灭。

② 诊断思路：用诊断仪读取信息、检查与制动系统相关的部件和电路。

③ 故障诊断与排除：试车过程中此故障再现，用诊断仪读出故障码 P0784（制动系统真空泵压力故障），打开点开关“ON”档位置，持续踩制动踏板真空泵开始工作可以排除电路和控制器的故障。怀疑是真空度传感器故障或真空罐、真空管路系统漏气，通过用真空表检测真空度，在真空泵工作约 15 s 时，真空度在 50 kPa，关闭点火开关持续 20 min 真空表显示真空度依然是 50 kPa，此现象说明真空系统无漏气现象。新能源汽车电动真空泵设计标准，在正常大气压力下真空度最大强度为 70 kPa。通过检测真空度的数据可以确定为真空泵达不到设计标准的真空强度，更换真空泵故障排除。

④故障分析：此故障的经典之处是：踩制动踏板时故障灯点亮，停车后仪表故障灯熄灭。通过查阅资料真空度的正常值在 50 ～ 70 kPa，当真空度小于 50 kPa 真空泵起动。

（2）制动系统无助力故障排除

① 故障现象：踩制动踏板感觉硬，无制动助力。

② 诊断原因：真空泵、真空罐压力开关、真空泵控制器接插件内端子退针。

③ 故障诊断与排除：检查真空泵是否正常工作（正常工作时，打开钥匙开关真空泵会持续工作 10 s 左右后停止工作）。检查真空泵控制器接插件内部端子是否退针或孔位变大（很多车辆真空泵一直工作，甚至烧泵，都是此处的问题）。检查真空泵控制器是否正常，将真空罐上压力开关接插件断开，将线束端短路，观察真空泵工作情况，工作 10 s 左右后停止工作则证明真空泵控制器正常，若一直工作或不工作则真空泵控制器失效，需更换。

三、北汽新能源汽车制动系统的检修

1. 北汽新能源汽车制动系统

电动真空助力系统主要由电动真空泵、真空储存罐、压力传感器和控制器等组成。

北汽 E150EV 纯电动轿车的制动助力装置采用 12 VDC 电源驱动，主要为汽车真空助力伺服系统提供真空源，它是一种免真空泵油的机电耦合产品。其主要包括永磁直流电机、高精密机械泵、真空罐总成及电子控制系统模块组成。北汽 E150EV 电动真空泵、真空罐布置在左纵梁内侧，散热器后方，减速器左侧，如图 6-32 所示。真空泵控制器在第二层支架上，后期将集成在 VCU 中（北汽 E150EV 纯电动汽车以后的车型，真空泵控制器集成在 VCU 中）。真空泵的技术参数，如表 6-11 所示。

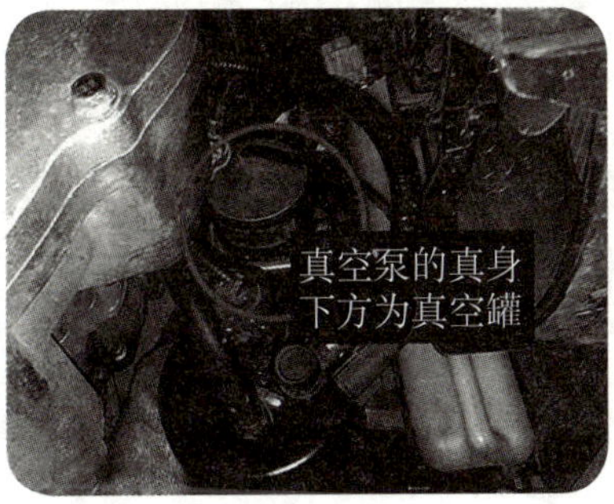

图 6-32　电动真空泵、真空罐的位置

北汽 E150EV 真空罐容积为 2 L，压力传感器按照在真空罐的上部（后期北汽新能源车型中，压力传感器安装在真空助力器上），压力传感器的工作电源电压为 5 ± 0.25 V，输出电压为 0.5 ～ 4.5 V。

表 6-11　北汽 E150EV 真空泵的主要技术参数

序号	项目	技术要求
1	工作电压	9 ～ 16 V
2	工作电流	<17 A
3	Pabs=50 kPa	t ≤ 3.5 s（4 L）
4	Pabs=30 kPa	t ≤ 7 s（4 L）

真空泵控制器控制真空泵工作区在真空度为 50 ～ 75 kPa。当真空度小于或等于 34 kPa 时，低真空报警。制动警告灯点亮并伴随整车报警。当真空泵保险熔断制动警告灯也点亮。

E150EV 真空泵工作电路，如图 6-33 所示。EV200 真空泵控制器的功能和整车控制器集成在一起，

EV200 电动真空泵工作电路，如图 6-34 所示。

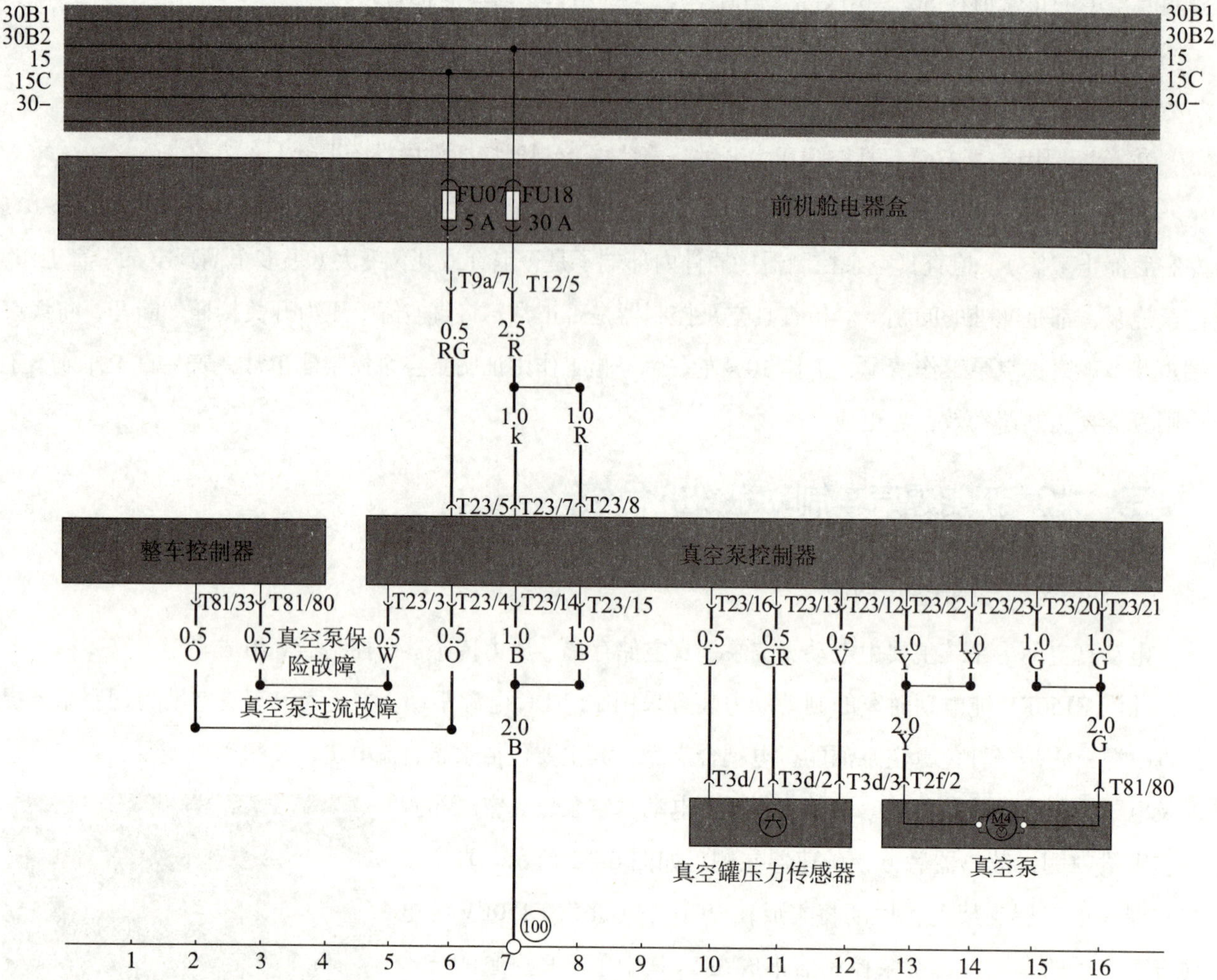

图 6-33　E150EV 真空泵工作电路

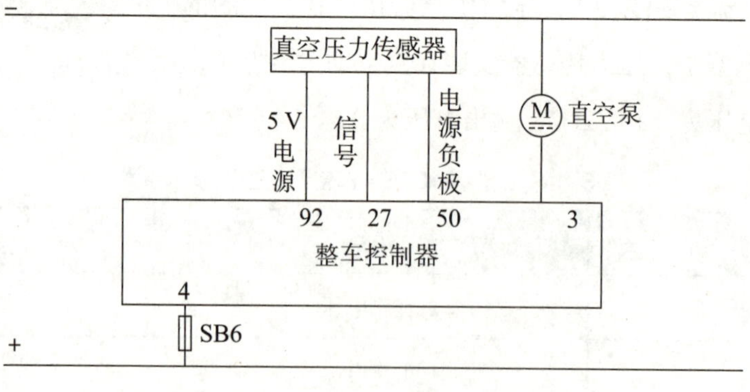

图 6-34　EV200 电动真空泵工作电路

2. 制动系统的检查与维护

（1）工量具准备

举升机、轮胎充气设备、EV160/200 整车、车内外三件套、常用拆装工具、抹布、扭力扳手、游标卡尺。

（2）检查驻车制动器

正常情况下，当手柄拉到整个行程 70% 的时候，手刹就应该处在正常的制动位置，在检测手刹制动力前，需要先找到这个点，可以通过数棘轮的响声来确定（正常为 6 ~ 7 齿），70% 位置就是手柄的有效工作点。

驻车制动器的调整方法如下。

① 拆卸副仪表板骨架。

② 放下驻车制动器控制杆。

③ 松开调整螺母，图 6–35 中箭头所示螺栓。

④ 踩制动踏板 6 次。

⑤ 调整驻车制动拉索。

⑥ 测试驻车制动器是否工作正常。

⑦ 安装驻车制动器盖板。

（3）后制动摩擦衬块厚度及制动盘（根据使用情况更换）

① 测量内外摩擦片的厚度

摩擦片有效尺寸（不计背板厚度）为 9.2 mm，如图 6–36 所示。如果摩擦片厚度（不计背板厚度）为 2.0 mm，则说明制动摩擦片达到了磨损极限，必须予以更换。如果更换盘式制动摩擦片，务必检查制动盘的磨损情况。必要时，更换制动盘（维修措施）。

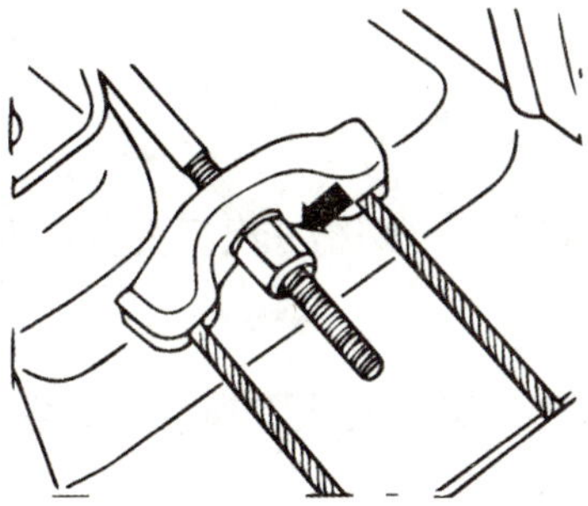

图 6–35　松开调整螺母

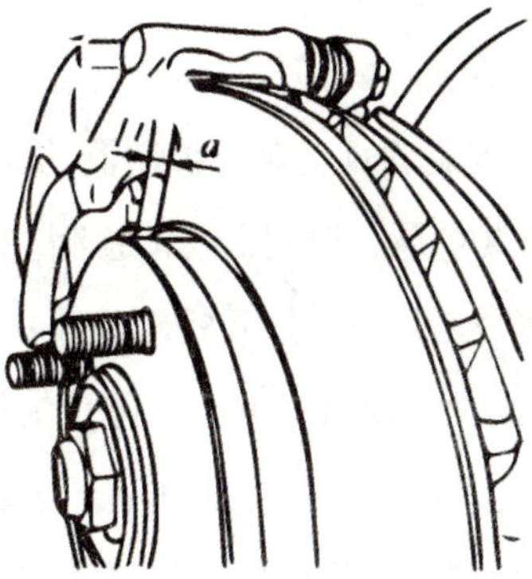

图 6–36　摩擦片有效尺寸

② 在制动盘表面的中心测量制动盘厚度

如图 6–37 所示，如果制动盘磨损低于最小厚度值，则需更换制动盘。制动盘直径 × 厚度：256 mm × 24 mm；制动盘极限厚度：22 mm。

③ 检查后部毂式制动摩擦片厚度

如图 6–38 所示，目测得出内摩擦片的厚度（不计内板厚度）有效尺寸为 4.0 mm。如果摩擦片厚度（不计背板厚度）为 1.6 mm，则说明制动摩擦片达到磨损极限，必须予以更换（维修措施）。如果更换毂式制动摩擦片，务必检查制动毂的磨损情况。必要时，更换制动毂（维修措施）。检查制动毂摩擦表面凹槽是否过深，或制动毂是否呈椭圆形，如有以上现象必须与蹄片一起更换。

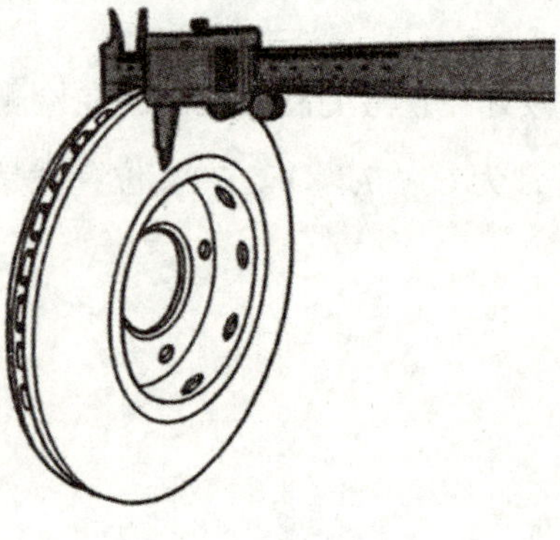

图 6–37　测量制动盘厚度

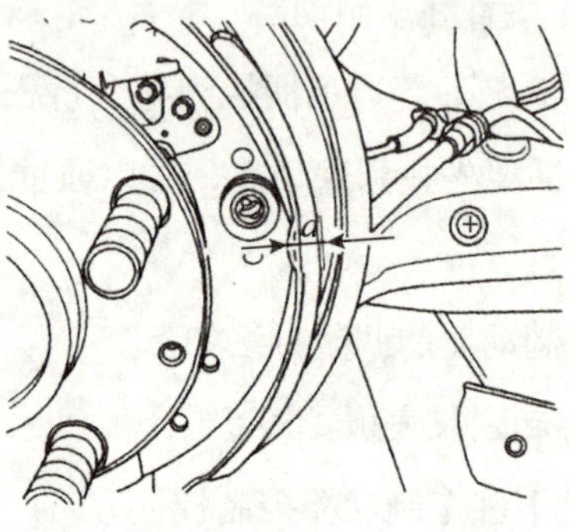

图 6–38　检查后部毂式制动摩擦片厚度

（4）目测制动液液位及制动装置是否有泄漏和损坏

在交车检查时制动液液位必须在（最高 MAX）标记，如图 6–39 所示。常规维护时的制动液液位必须根据制动摩擦片磨损的情况决定是否添加制动液。在行车时，由于制动摩擦片的磨损和自动调节，液位会略微降低。

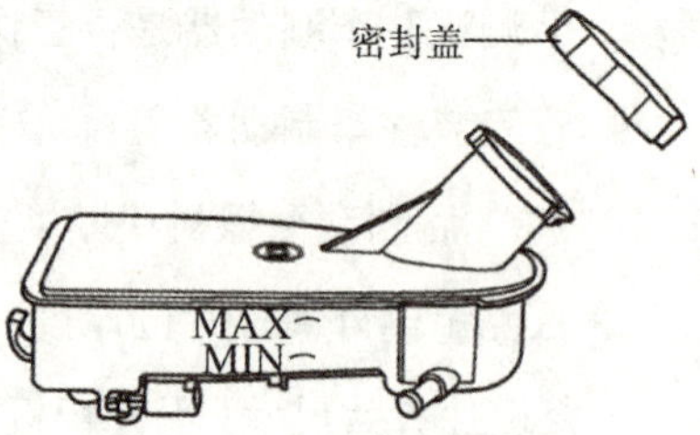

图 6–39　制动液位标识

① 接近制动摩擦片磨损极限时的推荐制动液液位：当液位在最低标记处或略微高于最低标记“MIN”，则无须补充制动液。

② 当制动摩擦片是新的或者离摩擦片磨损极限还有很大距离时的推荐制动液液位：位于最低标记“MIN”与最高标记“MAX”之间。

③ 如果液位已降至最低标记“MIN”下，则必须在添加制动液之前检查是否有泄漏。EV200 使用的制动液是 DOT4。

（5）检查制动真空泵、控制器功能及管路接头（不漏气）

① 制动真空泵、控制器功能检测。

a. 车辆静止状态下打开钥匙开关（“ON”档），完全踩下制动踏板，踩踏三次后真空泵应正常启动，当真空度到达设定值时，电机应停止工作。

b. 制动真空泵运转五分钟后（反复踩踏制动踏板至真空泵连续运转几次）观察真空泵有无异响、异味及真空泵控制器插接件及连接线有无发热变形。

② 管路接头检测。

a. 车辆停稳后，打开钥匙开关，完全踩下制动踏板，踩踏三次后真空泵应正常启动，大约 10 s 后真空度到达设定值时，真空泵应停止运转。

b. 在制动真空泵工作时检查连接软管有无漏气现象。

提示：（1）不能扭曲制动软管；（2）在最大转向角度时制动软管不得接触到汽车零件，如制动真空泵与软管连接处、制动真空罐与软管连接处。

3. 真空泵常见故障现象及排除方法

真空泵如果出现故障，可导致制动效果明显下降，甚至制动失灵。仪表通常会报故障码，并点亮故障警示灯，同时会伴随车辆警告声。

真空泵的故障现象主要包括：连接电源后电机不转；接通电源后，真空度抽至上限设定值而电机不停转；压力开关不能正常开启或断开；真空泵的机壳带电；真空泵喷油等现象。真空泵故障排除方法如下。

（1）真空泵电机不转

若连接电源后真空泵电机不转，应检查熔丝是否熔断。若熔断，检查线路是否短路、控制器是否损坏、电机是否烧毁短路。若没熔断，则检查蓄电池是否亏电、线路是否断路、控制器是否损坏。

（2）真空泵电机不停转

若真空度抽至上限设定值时真空泵电机不停转，应检查开关触点是否短路，若开关正常，则电子延时模块损坏，应更换。

（3）压力开关不能正常开启或断开

若压力开关不能正常开启或断开，首先检查压力开关触点是否污损、锈蚀，或者接触不良。如有上述现象，则清洁触点或更换压力开关；其次检查连接线是否折断或插头连接处是否脱焊。如有上述现象，应更换连接线。

（4）真空泵机壳带电

若真空泵的机壳带电，应检查电源线是否接错，将壳体与电源的正极连接在了一起，应立即纠正此错误连接。此外，检查电源插座的地线是否真实与地连接，应把电源插座中的地线连接好。

（5）真空泵喷油

若真空泵有喷油现象，目前部分新装车的真空泵在工作时会出现从排气孔带出润滑油的现象，此为真空泵自身缺陷，工作一段时间可消除，正积极协调厂家改进。

4. 北汽新能源电动真空助力系统的故障诊断步骤

由于新能源电动汽车存在高压系统及线路，所以维修场地、维修工具与传统燃油车不同，有其特别要求。维修场地要有安全警示线，挂警示牌，操作的车辆上也同样需设置高压安全警示牌，在维修场地铺设绝缘胶垫。此外维修前还需要维修技师对护具（安全帽、护目镜、绝缘手套、绝缘鞋等）进行目视检查，尤其是绝缘手套的检查，并正确穿戴高压安全护具。

检测与维修工具应选用绝缘工具。为了保证绝缘垫的正常使用，在检修工作开始前需要对绝缘垫进行绝缘性检测，且需多点检测。举升车辆时，特别需要注意车辆底盘大边的 4 个专用举升支点。同时，为保证车辆平衡，需将 4 个举升臂绝缘基脚的高度调整到一致。为了保证对动力电池的安装、拆卸操作方便，需使用双柱龙门式举升器。

真空助力制动系统出现故障通常会报故障码，并点亮故障警示灯。其故障诊断步骤如下。

（1）真空助力制动系统测试

① 拔下真空泵气管。

② 连接真空压力表。

③启动车辆进行真空泵真空保压测试，若真空压力在 5 s 不能达到 55～60 kPa，则说明真空罐漏气，更换真空罐。

④观察真空表，以 2 s 一次的频率踩制动踏板，检查真空泵被唤醒时的工作情况。

⑤关闭点火开关，熄火状态下进行真空保压测试，观察真空表指针有无移动，检测电动真空助力系统管路有无泄漏。

⑥拆下真空表和三通管。

⑦复原真空管插头位置。

（2）真空泵的测试

①将真空泵插头连接导线并与 12 V 蓄电池连接。

②若真空泵启动并从管口感受到吸气，则说明无故障。

③若真空泵不启动或没有真空吸力，则说明可能有故障，需更换。

（3）连接诊断仪，读取故障码及数据流

通过故障诊断仪读取故障码和系统的数据流，根据具体数值（如真空泵的使能状态、真空泵的工作电流或真空系统压力值等）判断系统可能出现的故障原因。

（4）根据系统电路图分析故障

根据制动系统工作电路图，如图 6-40 所示，分析真空助力制动系统的工作原理，检查电源、接地、控制模块、传感器以及真空泵等电路工作是否正常。

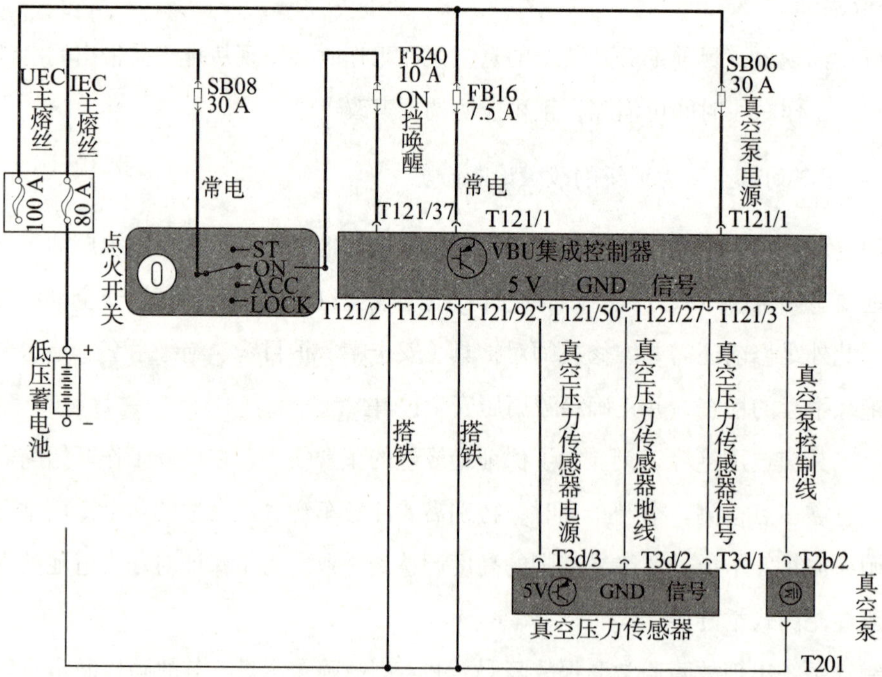

图 6-40　制动系统工作电路图

①根据电路图检查驾驶舱内熔丝盒的 30 号熔丝是否熔断，它接通的是真空泵主电源。

②测量 VBU 控制器与真空压力传感器连接的 92 号、50 号和 27 号信号端子，判断真空压力传感器的电源信号及数据线的通断情况。

③ 测量电动真空泵的接线端子，判断真空泵电源及接地是否正常。需要特别注意的是，真空泵电机的电源电压为 14 V 左右，而不是传统燃油车的 12 V。此外需要对真空泵接地点的接地性能进行测试。

④ 电气或真空泵等故障排除后，一定要进行常规的制动系统检查。除对制动盘和制动摩擦片等进行检查外，还需要对真空助力制动管路及连接插头进行重点检查，其检查与故障排除方法与传统燃油车基本相同，这里就不再阐述。最后在车辆故障排除后，仪表显示“READY”，表示车辆完全恢复正常。

思考练习

一、选择题

1．下列选项中不属于制动系统的要求的是（　　）。

A．制动效能好　　B．操纵轻便，制动时的方向稳定性好

C．制动平顺性好　　D．传感器散热性好

2．利用机械、物理、化学或物理化学的方法对被抽容器进行抽气而获得真空的器件或设备是（　　）。

A．真空泵　　B．真空罐　　C．真空泵控制器　　D．都不是

3．真空助力器由带有橡胶膜片的活塞分为前室和后室（大气阀打开时可与大气相通），通常常压室的真空度为（　　）。

A．60 ～ 80 kPa　　B．70 ～ 90 kPa

C．80 ～ 100 kPa　　D．90 ～ 110 kPa

4．电动真空助系统的主要组成元件包括（　　）。

A．真空泵、真空罐、真空泵控制器　　B．传感器、压力改善装置、真空罐

C．真空泵、传感器、储气罐　　D．真空泄阀、储气罐、真空泵控制器

二、简答题

1．简述制动能量回收系统。

2．简述真空泵常见故障现象及排除方法。

第七章

新能源汽车空调系统

本章导读

随着新能源汽车产业深入推进，不仅推动了空调系统技术发展步伐，并且使用效益更加显著。新能源汽车应用的空调系统无论是在压缩机类型上，还是在制冷制热系统形式上，都存在较大差异。但对空调系统安全性、可靠性等方面的追求都是不变的，以确保驾驶室舒适度与稳定性。

学习目标

1. 能够描述汽车空调系统的功用。
2. 能够熟悉新能源汽车空调系统和传统汽车空调系统的区别。
3. 能够正确掌握新能源汽车空调系统组成及制冷原理。
4. 能够描述新能源汽车暖风系统的功能及组成
5. 能够掌握新能源汽车暖风系统加热方式。

思政目标

1. 弘扬伟大建党精神，培养学生踔厉奋发、勇毅前行，科技强国的信念。
2. 增强服务意识，培养学生爱岗敬业的奉献精神。

第一节 新能源汽车空调系统的认知

一、空调系统的功用

汽车空调系统是对车厢内空气进行制冷、加热、除湿、通风换气的装置。可提供舒适的乘车环境，降低驾驶员的疲劳强度，从而保证行车安全。

空调系统利用空气的热传递效应将空气中的热量向低温处传播；当蒸发器处于低温时，会吸收外部热量，热量以制冷剂作为传导介质被压缩机抽走。制冷剂经压缩机压缩后温度上升，此时制冷剂温度比外部环境温度高出许多，高温制冷剂流入冷凝器，通过电子风扇向外界排放热量，降低温度，然后经膨胀节流作用生成低温制冷剂流入蒸发器，从而进行工作循环，不断地抽取车厢内的热量，从而达到降温效果。

二、新能源汽车空调系统和传统汽车空调系统的区别

1. 空调压缩机驱动方式不同

新能源汽车空调制冷系统的制冷原理与传统汽车相同，其区别是压缩机驱动方式发生了变化。新能源汽车空调压缩机采用电驱动的方式，而传统汽车绝大多数采用发动机传动带驱动。

2. 暖风实现形式不同

新能源汽车在暖风实现的形式上，通常是利用电加热的方式来产生暖风。电加热的方式有两种：一种是通过加热冷却液，再经过循环为暖风水箱提供热量；另一种是直接加热经过蒸发箱的空气实现暖风。

3. 送风系统略有区别

新能源汽车送风系统与传统汽车基本相似，空气通过蒸发器和热交换器形成冷风或暖风和风速，根据用户的需要输送到指定出风口。

三、新能源汽车空调系统的分类

新能源汽车空调系统

1. 传统传动带式空调系统

有些混合动力汽车采用传统的传动带式空调压缩机。如果在空调系统工作时，车辆的怠速停止（怠速起停）功能使发动机熄火，则空调压缩机也会停止工作，但鼓风机仍会继续向车内输送空气。这在某种程度上可以让车内人员感到凉爽，但也可能在发动机停机时间过长的情况下（例如，长时间等候交通信号灯）让人难受。这类车辆通常有 MAX 功能，能够取消怠速起停，并使发动机重新起动，以满足任意长时间的空气调节需求，如图 7-1 所示。

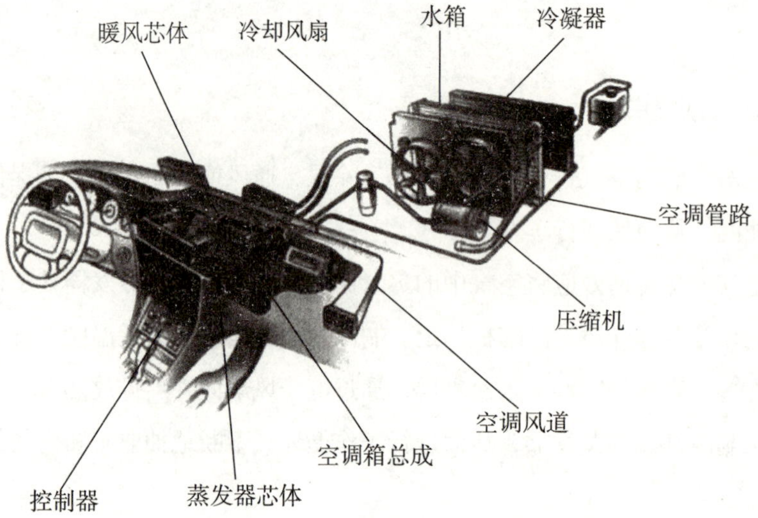

图 7-1　传统传动带式空调系统

2. 电动式空调系统

电动空调压缩机将电动机整合到了空调压缩机室中。压缩机并非由离合器控制，可通过改变电动机转速来不断地改变压缩机的输出功率。电动空调压缩机未采用轴端密封设计，避免了传统空调压缩机轴端泄漏的情况，如图 7-2 所示。

图 7-2　电动式空调系统

3. 混合式空调系统

这里的“混合”与混合动力汽车无关，尽管某些混合动力汽车会使用它。混合式空调系统是由传动带式空调压缩机和电动空调压缩机共同组成的。正常工作时，空调控制系统选择最有效的模式：机械驱动模式或电驱动模式。它可由发动机驱动，也可由驱动电机驱动；还可由两者一起驱动。发动机不工作时，驱动电机可驱动其继续工作，保证车内的温度。如果车外温度特别高，需要高速制冷，单靠驱动电机驱动已经不能满足，则发动机会自动起动，将冷气源源不断地输送到车内。当车内温度已稳定到最佳水平时，发动机又会自动熄火，从而降低油耗。

4. 遥控空调系统

遥控空调系统能让车辆操作人员通过智能手机应用程序或汽车密钥卡来激活空调系统。在传统的混合动力汽车中，使用手机应用程序或汽车密钥卡遥控启动空调后，空调最长可运行 3 min，这取决于动力蓄电池的荷电量（SOC）。在插电式混合动力汽车中，遥控空调最长可运行 10 min，这是因为车内空间更大，所需空调运行时间更长，同时也与动力蓄电池的荷电量（SOC）有关。

发出激活遥控空调系统的命令后，如果车门尚未锁上，则车辆的控制系统通常会锁住车门，同时闭合动力蓄电池的高压主继电器，使动力蓄电池为空调压缩机供电。然而，尽管高压主继电器处于闭合状态，遥控空调系统仍不会使车辆上电（即由“READY”变为“ON”）。遥控空调系统，如图 7–3 所示。

图 7–3　遥控空调系统

5. 车内太阳能通风系统

有些混合动力汽车和纯电动汽车将太阳能电池板安装在车顶，当车辆断电（即由“READY”变为“OFF”），且在炎热天气下停车时，可打开太阳能通风系统使车内通风换气，但是太阳能电池板不会为车辆的动力蓄电池充电。

通常情况下，太阳能通风系统是通过开关控制的。当车内温度上升到高于规定温度值时，如果接通了太阳能通风系统且太阳能电池板能输出足够高的电压，则太阳能电池板输出的电流会激活汽车内部鼓风机。但在昏暗或多云的天气，太阳能通风系统可能无法产生足够高的电压。

有些太阳能通风系统还可控制车内通风口，因此风扇控制器通常是独立安装的，这样就使太阳能电池板的电压与汽车的电气系统分隔开来。

三、新能源汽车空调暖风系统

1. 新能源汽车暖风系统的功能

汽车暖风系统是将冷空气送入热交换器，吸收某种热源的热量，提高空气的温度，并将热空气送入车内。汽车暖风系统的功能是与蒸发器一起共同将空气调节到使人感到舒适的温度；在寒冷的冬季向车内供暖，提高车内空气的温度；当车窗结霜，影响驾驶员和乘客的视线，不利于行车安全时，可通过采暖装置吹出热风来除霜。

2. 新能源汽车暖风系统的组成

新能源汽车暖风系统由电子开关模块、空气净化风扇（鼓风机）、蒸发器、PTC 加热器（热交换器）、温度传感器、出风风道、出风口等元件构成，如图 7–4 所示。

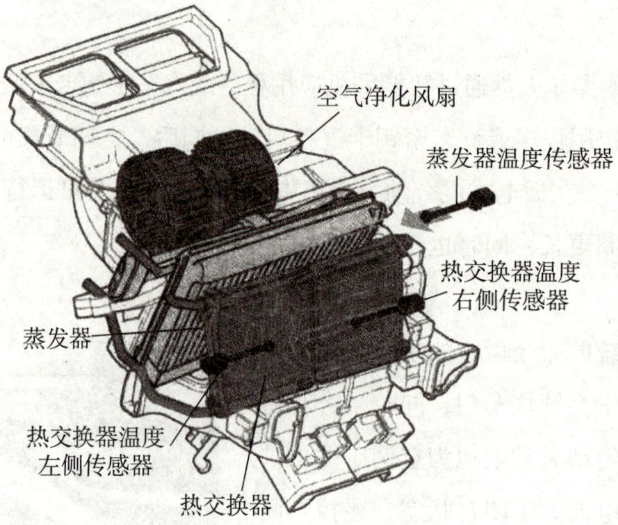

图 7–4　新能源汽车暖风系统的组成

3. 加热方式

新能源汽车暖风系统与传统汽车暖风系统的主要区别在于加热方式不同，新能源汽车暖风的加热方式主要有以下三种。

（1）PTC 加热器加热的方式

纯电动汽车没有传统汽车的发动机，没有了热源，因此需要靠正温度系数（PTC）加热器的热能来采暖。

1950 年荷兰人 Haayman 偶然首次发现了钛酸钡（BaTiO3）陶瓷的 PTC 铁电效应后，探索这种机理一直是引人瞩目的研究课题。目前，PTC 技术已成为现代化工业的重要组成部分。作为一种新型热敏电阻材料，其主要用途可分为开关和发热两大类别。利用 PTC 材料具有热敏特性，制成热敏开关类产品。利用发热类 PTC 性能稳定、升温迅速、受电源电压波动影响小等特性，制成的各种加热器产品，已成为金属电阻丝类发热材料最理想的替代产品。目前已大量应用于新能源汽车暖风系统、新能源汽车除霜机等。

PTC 加热器采用热敏陶瓷元件，由若干单片组合后与波纹散热铝条经高温胶粘结成，具有热阻小、换热效率高的显著优点。它的最大特点在于其安全性，即遇鼓风机故障堵转时，PTC 加热器因得不到充分散热，功率会自动急剧下降；此时加热器的表面温度维持限定温度（一般为 240 ℃左右），从而不致产生电热管类加热器表面的“发红”现象，排除了发生事故的隐患，如图 7–5 所示。

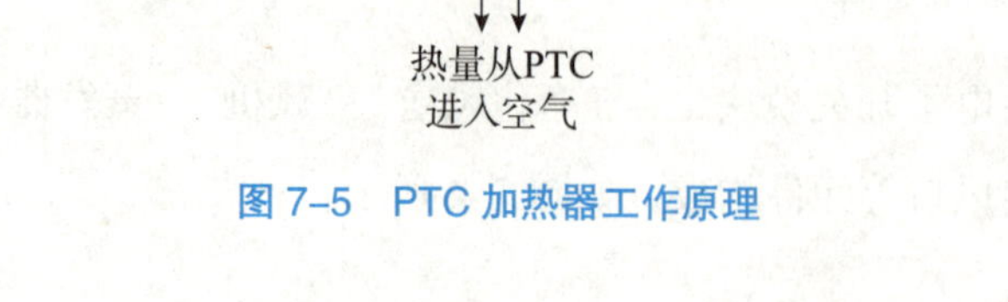

图 7–5　PTC 加热器工作原理

（2）加热丝加热冷却液的方式

新能源汽车冷却液的作用一方面是给汽车上容易发热的元件（例如，驱动电机等）散热；另一方面在温度较低的情况下需要提供热能来供驾驶室采暖。纯电动汽车没有传统汽车的发动机，没有了足够的热源，这样一来在温度较低的情况下仅靠纯电动汽车上的电器元件工作的热量来加热冷却液是远远不够的，无法给驾驶室提供足够的热源。

为保证在温度较低的情况下，给车内提供足够的热源，在冷却液循环系统上安装一个加热装置，串联在冷却液循环系统中来加热冷却液，使冷却液的温度达到合适的温度给车内提供足够的热源，加热器温度由控温器和限温器来控制。控温器一般都设置在插入水中的金属管内，其最高控制温度一般都设定在合适的温度区域，这样就可保证加热器有较大的蓄热量，为了确保控温器失灵时加热冷却液温度过高，影响车辆的工作性能，还在热水器上安装了限温器，其限温值设定在略高于控温器的最高控制温度，一旦加热温度达到设定值时，限温器便立即切断电源，避免了加热失控，影响整车性能。

（3）暖风加热系统的热泵实现方式

热泵空调系统以电动机为动力驱动空调压缩机运转，利用制冷循环可逆转的特点，集制冷与制热为一体，具有结构紧凑、高效、环保等优点。该系统制冷效果良好，制暖效果会随外界温度的变化而变化，有待提高。

热泵空调系统是在原有蒸气压缩制冷的基础上改进而来的，空调压缩机直接由电动机驱动。热泵系统主要包括直流电动机、空调压缩机、四通换向阀、车外换热器、双向膨胀阀和车内换热器等。

制冷模式下空调压缩机在电动机的带动下压缩制冷剂，制冷剂通过四通换向阀来到车外换热器，车外换热器的作用是把高温高压制冷剂变成中温高压制冷剂，然后经过双向膨胀阀进行节流作用转换成低温低压制冷剂，制冷剂流经车内换热器，吸收周围温度，鼓风机再把车内换热器的冷风吹向驾驶室，从车内换热器出来的制冷剂经过四通换向阀回到空调压缩机进行下一个循环。制热模式下空调压缩机压缩制冷剂，经过四通换向阀来到车内换热器，高温高压制冷剂经过车内换热器时散发大量的热，满足车内制热需求，然后流经双向膨胀阀来到车外换热器，车外换热器吸收外界温度后经过四通换向阀又回到空调压缩机。

五、比亚迪 E5 空调系统

1. 空调系统概述

该车空调系统为BC14电动压缩机自动调节空调，应用于E5纯电动型轿车。系统主要由电动压缩机、冷凝器、HVAC 总成、制冷管路、PTC、暖风水管、风道、空调控制器等零部件组成，具有制冷、采暖、除霜除雾、通风换气四种功能。该系统利用 PTC 水暖采暖；利用蒸气压缩式制冷循环制冷，制冷剂为 R410a，冷冻油型号为 POE; 控制方式为按键操纵式。自动空调箱体的模式风门、冷暖混合风门和内外循环风门都是由电动机控制。

2. 制冷系统原理

由空调驱动器驱动的电动压缩机将气态的制冷剂从蒸发器中抽出，并将其压入冷凝器。高压气态制冷剂经冷凝器时液化而进行热交换（释放热量），热量被车外的空气带走。高压液态的制冷剂经膨胀阀的节流作用而降压，低压液态制冷剂在蒸发器中汽化而进行热交换（吸收热量），蒸发器附近被冷却了的空气通过鼓风机吹入车厢。气态的制冷剂又被压缩机抽走，泵入冷凝器，如此使制冷剂进行封闭的循环流动，不断地将车厢内的热量排到车外，使车厢内的温度降至适宜的温度，如图 7-6 所示。

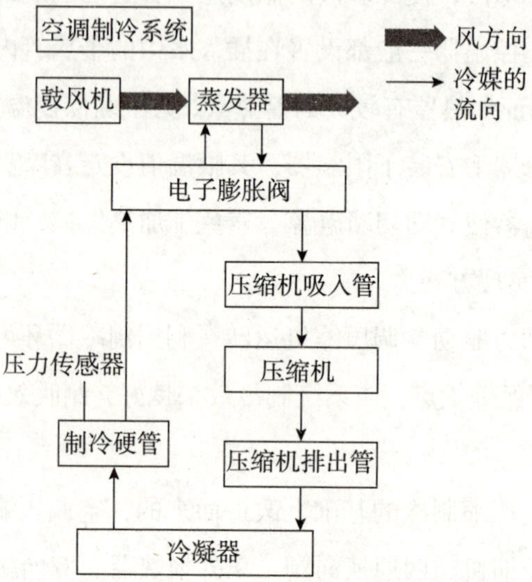

图 7-6　制冷系统原理

3. 供暖系统原理

供暖系统采用 PTC 水加热器总成加热冷却液，冷却液先由水泵抽空调暖风副散热器总成内的冷却液，泵进 PTC 水加热器总成，加热后的冷却液流经暖风芯体，再回至空调暖风副散热器总成，如此循环。加热后的空气，通过鼓风机鼓风将热量送至乘员舱或风窗玻璃，用以提高车厢内的温度和除霜，如图 7-7 所示。

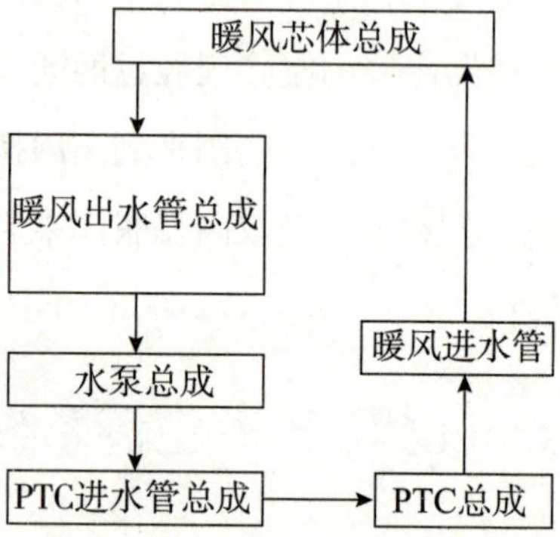

图 7-7　供暖系统原理

4. 风扇控制逻辑

空调打开且 ECU 检测到压力开关低电平信号后，控制风扇高速转动。

开启压缩机的同时，空调控制器检测系统压力值，向主控请求电子风扇档位。

（1）当空调系统压力 $<$ 2.7 MPa 时，发送低速档位请求。

（2）当空调系统压力 $\geqslant$ 2.7 MPa 时，发送高速档位请求。

第二节 新能源汽车空调系统的检修

一、新能源汽车空调系统的组成

新能源汽车空调系统主要由空调压缩机、冷凝器、蒸发器、膨胀阀、储液干燥器、压力开关、空调控制器、冷凝风扇、鼓风机和控制单元组成，如图 7–8 所示。

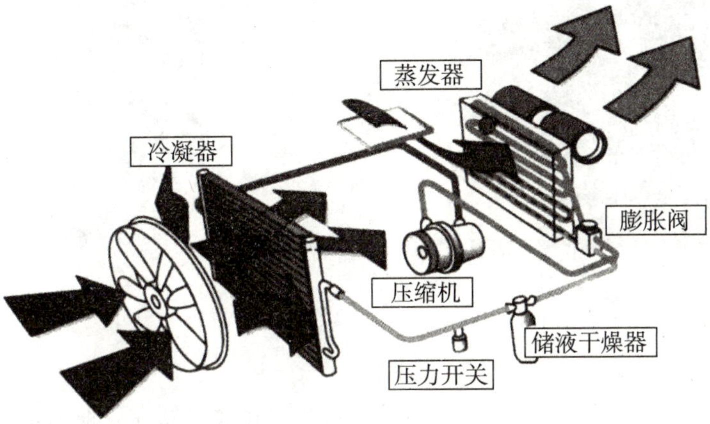

图 7–8　新能源汽车空调系统的组成

1. 空调压缩机

制冷系统采用电动压缩机，如图 7–9 所示。它在空调系统回路中起驱动制冷剂的作用，将机械能转换为热能。

2. 冷凝器

图 7–10 为冷凝器，作用是对空调压缩机排出的高温高压制冷剂蒸气进行冷却，使之凝结成高温高压液体。将制冷剂蒸气放出的热量排到大气中。

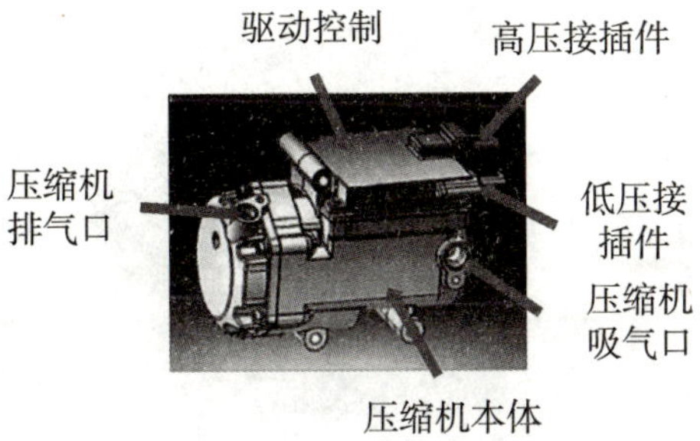

图 7–9　空调压缩机

图 7–10　冷凝器

3. 蒸发器

图 7-11 为蒸发器，作用是汽车空调制冷系统中的另一个热交换器，作用与冷凝器相反，它是将经过节流降压后的液态制冷剂在蒸发器内沸腾汽化，吸收蒸发器表面周围空气的热量而使之降温，鼓风机将冷风吹到车厢内达到降温的目的。

4. 膨胀阀

图 7-12 为膨胀阀，和变频压缩机协同工作，利用它精确控制流量的功能，整体提升空调系统的工作效率。可实时调节开阀速度、开度。根据控制器的脉冲电压信号，线圈驱动步进转子旋转。通过精密丝杠传动，转子将旋转运动转化为阀芯的轴向直线移动。通过上述运动，阀芯在控制器的控制下调节阀体通道大小，以实现制冷剂的设计流量。

图 7-11　蒸发器

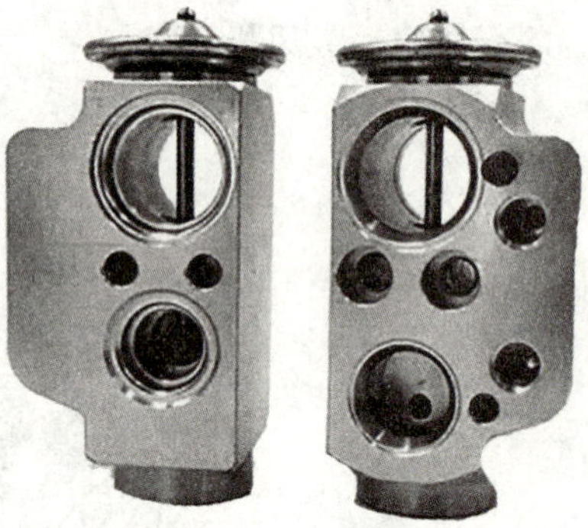

图 7-12　膨胀阀

5. 储液干燥器

图 7-13 为储液干燥器，作用是接收从冷凝器来的液体并加以储存，根据蒸发器的需要提供所需的制冷剂量，将系统中经常会出现的杂质和其他脏物，如锈蚀、污垢、金属微粒等过滤掉，这些杂质会损伤压缩机轴承，还会堵塞过滤网和膨胀阀。储液干燥器还可以吸收系统中的湿气，汽车空调系统中要求湿气越少越好，因为湿气会造成“冰塞”并腐蚀系统管道等，使制冷系统不能正常工作。

6. 压力开关

图 7-14 为压力开关，作用是检测制冷系统内部压力，保护制冷系统。新能源汽车空调系统采用三位开关：即低压、中压、高压；压力低于 0.18 MPa 时低压开关断开；压力高于 3.14 MPa 时高压开关断开；压缩机停止工作。压力高于 1.5 MPa 时中压开关闭合，冷凝风扇高速旋转。

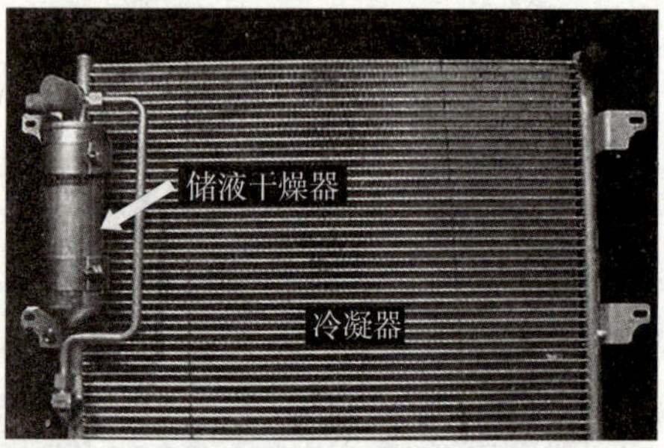

图 7-13　储液干燥器

图 7-14　压力开关

7. 空调控制器

图 7-15 为空调控制器，是整个空调系统（包括制冷和采暖）的总控中心，协调控制空调系统的工作。空调控制器在整车 CAN 网络上属于舒适网，它与电动压缩机模块、PTC 模块组成一个空调子网。

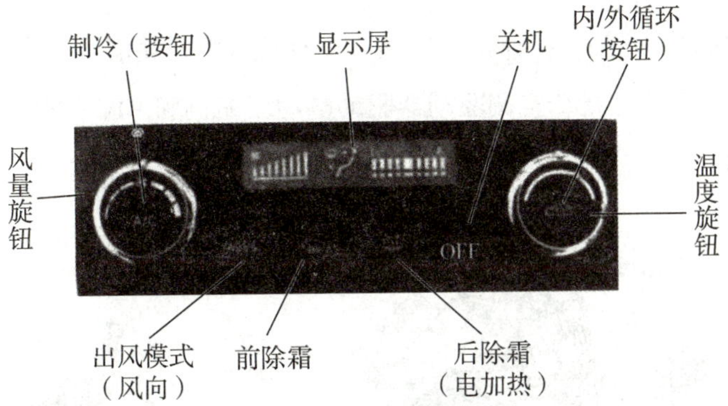

图 7-15 空调控制器

二、新能源汽车空调制冷原理

空调系统制冷时，压缩机吸入从蒸发器出来的低温低压气态制冷剂，经压缩后，制冷剂温度和压力升高，被送入冷凝器。在冷凝器内，高温高压的气态制冷剂经冷凝器散热，随后液化变成高温高压的液态制冷剂。冷凝器装在冷却系统散热器的前方，也是用冷却系统的电子风扇进行控制，空调控制器将蒸发器的压力值作为标准通知整体控制器来控制风扇的转速。

液体制冷剂流入储液干燥器，它存储和过滤液态制冷剂。经过过滤后的高温高压的液态制冷剂流经膨胀阀，由膨胀阀将液态制冷剂转变成低温低压气液混合物，流入蒸发器。

在蒸发器内，鼓风机将车内空气抽入蒸发器表面，空气经蒸发器散热片与低温低压的气雾态制冷剂进行热交换。制冷剂吸收车内的空气热量，将低温低压的气雾态制冷剂蒸发成低温低压的全气态制冷剂，再经管道送到压缩机低压端，进行下一次循环。

经热交换释放出的冷空气由鼓风机送入车厢，从而降低了车厢温度，如图 7-16 所示。

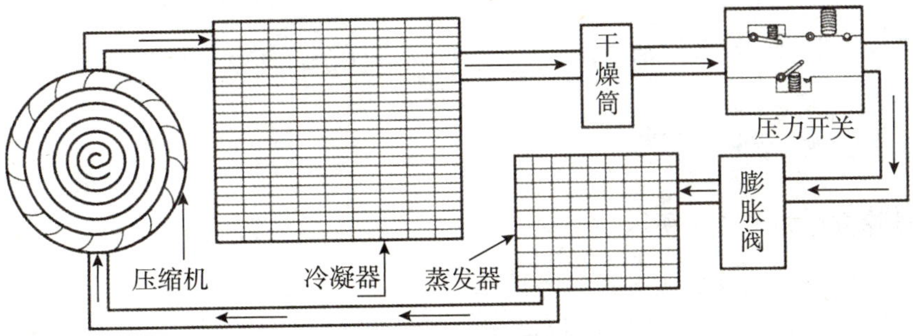

图 7-16 空调制冷原理

三、新能源汽车空调制冷系统的控制原理

空调控制面板根据用户的操作需求，发送 AC 信号、冷暖选择信号、鼓风机信号到整车控制器，整车控制器同时接收空调压力开关、温度信号，通过 CAN 传输系统指令压缩机控制器驱动压缩机工作，同时整车控制器也控制冷凝风扇运转。

空调控制器接收空调面板开关、各种相关传感器、冷媒压力开关信号，直接控制鼓风机及各风门电动机动作，同时通过 CAN 信号，指令空调驱动器驱动电动压缩机和 PTC 加热器，指令主控 ECU 控制风扇动作，如图 7–17 所示。

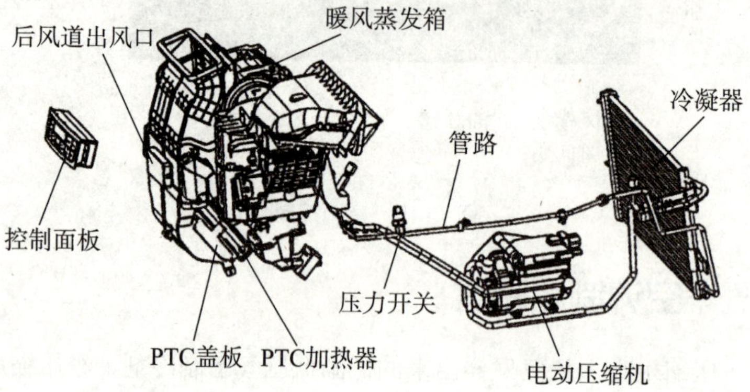

图 7–17　新能源汽车空调制冷系统的控制原理

提示：（1）在打开制冷系统任何接头或连接处前，系统必须完全排空，即使系统已排空，打开时还是要格外小心。如果在松接头时发觉有压力，重新拧紧接头并重新将系统抽真空。（2）连接时使用合适的扳手很重要。不合适的扳手或不正确地使用扳手可能损坏接头。（3）使用无水分制冷剂和冷冻机油，空调系统内部件就能保持稳定。非常多的灰尘、水分或空气可以干扰化学稳定性。如果出现很少量的灰尘、水分或空气可能引起空调运转故障或者导致严重损坏。在断开制冷管路或软管前，彻底清洁管接头的外面，以防止污染物进入制冷系统。（4）当打开制冷系统时，要准备好能在最短时间内打开系统修理用的所有物品。只要打开所有制冷管路就要盖上盖子或塞住它们，这样可以防止进入灰尘和水分。所有新的管路和零部件应该盖上盖子或密封好，准备使用后再打开。在连接制冷管路或软管前，彻底清洁管接头的外面，以防污染物进入制冷系统。

四、常见故障及排除方法

常见故障及排除方法如表 7–1 所示。

表 7-1　常见故障及排除方法

故障	现象	原因及判断	检测及排除措施
驱动控制器不工作，电动压缩机不工作	电动压缩机无起动声音，电源电流无变化	① DC 12 V 控制电源未通入驱动控制器 ② 控制电源电压不足或超压 ③ 接插件端子接触不良或松脱	① 检查驱动控制器控制电源插头端子是否松脱 ② 检查控制电源到驱动控制器之间的导线是否有断路 ③ 测量控制电源电压是否达到要求（对 DC 12 V 控制电源驱动控制器，控制电源至少高于 DC 9 V，不得高于 DC 15 V）
驱动控制器工作正常，电动压缩机不正常工作	电动压缩机发出异常声音	① 电动机断相 ② 冷凝器鼓风机未正常工作，系统压差过大，电动机负载过大	① 检查驱动控制器与电动机连接的三相插头及相关导线，保证其接触良好及导通 ② 保证冷凝器鼓风机正常工作，待系统压力平衡后再次起动
驱动控制器工作正常，电动压缩机不工作	电动压缩机无起动声音，电源电流无变化，各端口电压正常	驱动控制器未接收到空调系统的 A/C 开关信号	① 检查 A/C 开关是否有故障 ② 检查与 A/C 开关相连的导线是否断路 ③ A/C 开关连接方式是否正确（低电平：0～0.8 V），开启电动压缩机，接高电平或悬空关闭电动压缩机
驱动控制器工作正常，电动压缩机不工作	电动压缩机无起动声音，电源电流无变化，高压端口电压不足或无供电	欠电压保护启动	关闭整车主电源 ① 检查驱动控制器主电源输入接口处的接插件端子是否有松脱 ② 检查主电源到驱动控制器之间的导线是否断路 ③ 检查控制主电源输入的继电器是否正常动作
驱动控制器自检正常，电动压缩机不工作	电动压缩机起动时有轻微抖动，电源电流有变化随后降为 0	① 冷凝器鼓风机未正常工作，系统压差过大，电动机负载过大导致过电流保护启动 ② 电动机断相导致的过电流保护启动	① 保证冷凝器鼓风机正常工作，待系统压力平衡后再次起动 ② 检查驱动控制器与电动机连接的三相插头及相关导线，保证其接触良好及导通
系统内堵	高压不高，低压为负值	系统内清洁度差，导致储液干燥器、膨胀阀或毛细管堵塞，系统内有水分，会导致膨胀阀冰堵	用清洗设备清洁系统，更换储液干燥器，清洗或更换膨胀阀，更换毛细管，抽真空，按规定加注方法、加注量加制冷剂
蒸发器结霜	高压压力正常，低压压力偏低	蒸发器表面结满灰尘，蒸发器表面翅片碰伤，温度驱动控制器失灵，鼓风机风量减小（风量开关或变速电阻器损坏）	清洗及整理蒸发器表面，检修温控器、鼓风机、风量开关、变速电阻器。当更换蒸发器时，必须往系统内加注 30～50 mL 冷冻机油
异响	开启空调，前后声音变化	当启动空调后，电动机与电动压缩机的旋转均会产生声音，电动机转动引起整体振动的频率有微小差异，最后传出的声音有差异。故在车静止时，人感觉电动压缩机的声音有差别，有时会认为是“异响”	首先检查安装部位是否达标，其次判断制冷剂加注量及过程是否符合标准，最后对空调系统中运动件声音进行检查。判定电动压缩机工作声音是否正常，可用听诊器直接放在电动压缩机上听取，若是电动机及内部零部件运转及摩擦声音，属于正常工作声音
泄漏		首先排除连接管道接口处有泄漏，一定要用检漏仪检漏，不可用眼睛看电动压缩机上是否有油来判断（汽车空调系统允许制冷剂自然微渗漏）	请专业人员判断泄漏部位，如判定是电动压缩机泄漏，必须更换电动压缩机总成。空调系统制冷性能符合制冷标准，电动压缩机表面有油迹，用检漏仪检查漏不漏，若判定为正常微渗，压缩机无故障，不需更换

第三节 新能源汽车空调系统的检修

一、比亚迪空调系统结构原理

比亚迪电动空调系统主要由空调系统总成（空调箱体 HVAC）、空调管路、电动压缩机、冷凝器、空调控制面板及相关传感器、空调驱动器等组成。其中空调驱动器与 DC/DC 转换器布置于同一壳体中，位于前舱左侧。PTC 取代了暖风芯体，不在 HVAC 总成中。

下面以比亚迪 E6 为例，介绍空调系统的结构原理。

1. 比亚迪 E6 制冷系统

（1）比亚迪 E6 电动制冷系统的控制原理

比亚迪 E6 电动空调系统控制框图，如图 7–18 所示。空调控制器接收空调面板开关、各种相关传感器、制冷剂压力开关信号，直接控制鼓风机及各风门电机动作，同时通过 CAN 信号，控制空调驱动器驱动电动压缩机和 PTC 加热器，控制主控 ECU 控制风扇动作。

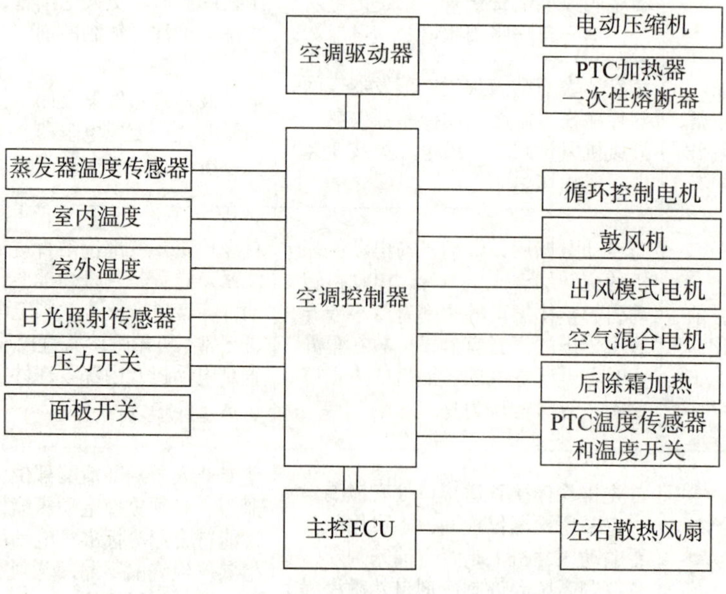

图 7–18　比亚迪 E6 电动空调系统控制框图

（2）比亚迪 E6 空调系统电路图、控制器端子及检修数据

比亚迪 E6 空调系统电路图，如图 7–19 所示。

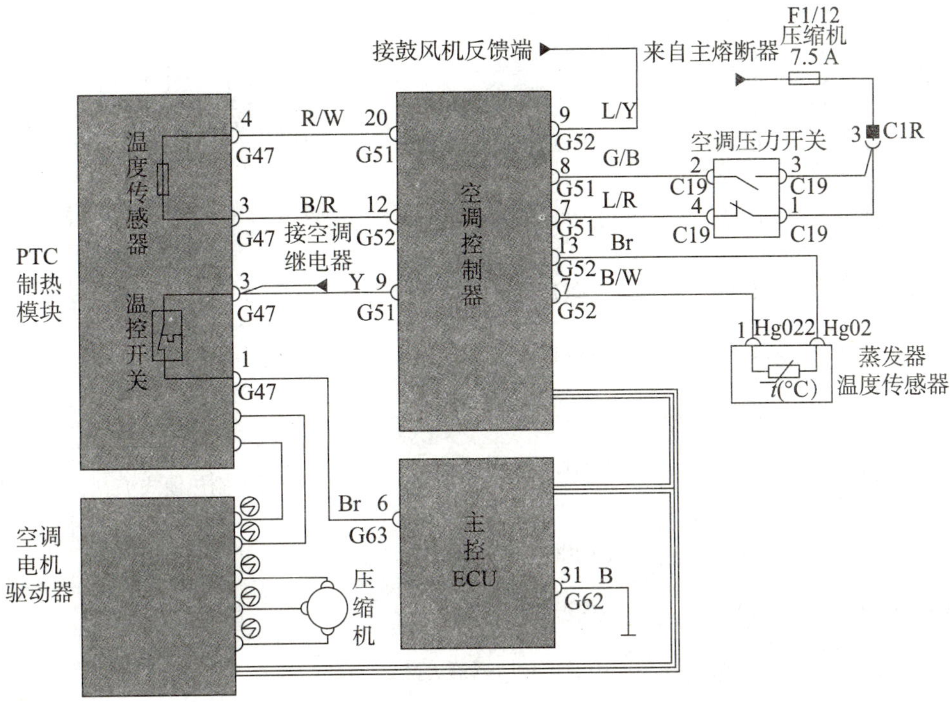

图 7-19 空调系统电路图

比亚迪 E6 电动空调控制器端子，如图 7-20 所示。

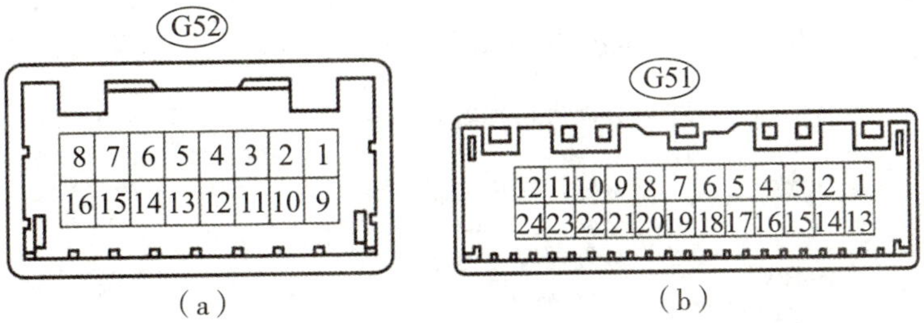

图 7-20 空调控制器端子示意图

比亚迪 E6 电动空调控制器端子定义，如表 7-2 所示。

表 7-2 比亚迪 E6 电动空调控制器端子定义

端子号	线色	端子描述	条件	正常值
G51-7—车身搭铁	R	高 / 低压力开关信号输入端	0.196 MPa ≤制冷剂≤ 3.14 MPa	11 ～ 14 V
G51-8—车身搭铁	R	中压压力开关信号输入端	制冷剂压力≥ 1.47 MPa	11 ～ 14 V
G51-24—车身搭铁	B/Y-B	“ON”档电源输入端	电源档位上到“ON”档	11 ～ 14 V
G51-23—车身搭铁	B/Y-B	“ON”档电源输入端	电源档位上到“ON”档	11 ～ 14 V
G51-17—车身搭铁	B	搭铁	始终	小于 1 Ω
G51-18—车身搭铁	B	搭铁	始终	小于 1 Ω
G51-22—车身搭铁	B	搭铁	始终	小于 1 Ω

表 7-2（续）

端子号	线色	端子描述	条件	正常值
G51-13—车身搭铁	Lg/R	循环电机内循环端	将内外循环模式调至内循环	电压信号
G51-14—车身搭铁	G/W	循环电机外循环端	将内外循环模式调至外循环	—
G52-9—车身搭铁	L/Y	鼓风机反馈端	开空调	反馈信号
G51-4—车身搭铁	L/B	鼓风机速度调整端	开空调	速度信号
G51-20—车身搭铁	R/W	PTC 温度传感器搭铁	始终	小于 1 Ω
G52-12—车身搭铁	B/R	PTC 温度传感器输入端	开空调（制热模式）	温度信号
G51-9—车身搭铁	Y	空调继电器吸合信号	开空调	小于 1 Ω
G52-5—车身搭铁	B/W	室内温度传感器搭铁	始终	小于 1 Ω
G52-15—G52-5	Sb-B/W	室内温度传感器输入端	—	—
G51-19—车身搭铁	B/W	日光照射传感器接地	始终	小于 1 Ω
G52-14—G51-19	O-B/W	日光照射传感器输入端	开空调	光照信号
G52-6—车身搭铁	B	室外温度传感器搭铁	始终	小于 1 Ω
G52-16—G52-6	P-B	室外温度传感器输入端	开空调	温度信号
G52-7—车身搭铁	B/W	蒸发器温度传感器搭铁	始终	小于 1 Ω
G52-13—G52-7	Br-B/W	蒸发器温度传感器输入端	开空调	温度信号
G51-2—G51-1	Y/G-W/L	出风模式风门控制电机电源输入端	开空调，调节出风模式	11 ~ 14 V
G51-11—车身搭铁	R/L	出风模式风门位置反馈端	开空调，调节出风模式	风门位置信号
G51-1—6G51-15	G-P/L	驾驶员侧空气混合电机电源输入端	开空调，调节出风温度	11 ~ 14 V
G52-10—车身搭铁	P/B	冷暖风门位置反馈端	开空调，调节出风温度	风门位置信号
G52-8—车身搭铁	R/Y	冷暖风门电机及模式电机高电位端	开空调	约 5 V

2. 比亚迪 E6 暖风系统

比亚迪 E6 车型的空调系统采用机电一体化压缩机制冷及 PTC 制热模块采暖。与传统车型的空调系统相比，主要设计的区别是电动压缩机及 PTC 制热。制热方面，传统的车型通过发动机冷却液温度的热量来制热，在发动机启动、暖机等冷却液温度较低的阶段制热效果不好。而比亚迪 E6 通过约 3 000 W

的 PTC 制热模块制热，制热效果好，同时可以调节制热量。

比亚迪 E6 暖风系统采用空调控制器驱动 PTC 加热器制热，通过鼓风机吹出的空气将 PTC 散发出的热量送到车厢内或风窗玻璃上，用以除霜和提高车厢内温度，如图 7–21 所示。

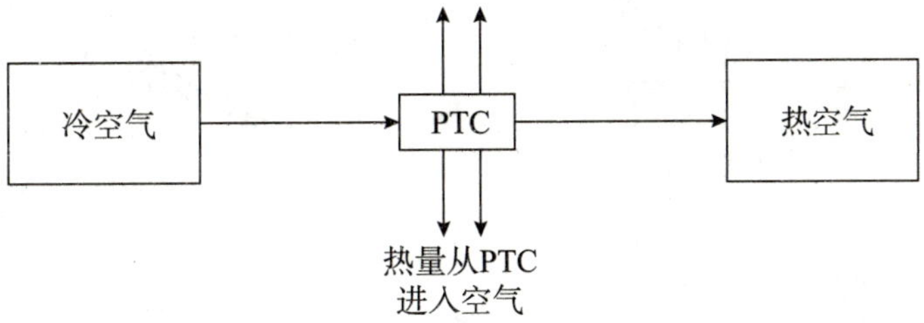

图 7–21　比亚迪 E6 暖风系统原理

二、比亚迪 E6 空调制冷系统的检修

1. 比亚迪压缩机故障诊断

电动压缩机的故障一般通过检查系统压力进行诊断。

（1）压力测量

满足下列条件后读取歧管压力表压力。测试条件如下。

① 启动车辆。

② 鼓风机转速控制开关置于“HI”位置。

③ 温度调节旋钮置于“COOL”位置。

④ 空调开关打开。

⑤ 车门全开。

⑥ 点火开关置于可使空调压缩机运转的位置。

正常工作时，制冷系统仪表压力指示如图 7–22 所示。仪表读数如表 7–3 所示。

表 7–3　系统正常压力读数

压力	读数	压力	读数
低压压力	0.15 ～ 0.25 MPa	高压压力	1.37 ～ 1.57 MPa

压缩机压缩量不足时，制冷系统仪表压力指示如图 7–23 所示，仪表读数如表 7–4 所示。

表 7–4　系统压力故障压力读数

压力	读数	可能原因	诊断	纠正措施
低压压力	高	压缩机内部泄漏	压缩能力过低，阀门损坏引起泄漏，或零件可能断裂	更换压缩机
高压压力	低			

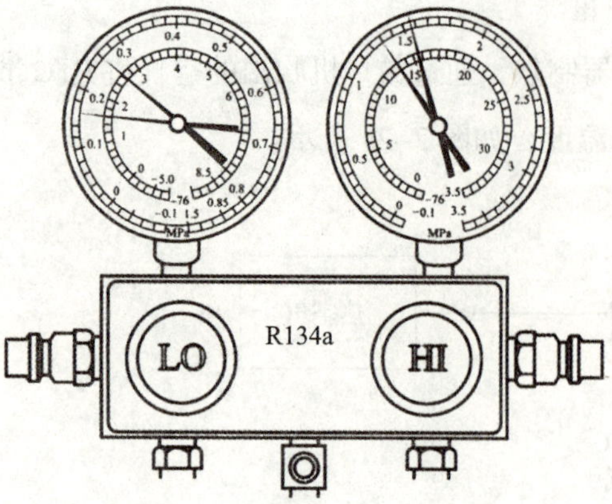

图 7-22　系统正常压力表指示

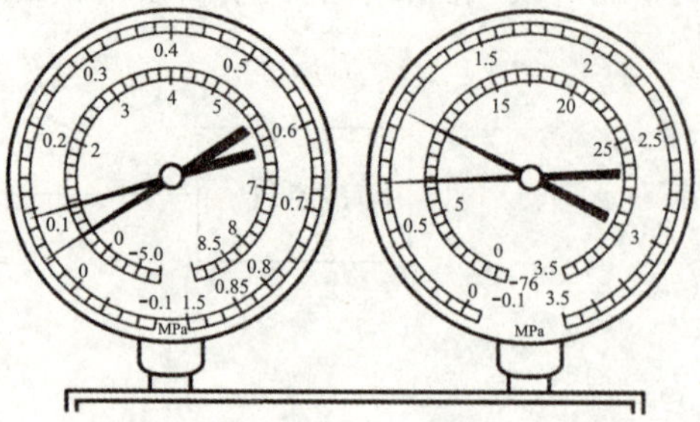

图 7-23　系统压力表故障指示

导致汽车空调制冷不足的故障原因很多，在诊断时应熟练掌握制冷系统的工作原理，利用系统的高、低压压力，并配合各部位的温度变化，根据不同元件故障的特征不同，进行确认与排除。

（2）比亚迪 E6 空调电动压缩机不转的原因

空调制冷请求信号发送的条件如下。

① A/C 按键有效。

② 空调系统压力非高压、非低压。

③ 压缩机启停时间间隔大于等于 10 s。

④ 蒸发器温度大于等于 4 ℃。

⑤ 鼓风机运转。

在满足空调制冷的条件下，如果压缩机不运转，检查压缩机电路及压缩机本体。

2. 比亚迪 E6 空调控制器 CAN 的检测

① 拔下主控 ECU G63、G72 连接器。

② 拔下空调控制器 G52 连接器。

③ 测量线束端连接器各端子间电阻，如表 7-5 所示。

表 7-5　空调控制器端子接线规格表

端子	正常值	端子	正常值
G52-2—G15-3	小于 1 Ω	G52-3—G63-1	小于 1 Ω
G52-3—G15-1	小于 1 Ω	G52-2—G72-24	小于 1 Ω
G52-2—G63-9	小于 1 Ω	G52-3—G72-12	小于 1 Ω

3. 比亚迪 E6 空调系统的故障现象

比亚迪 E6 空调系统常见的故障及可能的故障部位，如表 7-6 所示。

表 7-6　比亚迪 E6 空调系统故障现象对照表

故障症状	可能发生部位
制冷系统工作不正常（实际温度与设定温度有偏差，风速档位异常）	① 各传感器 ② 前调速模块 ③ A/C 鼓风机 ④ 空调控制面板总成 ⑤ 线束和连接器
出风模式调节不正常	① 前出风模式风门控制电机 ② 空调控制器 ③ 线束和连接器
驾驶员侧冷暖调节不正常	空气混合控制电机： ① 空调控制器 ② 线束和连接器 空气混合控制电机： ① 空调控制器 ② 线束和连接器
内外循环调节不正常	① 循环控制电机 ② 空调控制器 ③ 线束连接器
空调系统所有功能失效	① 高压配电 ② 空调电机驱动器 ③ 空调控制器电源电路 ④ 空调控制器 ⑤ CAN 传输系统 ⑥ 线束和连接器
仅制冷系统失效（鼓风机工作正常）	① 压缩机 ② 空调电机驱动器 ③ 压力开关
鼓风机不工作	① 鼓风机回路 ② 空调控制器
后除霜失效	① 后除霜回路 ② 主控 ECU ③ 线束和连接器
仅暖风系统失效	① PTC 制热模块 ② 空调电机驱动器

三、比亚迪 E6 暖风系统检修

1. 比亚迪 E6 暖风系统故障检修流程分析

阅读并分析比亚迪 E6 暖风系统故障检修的流程，如图 7-24 所示。

2. PTC 温度传感器的检查

比亚迪 E6 暖风系统的 PTC 温度传感器的电路图，如图 7-25 所示。

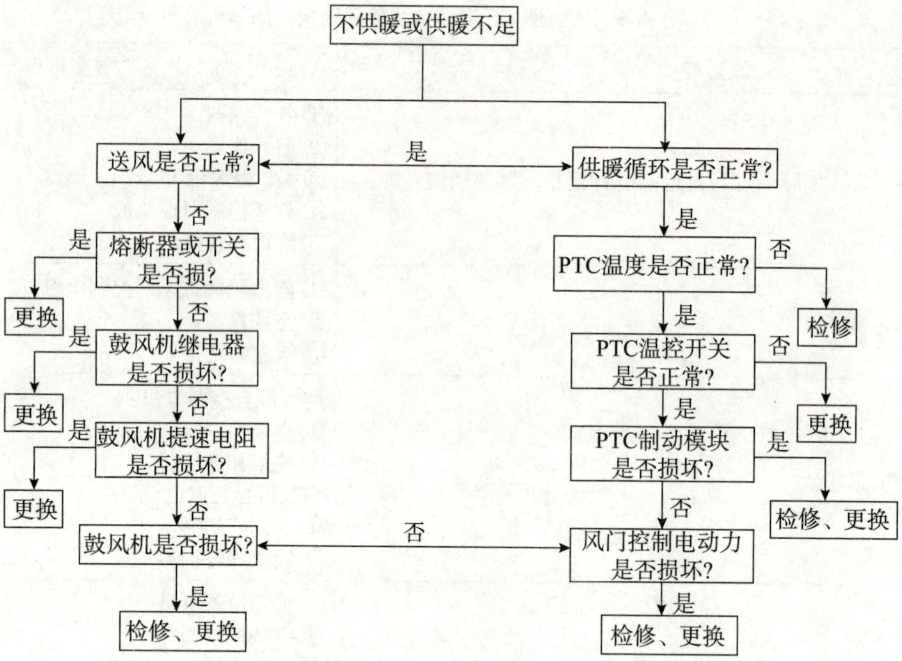

图 7-24　暖风故障检修流程

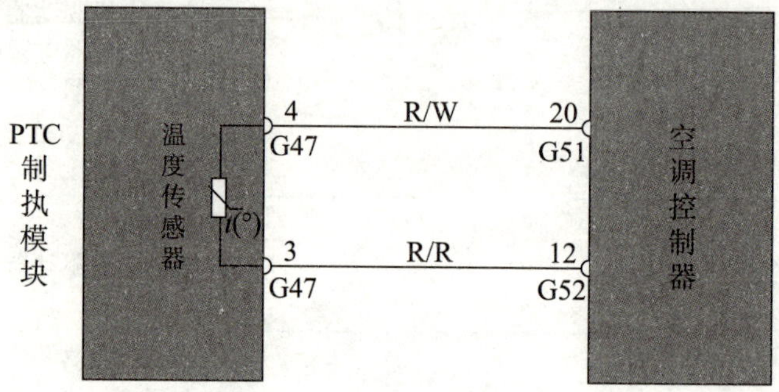

图 7-25　PTC 温度传感器电路图

利用万用表检测 PTC 温度传感器端子的线束，检测数据如表 7-7 所示。

表 7-7　PTC 温度传感器接线端子检测数据

端子	正常值	端子	正常值
G47-4—G51-20	小于 10 Ω	G47-4—车身搭铁	大于 10 kΩ
G47-3—G52-12	小于 1 Ω	G47-3—车身搭铁	大于 10 kΩ

3. PTC 制热模块的检查

比亚迪 E6 暖风系统 PTC 制热模块的电路图，如图 7-26 所示。利用万用表检测 PTC 制热模块的电源、搭铁以及与各控制器之间的线路是否导通。

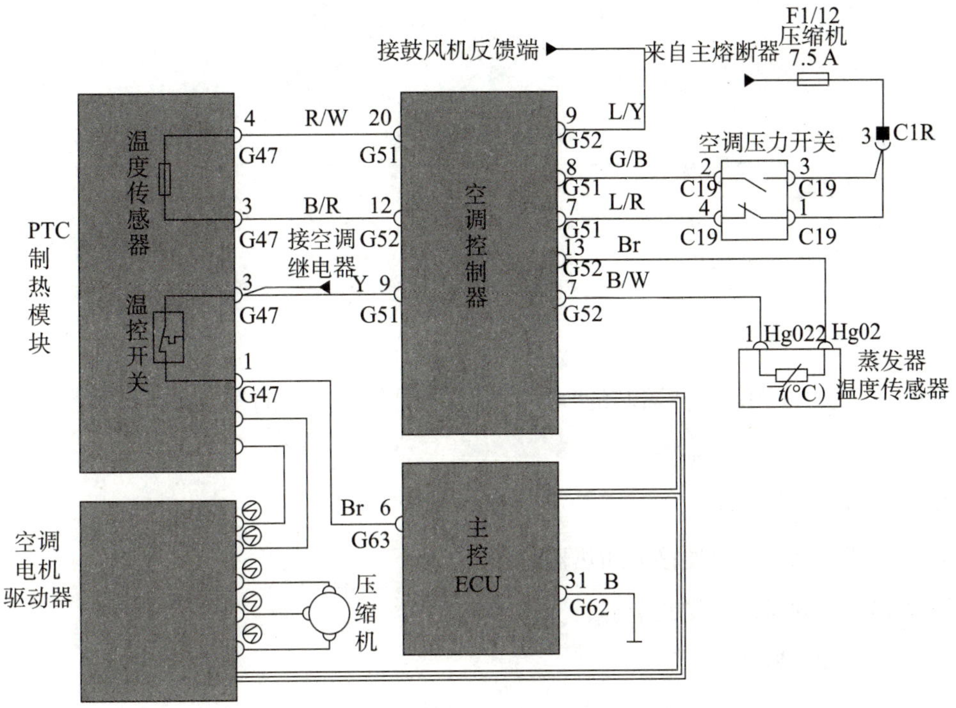

图 7-26　PTC 制热模块电路图

4. 温控开关的检查

比亚迪 E6 暖风系统温控开关的电路图，如图 7-27 所示。

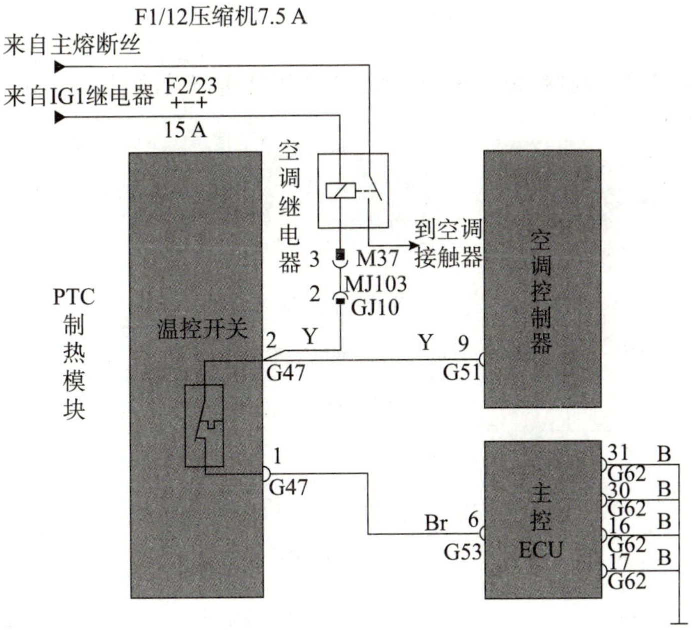

图 7-27　温控开关电路图

利用万用表检测温控开关端子的线束，检测数据如表 7-8 所示。

表 7-8　温控开关接线端子检测数据

端子	条件	正常值
G47-1—G47-2	t<80 ℃	小于 1 Ω
G47-1—G47-2	t>85 ℃	大于 10 kΩ

5. PTC 加热器芯的拆装及更换

以下是更换比亚迪 E6 PTC 加热器芯的程序，但并不是针对所有的车型，具体请参照相应车型的维修资料。

① 断掉电源，打开维修开关。

② 拆卸仪表板相关部件，以便接近加热器芯。

③ 拆下加热器芯，并且固定支架卡箍。

④ 从外壳上取出加热器芯。

⑤ 按照维修手册的正确方法更换 PTC 加热芯，然后装复。

⑥ 恢复维修开关到通电位置，连接电源，启动车辆测试。

四、比亚迪唐汽车空调系统的检修

1. 比亚迪唐汽车空调控制系统部件检测

（1）空调控制器从空调控制器 G92、G91、G152 连接器接口处测量。各端子情况如表 7-9 所示。

表 7-9　空调控制器各端子情况

端子号	线色	端子描述	条件	正常值
G91-3—车身地	W/R	“ON”档电	“ON”档电	11 ~ 14 V
G91-4—车身地	B/W	水泵继电器驱动信号	—	—
G91-12—车身地	R/Y	负离子高压包继电器控制脚	—	—
G91-14—车身地	R/B	鼓风机继电器驱动信号	—	—
G91-18—车身地	B	搭铁	始终	小于 1 V
G91-20—车身地	L/R	压力传感器 1 电源（输出 4.8 V）	—	—
G91-22—车身地	G/Y	模式风门电机反馈电源	—	—
G91-23—车身地	Br	主驾冷暖电机反馈电源	—	—
G91-24—车身地	Y/R	副驾冷暖电机反馈电源	—	—
G91-25—车身地	O	小风门电机反馈电源	—	—
G92-1—车身地	R/Y	主驾驶冷暖电机控制电源 2	—	—
G92-2—车身地	Br	三通水阀电机控制电源 1	—	—

表 7–9（续）

端子号	线色	端子描述	条件	正常值
G92–3—车身地	Y/B	模式电机控制电源 1	—	—
G92–5—车身地	G/R	内外循环电机控制电源 1	—	—
G92–7—车身地	Y/B	副驾驶冷暖电机控制电源 1	—	—
G92–8—车身地	B	主驾驶冷暖电机控制电源 1	—	—
G92–9—车身地	G/P	三通水阀电机控制电源 2	—	—
G92–10—车身地	R/G	模式电机控制电源 2	—	—
G92–11—车身地	Y	内外循环电机反馈电源 1	—	—
G92–13—车身地	G/W	内外循环电机控制电源 2	—	—
G92–14—车身地	L	小风门电机控制电源 2	—	—
G92–15—车身地	SB	小风门电机控制电源 1	—	—
G92–17—车身地	LG	副驾驶冷暖电机控制电源 2	—	—
G92–19—车身地	B	搭铁	—	—
G92–20—车身地	BR/W	三通水阀电机反馈电源	—	—
G92–21—车身地	O	日光照射传感器电源	—	—
G92–24—车身地	Y	前鼓风机反馈信号	—	—
G152–2—车身地	P	CAN 线端子（整车 CAN–H）	始终	2.5 ~ 3.5 V
G152–3—车身地	V	CAN 线端子（整车 CAN–L）	始终	1.5 ~ 2.5 V
G152–4—车身地	V	CAN 线端子（内部 CAN–L）	始终	1.5 ~ 2.5 V

（2）室外温度传感器　室外温度传感器各端子情况，如表 7–10 所示。

表 7–10　室外温度传感器各端子情况

端子	条件	正常值	端子	条件	正常值
1 ~ 2	0 ℃	32.25 ~ 33.6 kΩ	1 ~ 2	35 ℃	6.424 ~ 6.610 kΩ
1 ~ 2	15 ℃	15.77 ~ 16.00 kΩ	1 ~ 2	90 ℃	0.881 0 ~ 0.942 9 kΩ
1 ~ 2	25 ℃	9.90 ~ 10.10 kΩ			

（3）蒸发器温度传感器　蒸发器温度传感器各端子情况如表 7–11 所示。

表 7–11　蒸发器温度传感器各端子情况

端子	条件	正常值	端子	条件	正常值
1 ~ 2	0 ℃	14.820 ~ 16.380 kΩ	1 ~ 2	35 ℃	1.031 ~ 1.095 kΩ
1 ~ 2	25 ℃	1.581 ~ 1.679 kΩ	1 ~ 2	80 ℃	0.209 ~ 0.215 kΩ

（4）室内温度传感器 室内温度传感器各端子情况，如表 7-12 所示。

表 7-12 室内温度传感器各端子情况

端子	条件	正常值	端子	条件	正常值
1 ~ 2	0 ℃	32.25 ~ 33.69 kΩ	1 ~ 2	35 ℃	6.0 ~ 6.3 kΩ
1 ~ 2	15 ℃	13.8 ~ 14.4 kΩ	1 ~ 2	90 ℃	0.881 0 ~ 0.942 9 kΩ

（5）压力传感器 用压力表进行检测，低压侧为 0.15 ～ 0.25 MPa；高压侧为 1.47 ～ 1.67 MPa。压力传感器各端子情况，如表 7-13 所示。

表 7-13 压力传感器各端子情况

端子	线色	正常值	端子	线色	正常值
B45-3—G156-6	Y/L	小于 1 Ω	B45-2—车身地	B	小于 1 Ω
B45-1—G91-20	L/R	小于 1 Ω			

（6）出风模式电机 出风模式电机各端子情况，如表 7-14 所示。

表 7-14 出风模式电机各端子情况

端子	正常情况	
GJ67-20—蓄电池（+）GJ67-17—蓄电池（–）	电机正转	
GJ67-17—蓄电池（+） GJ67-20—蓄电池（–）	电机反转	
端子	条件	正常值
G91-22—车身地	开空调	约 5 V
G92-10—车身地	开空调、调节温度（降低）	11 ~ 14 V
G92-3—车身地	开空调、调节温度（降低）	小于 1 V
G92-3—车身地	开空调、调节温度（升高）	11 ~ 14 V
G92-10—车身地	开空调、调节温度（升高）	小于 1 V
G152-30—车身地	开空调，调节温度	电压信号

（7）鼓风机 鼓风机各端子情况，如表 7-15 所示。

表 7-15 鼓风机各端子情况

端子	条件	正常值
G34-2—车身地	“ON”档电按下 A/C 开关	11 ~ 14 V
BID-4—车身地	“ON”档电按下 A/C 开关	11 ~ 14 V
继电器 88 脚—车身地	始终	11 ~ 14 V
3—5	1、2 脚加蓄电池电压	小于 1 Ω
3—5	1、2 脚悬空	大于 10 kΩ

（8）内外循环电机 内外循环电机各端子情况，如表 7–16 所示。

表 7–16 内外循环电机各端子情况

端子	正常情况	
GJ67–3—蓄电池（＋）GJ67–2—蓄电池（－）	电机正转	
GJ67–2—蓄电池（＋）GJ67–3—蓄电池（－）	电机反转	
端子	条件	正常值
G1522–27 ~ 车身地	开空调，调节内外循环	电压信号

（9）主驾空气混合电机 主驾空气混合电机各端子情况，如表 7–17 所示。

表 7–17 主驾空气混合电机各端子情况

端子	正常情况	
GJ67–15—蓄电池（＋）GJ67–14—蓄电池（－）	电机正转	
GJ67–14—蓄电池（＋）GJ67–3—蓄电池（－）	电机反转	
端了	条件	正常值
G91–23—车身地	开空调	约 5 V
G92–1—车身地	开空调、调节温度（降低）	11 ~ 14 V
G92–8—车身地	开空调、调节温度（降低）	小于 1 V
G92–8—车身地	开空调、调节温度（升高）	11 ~ 14 V
G152–15—车身地	开空调，调节温度	电压信号
G92–1—车身地	开空调、调节温度（升高）	小于 1 V

（10）副驾空气混合电机 副驾空气混合电机各端子情况，如表 7–18 所示。

表 7–18 副驾空气混合电机各端子情况

端子	正常情况	
GJ67–5—蓄电池（＋）GJ67–6 ~ 蓄电池（－）	电机正转	
GJ67–6—蓄电池（＋）GJ67–5 ~ 蓄电池（－）	电机反转	
端子	条件	正常值
G91–24—车身地	开空调	约 5 V
G92–7—车身地	开空调、调节温度（降低）	11 ~ 14 V
G92–17—车身地	开空调、调节温度（降低）	小于 1 V
G92–17—车身地	开空调、调节温度（升高）	11 ~ 14 V
G152–23—车身地	开空调，调节温度	电压信号
G92–7—车身地	开空调、调节温度（升高）	小于 1 V

2. 空调系统故障代码

比亚迪唐汽车空调系统故障代码如表 7–19 所示。

表 7–19　比亚迪唐汽车空调系统故障代码

空调控制器故障码	故障描述	可疑部位
B2A4E	压力传感器断路	压力传感器回路
B2A4F	压力传感器短路	—
B2A50	高压接触器烧结	高压接触器
U0146	与网关失去通信故障（包括车速、水温、放电允许、软关断信号）	网关、线束
U0253	与空调压缩机失去通信故障	空调压缩机、线束
U0254	与 PTC 失去通信故障	PTC、线束
U1103	与安全气囊失去通信故障	SRS、线束
B2AB0	电流采样电路故障	空调压缩机
B2AB1	电机缺相故障	空调压缩机
B2AB2	IPM/IGBT 故障	空调压缩机
B2AB3	内部温度传感器故障	空调压缩机
B2AB4	内部电流过大故障	空调压缩机
B2AB5	启动失败故障	空调压缩机
B2AB6	内部温度异常	空调压缩机
B2AB7	转速异常故障	空调压缩机
B2AB8	相电压过高故障	空调压缩机
B2AB9	负载过大故障	空调压缩机
U2A01	负载电压过压故障	电池包
U2A02	负载电压低压故障	电池包
B2ABA	内部低压电源故障	空调压缩机、线束
U0164	与空调控制器失去通信	线束、空调控制器
U0253	与空调压缩机失去通信	线束、空调压缩机
B1210	左侧散热片温度传感器断路	PTC
B1211	左侧散热片温度传感器短路	PTC
B1212	PTC 驱动组件故障	PTC
B1213	PTC 加热组件故障	PTC
B1216	PTC 回路电流过大	PTC
B1217	控制器内部 +15 V 电压异常	线束、电源
B1218	IGBT 组件功能失效	PTC
B121A	1 号 IGBT 驱动芯片功能失效	PTC

表 7-19（续）

空调控制器故障码	故障描述	可疑部位
B121B	2 号 IGBT 驱动芯片功能失效	PTC
B121C	3 号 IGBT 驱动芯片功能失效	PTC
B121D	4 号 IGBT 驱动芯片功能失效	PTC
B1220	右侧散热片温度传感器断路	PTC
B1221	右侧散热片温度传感器短路	PTC
B122A	冷却液温度传感器断路	PTC
B122B	冷却液温度传感器短路	PTC
B1230	左侧散热片温度过热	PTC
B1233	右侧散热片温度过热	PTC
B1236	冷却液温度过热	PTC
B1239	IG2 电源过压	—
B123A	IG2 电源欠压	线束、电源
B123B	负载电源过压	动力电池
B123C	负载电源欠压	—
PM2.5 故障码	检测项目	故障部位
B1108	PM2.5 测试仪短路	PM2.5 测试仪
B1109	PM2.5 测试仪断路	PM2.5 测试仪
B110A	PM2.5 测试仪 CAN 信号故障	CAN 网络
B110B	PM2.5 测试仪气泵故障	PM2.5 测试仪
B110C	PM2.5 测试仪激光二极管失效	PM2.5 测试仪
B110D	PM2.5 测试仪光电接收模块失效	PM2.5 测试仪
B110F	PM2.5 测试仪电磁阀失效	PM2.5 测试仪

思考练习

一、选择题

1. 新能源汽车（　　）是维修汽车空调制冷系统必不可少的工具，它与制冷系统相连接，可进行抽真空、加制冷剂和诊断制冷系统故障。

A. 空调歧管压力表　　B. 空调真空泵

C. 制冷剂瓶开瓶器　　D. 空调制冷剂电子卤素检漏仪

2．新能源汽车空调系统普遍采用（　　）制冷。

A．电动空调压缩机　　B．油冷空调

C．自动压缩机　　D．压缩泵

3．流出电动压缩机的制冷剂是（　　）。

A．高温高压液态制冷剂　　B．高温高压气态制冷剂

C．低温低压气态制冷剂　　D．低温低压液态制冷剂

4．新能源汽车暖风系统的构成元件不包括（　　）。

A．电子开关模块　　B．冷凝器

C．蒸发器　　D．PTC 加热器（热交换器）

二、简答题

1．简述新能源汽车空调系统和传统汽车空调系统的不同之处。

2．新能源汽车暖风的加热方式有哪几种？

3．简述新能源汽车空调系统的组成。

第八章

新能源汽车冷却系统

本章导读

热量的积累是造成电源系统出现故障及安全事故的最重要原因。汽车冷却系统的主要工作是将热量散发到空气中以防止发动机过热，影响汽车系统的运行。随着5G和人工智能无人驾驶技术的发展，新能源汽车智能化程度日益提升，电控电子部件数量和种类大量增加，加剧冷却需求，随之，对冷却系统的要求也越来越高。

学习目标

1. 能够熟悉新能源汽车的主要热源。
2. 能够掌握新能源电动汽车冷却系统的形式。
3. 能够描述电动冷却系统的基本组成。
4. 能够掌握新能源汽车冷却系统的结构与原理。
5. 能够正确进行新能源汽车冷却系统故障检修。

思政目标

1. 培养学生敬业奉献、精益求精的工匠精神。
2. 提升学生民族自豪感，坚定必胜信念，焕发强烈的历史自觉和主动精神。

第一节 新能源汽车冷却系统的结构原理

一、新能源汽车冷却系统简介

1. 新能源汽车的主要热源

冷却散热是车辆辅助系统的核心功能之一，是动力传动装置正常工作的重要保证。新能源汽车的通风冷却系统功能要求与普通机械传动车辆基本相同。但是，由于结构差异导致了热源及其散热方式的不同。因此，必须考虑热源的特点，采取相应的冷却方式来满足其使用要求。新能源汽车主要的热源有动力电池、燃料电池、电机等。

（1）动力电池

无论是传统的铅蓄电池，还是性能先进的镍氢、锂离子动力电池，温度对电池整体性能都有非常显著的影响。充放电过程的电化学反应都是在特定的温度范围内才能够发生，这意味着电池运行的环境温度范围是特定的。温度会影响电池的充放电效率、电池的容量和功率、电池的可靠性和安全性、电池的寿命和循环次数。

在高温等复杂条件下，对动力电池散热性能有更高的要求，必须采用液体或气体作为冷却介质。冷却系统主要分为主动式冷却系统和被动式冷却系统，以液体冷却系统为例，主动冷却系统中使用汽车自身制冷装置，电池热量通过液体与液体交换的形式送出，被动冷却系统中，采用液体与外界空气进行热交换的方式将电池热量送出。

（2）燃料电池

燃料电池的工作温度一般为 60 ～ 100 ℃，须设有专门的冷却装置，由于冷却液的温差小，故所需散热器的体积大。美国研制的燃料电池电动汽车用的散热器体积是相同功率内燃机用散热器体积的 1.5 倍。燃料电池的冷却介质为去离子水，这是由燃料电池本身决定的。

（3）电机

影响电机体积和重量的最大因素之一就是它们的热负荷问题。采取有效的冷却措施会大大缩减其体积和重量。尽管风冷电机结构简单、成本低，但与液冷电机相比，其效率低，且体积和重量都大。而液冷电机需加额外的泵来提供冷却液，这将增加功耗，使结构变得复杂，但其工作效率高，冷却效果好，体积小。目前新能源汽车上使用的电机冷却方式有自然冷却、风冷和液体冷却（包括水冷和油冷）。考虑电机高比功率、高速度的需求，液体冷却成为主要的选择。

（4）控制装置

新能源电动汽车控制装置包括驱动电机控制器、辅助 DC/DC 转换器以及用于驱动辅助系统电机的小功率的DC/AC逆变器等。控制装置一般允许最高温度为60～70 ℃，而最佳工作环境温度为40～50 ℃。所以，必须采取专门的冷却装置，对控制装置的温度进行有效控制。

新能源电动汽车冷却系统的作用是将电机、电机控制器、车载充电机和其他部件产生的热量及时散热出去，保证其在要求的温度范围内稳定高效地工作。

2. 新能源电动汽车冷却系统形式

（1）电动机冷却方式

电动汽车的驱动电动机有别于传统的电动机。由于采用驱动电动机后，电动汽车一般不再装配离合器，车辆变速器档位也变得较少甚至取消，车辆的起步、加速、高速行驶全靠电动机来实现。而电动机的内阻不可能为零，因此在上述行驶中的大电流状况下，电动机的内耗也会急剧增加，电动机的内耗几乎全部以热量的方式释放。如果电动机得不到有效的冷却，电动机的内部温度会不断升高，导致电动机效率下降，如果温度过高，就会造成内部烧蚀甚至击穿而导致电动机损坏。另外，多数电动机内部均有磁性材料，温度过高会导致磁性材料稳定性下降，磁性降低，甚至磁性消失，导致电动机损坏。因而，控制电动机的工作温度（尤其是最高温度）尤为重要。

电动机常见的冷却方式有风冷和液冷。采用风冷方式较为常见，如一些小型电动机、交流电动机、开关磁阻电动机、异步电动机等；液冷方式主要用在一些永磁电动机。从理论上讲，几乎所有的电动机既可以采用风冷也可以采用液冷，最大的区别主要体现在电动机的设计用途和功率密度上。

如果车辆安装空间自由度较大，通风情况良好，电动机的重量要求不是很苛刻，可以采用风冷电动机。为了节约车辆空间，缩小电动机的体积，降低电动机的重量，提高电动机的功率，可采用液冷方式。

由于风冷电动机不需要散热水道，成本相对较低。液冷电动机结构复杂，一般在外壳体上布置冷却水道，而且需要增加较为严格的防护措施，因而成本较风冷电动机要高。风冷电动机为了获得必要的冷却效果，体积相对较大，且表面一般采用冷却栅的方式增加散热面积，而且还需要在电动机的封闭端增加散热风扇以增加散热效果，因而风冷电动机体积大、质量大。

多数电动汽车尤其是大功率电动汽车一般采用液冷电动机。液冷电动机需要增设额外的电动水泵和散热器等装置来为电动机提供冷却。这增加了额外功耗，使结构较为复杂，且布置和安装要求较高。

（2）电机控制器冷却方式

电机控制器与电动机的冷却方式一样，也有风冷和液冷之分。在外观上，风冷的控制器体积要比液冷的控制器体积大，风冷控制器一般需要装备多个强制散热风扇，进行强制通风。车载电动机控制器的冷却方式主要取决于电动机的冷却方式。一般情况下，这两者均可采用相同的冷却方式进行冷却。

（3）其他装置冷却方式

电动汽车系统控制器除了有电机控制器（简称控制器）外，还有若干小功率的DC/DC或者DC/AC逆变器、车载充电机等。控制装置一般允许最高温度为60～70 ℃，而最佳工作环境温度为40～50 ℃。在由于自身工作产生的热量情况下或周围环境的温度较高时，很容易达到其允许温度限值。因此，这些装置都要有散热设备，对其温度进行控制，可采用风冷或采用水冷的方式。

3. 电动冷却系统的基本组成

与传统汽车相比，新能源电动汽车的冷却方式也发生了相应的变化，风冷（强制风冷）对于电动汽车已经不再适用。研究表明，油冷的相对冷却能力为强制风冷的20倍以上，水冷的冷却能力为强制风冷的50倍以上。因而，液冷系统是电动汽车冷却系统的必然选择。

动力电池
冷却系统

电动汽车冷却系统一般由散热器、水泵、风扇、储液罐和温度调节装置等组成，如图8-1所示。传统汽车的水泵和风扇可以由发动机直接带动，而电动汽车必须有独立的驱动方式，即电动水泵和电动风扇，同时这些部件的电动化使冷却系统可以根据需要进行实时的调整。

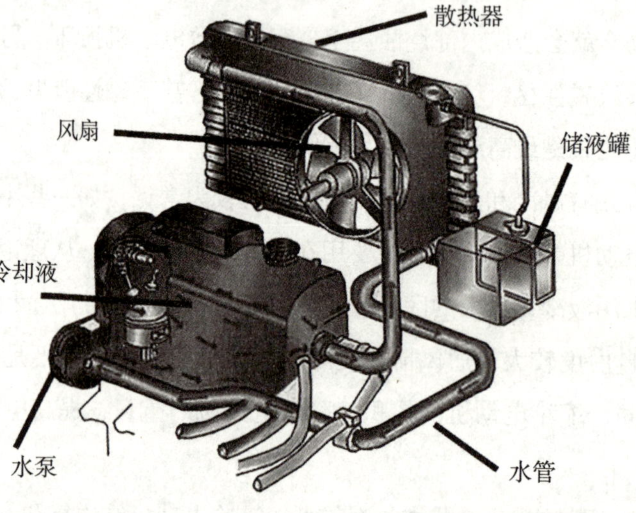

图8-1　电动汽车冷却系统

法国PSA和RENAULT公司开发研制的一种以燃料电池作为动力源的电动汽车，由交流电机将动力传至车轮。在此车辆中需考虑冷却散热的辅助装置还有进气中冷器（燃料电池反应中需要的氧气是通过压缩外界的空气得到的，压气机将空气压缩的同时使其温度升高，所以需要一个冷却器）、空调冷凝器、电机和控制器。

各部件的工作要求：燃料电池组的出口温度约为80 ℃；进气中冷器出口空气温度达到100 ℃以上，而要求进入燃料电池的空气温度为80 ℃；电动机和控制器的允许冷却液温度为55～60 ℃。由于各部件的最佳工作温度相差较大，故在此车中采用了两套冷却循环回路：一套为高温回路，用来冷却燃料电池组；另一套为低温回路，用来冷却辅助动力装置。

图8-2为用一个400 W的水泵驱动冷却液的冷却系统水路流程。燃料电池组自组成一个回路，在

此回路中还有取暖装置。另一个回路由电机和辅助装置组成，这些部件并排放置，各部件的冷却液流量、压力由各自的散热量决定，并由控制单元进行控制。

图 8-3 为用两个功率为 200 kW 的水泵分别给两个循环回路供冷却液。两个散热器并排放置。高温回路的散热器被分为两个部分，一部分用来冷却高温回路；另一部分与辅助低温回路中的散热器共同冷却低温回路。

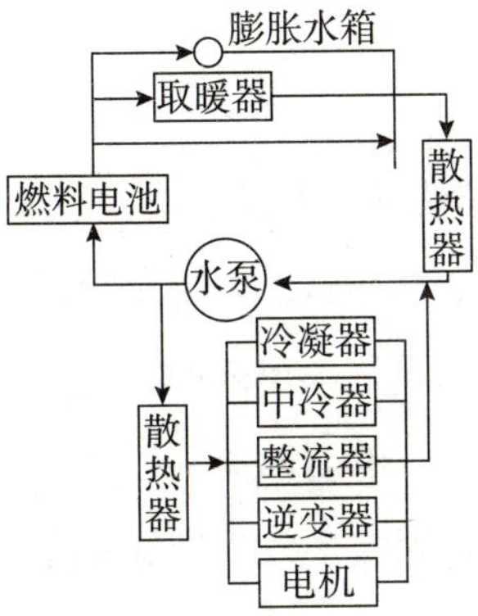

图 8-2　共用一个水泵的冷却系统

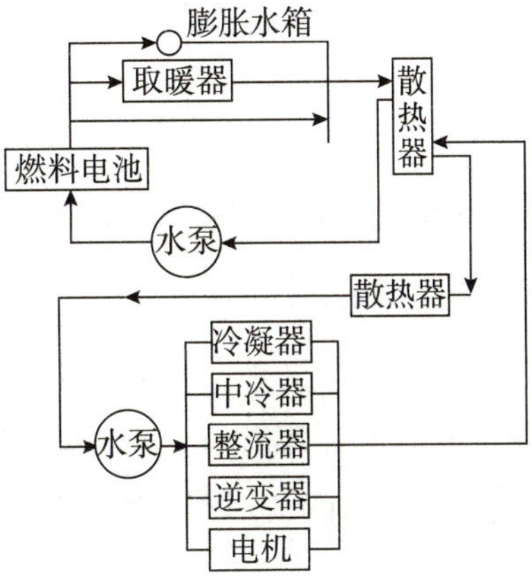

图 8-3　两个水泵的冷却系统

二、新能源电动汽车冷却系统的结构组成

新能源电动汽车水冷式冷却系统主要由电动水泵、散热器、电子风扇、膨胀水箱和冷却液等组成。

1. 电动水泵

电动水泵是冷却液循环的动力元件，如图 8-4 所示。它的作用是对冷却液加压，促使冷却液在冷却系统中循环，使冷却液带走系统散发的热量。电动汽车的水泵一般采用电机驱动。

水泵采用的是直流无刷离心水泵，由泵壳、水泵叶轮、轴承、驱动电机、水泵控制器等组成。电机转子旋转，带动和其连接的叶轮转动，水泵中的冷却液被叶轮带动一起旋转，在离心力的作用下被甩向循环水泵壳体的边缘，同时产生一定的压力，然后从出水道或水管流出，进入电机控制器等热源部件。叶轮的中心处由于冷却液被甩出而压力降低，水箱中的冷却液在水泵进口与叶轮中心的压差作用下经水管被吸入叶轮中，实现冷却液的往复循环。

2. 电子风扇

电子风扇安装在散热器的后面，其作用是当风扇旋转时吸进空气，使其通过散热器，提高流经散热器、冷凝器（空调）的空气流速和流量，以增强散热器的散热能力，加速冷却液的冷却。并冷却机舱内其他部件。使电机、电机控制器能在合适的温度下正常工作。根据电机、控制器、空调压力等参数由整车控制器控制电子风扇的双风扇运行。电子风扇采用两档调速。

3. 膨胀水箱

膨胀水箱为冷却系统冷却液的排气、膨胀和收缩提供受压容积，也作为冷却液加注口，如图 8-5 所示。

图 8-4　电动水泵

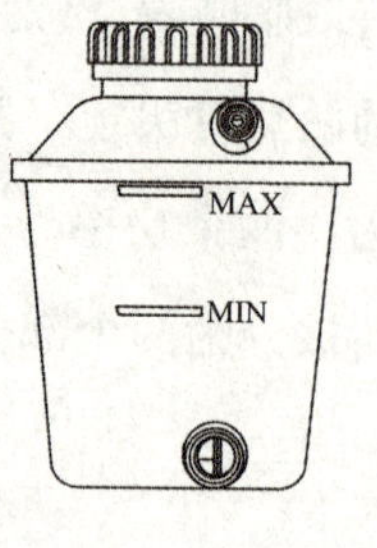

图 8-5　膨胀水箱

4. 冷却液

使用正确的冷却液,可起到防腐蚀、防水垢和防冻等作用,能够使冷却系统始终处于最佳的工作状态。

由于电动汽车只采用一套液冷设备，因此，对于电动机和控制器而言，要想获得最佳的冷却效果，冷却液的流向十分重要。如图 8-6 所示，冷却液的流向是从散热水箱下部出来的，经水泵后先冷却电动机控制器，从电动机控制器流出的冷却液进入电动机的低位进水口，然后回流到散热水箱的上回流口。这样一个循环下来，保证了控制器的冷却需求，使电动机控制器得到整个系统最低温度的冷却液。

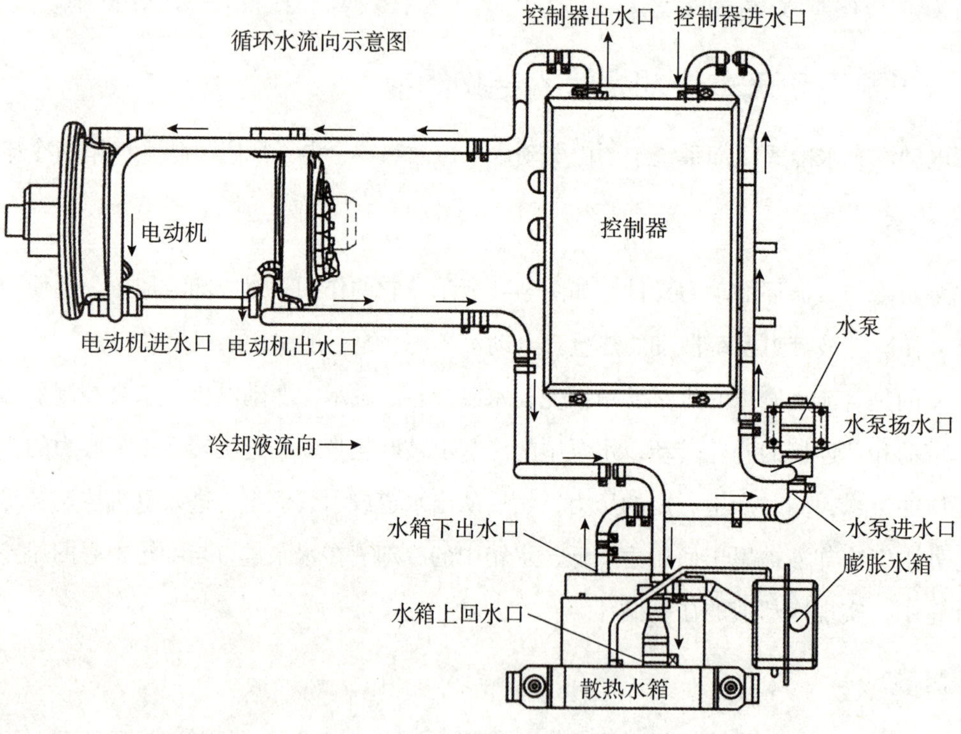

图 8-6　某电动汽车循环水路布置

为了保证整个系统的冷却效果和可靠性，上述循环系统的水泵需要在车辆的整个运行期间内连续工作，同时为了节约车载能源，散热水箱的风扇可采用温控风扇，能够根据冷却液的温度控制转速。当冷却液温度较低时，可以关闭散热风扇以节约电能；当循环水温度稍高时，以一个较低的风扇转速对散热水箱进行冷却；当循环水的温度较高时，散热风扇全速运行，以获得较大的散热量，维护散热系统的温度不过高。

三、荣威 E50 高压电池与驱动电机冷却

纯电动汽车冷却系统分为两个独立的系统：电池冷却系统和 PEB/ 驱动电机冷却系统。

电机冷却系统处于较低温度时，冷却液泵不工作。温度上升后，冷却液泵工作。冷却液泵的工作温度不能超过 75 ℃。

BMS 用于控制电池冷却系统电动水泵，在电池温度上升到 32.5 ℃ 时开启，在温度低于 27.5 ℃ 时关闭。BMS 可发出电池冷却器膨胀阀关闭和水泵运转的信号。20 ℃ 时电池的冷却液泵电阻值为 1.3 Ω 左右。

膨胀水箱盖的额定压力为 140 kPa，PEB/ 电机冷却系统冷却液温度 ECT 传感器安装在散热器右侧前部。

元件作用：控制电子风扇运转，但不提供信号给仪表。PEB 计算冷却液温度并将它与 PEB 冷却温度传感器的信号进行比较，判断是否需要使用 PEB 冷却液温度传感器控制冷却风扇运转。电池冷却系统温度传感器在电池组内部，从外面看不到。

电池冷却器（chiller）安装在车身底盘中部，其组成部件为热交换器、带电磁阀的膨胀阀（TXV）、管路接口和支架。电池冷却器主要用于完成电池冷却液和制冷系统的制冷剂的热交换，将电池冷却液中的热量转移到制冷剂中。

电池冷却器—膨胀阀控制 / 冷却液温度控制如下所述。

ETC 收到 BMS 的膨胀阀电磁阀开启的信号要求，首先打开电池冷却器膨胀阀的电磁阀，并给 EAC 发启动信号。电池组最适宜温度值为 20 ～ 30 ℃。当电池的冷却液温度达 30 ℃以上时．ETC 限制乘客舱的制冷量；当冷却液温度达 48 ℃以上时，ETC 关闭乘客舱的制冷功能，但除霜模式除外。ETC 只控制冷却液温度。BMS 控制冷却液与 BMS 电池内部的热量交换（控制冷却泵）。快速充电冷却必要条件：快速充电时，会被网关模块唤醒，此时电池冷却系统进入正常工作状态。

冷却风扇受 VCU 控制。冷却风扇工作时，VCU 控制 PWM 模块使冷却风扇以在 20% ～ 90% 的占空比范围内的 8 个档位的速度工作。冷却风扇开启条件取决于 EAC 和 PEB 冷却液温度这两个重要因素。当 EAC 开启或 PEB 冷却液温度高于 52 ℃时，冷却风扇开始工作。冷却风扇停止工作条件：PEB 冷却液温度低于 65 ℃（实测 47 ℃），并且 EAC 关闭。点火开关关闭、EAC 关闭时，若 PEB 冷却液温度高于 65 ℃，则冷却风扇继续工作：环境温度低于 10 ℃时工作 30 s；环境温度高于 10 ℃时工作 60 s。散热器与冷却风扇部件，如图 8–7 所示。

图 8–7 散热器和冷却风扇

PEB/ 驱动电机冷却系统布置如图 8–8 所示。

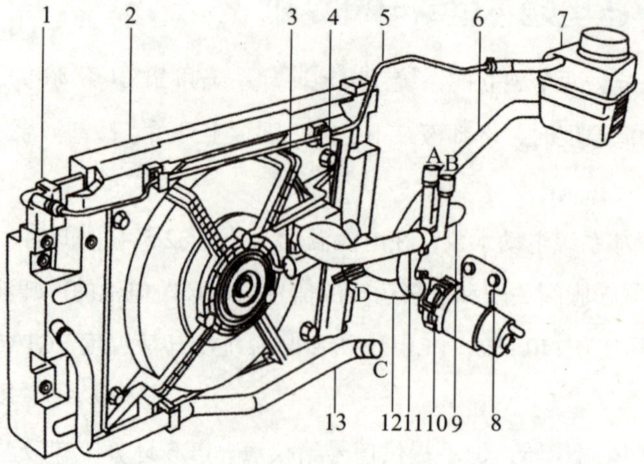

A—电力电子箱（PEB）进液口；B—电力电子箱（PEB）出液口；C—驱动电机出液口；D—驱动电机进液口。
1—散热器；2—冷却风扇罩；3—冷却风扇；4—冷却风扇低速电阻；5—散热器溢流管；
6—软管（膨胀水箱到散热器）；7—膨胀水箱（电机）；8—电机冷却水泵安装支架；
9—软管（水泵到 PEB）；10—冷却水泵（电机）；11—软管（PEB 到电机）；
12—软管（水泵到散热器）；13—软管（电机到散热器）PEB/ 驱动电机。

图 8-8　PEB/ 驱动电机冷却系统布置

PEB/ 驱动电机冷却液流向如图 8-9 所示。PEB/ 驱动电机冷却系统控制原理如图 8-10 所示。

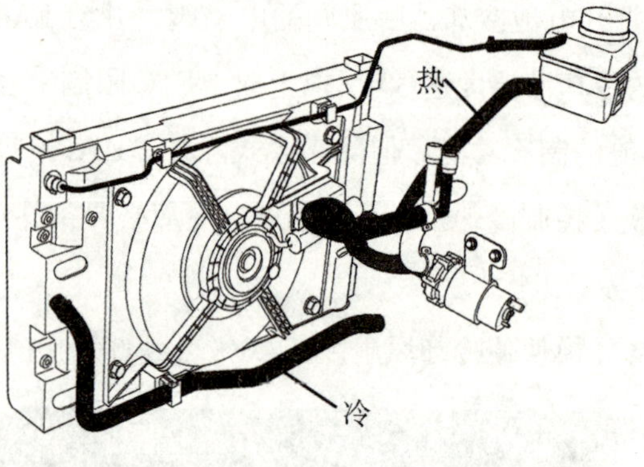

图 8-9　PEB/ 驱动电机冷却液流向

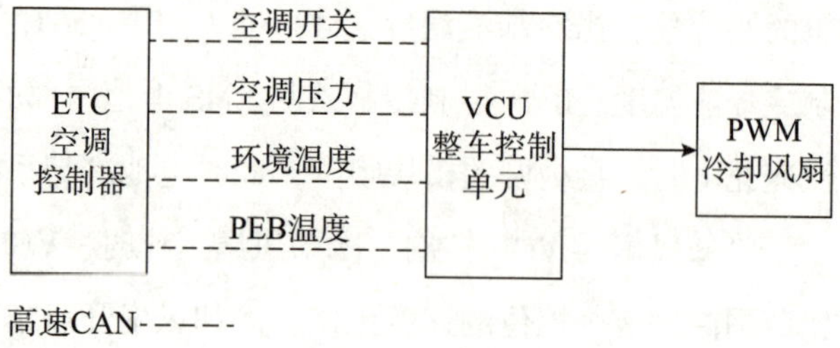

图 8-10　PEB/ 驱动电机冷却系统控制原理

PEB/ 驱动电机冷却系统电路连接如图 8-11 所示。

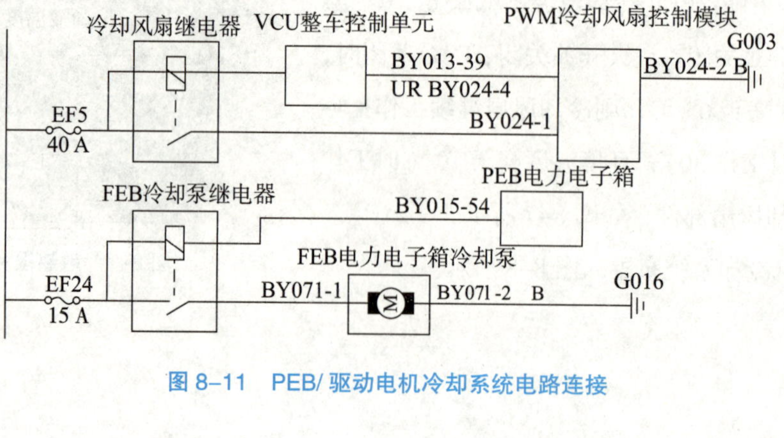

图 8-11　PEB/ 驱动电机冷却系统电路连接

动力电池冷却系统布置如图 8-12 所示。

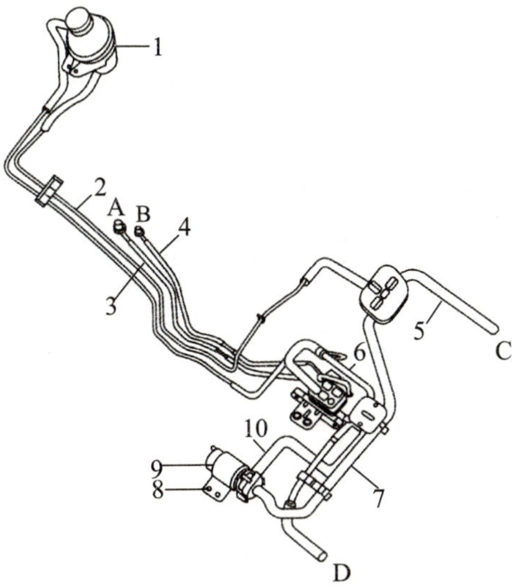

A—电池冷却器低压空调管接口；B—电池冷却器高压空调管接口；
C—高压电池冷却液出液口；D—高压电池冷却液进液口。
1—膨胀水箱（电池）；2—软管（膨胀水箱到冷却水管三通）；
3—电池冷却器低压空调管；4—电池冷却器高压空调管；
5—软管（电池到冷却水管三通）；6—软管（电池冷却器到电池）；
7—软管（冷却水管三通到水泵）；8—电池冷却水泵安装支架；
9—冷却水泵（电池）；10—软管（水泵到电池冷却器）。

图 8-12 动力电池冷却系统布置

动力电池冷却系统冷却液流向如图 8-13 所示。动力电池冷却系统控制原理如图 8-14 所示。

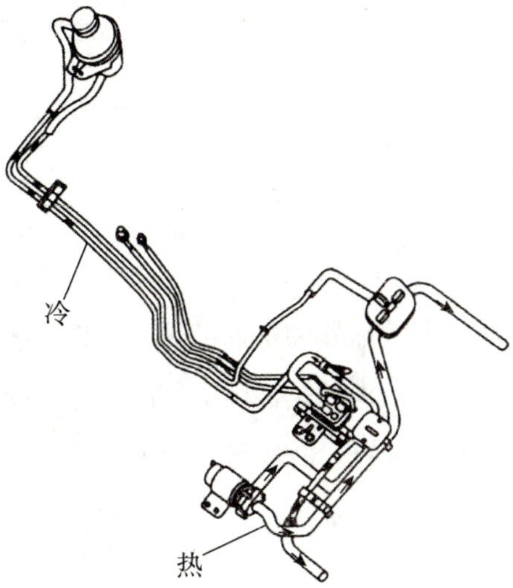

图 8-13 动力电池冷却液流向

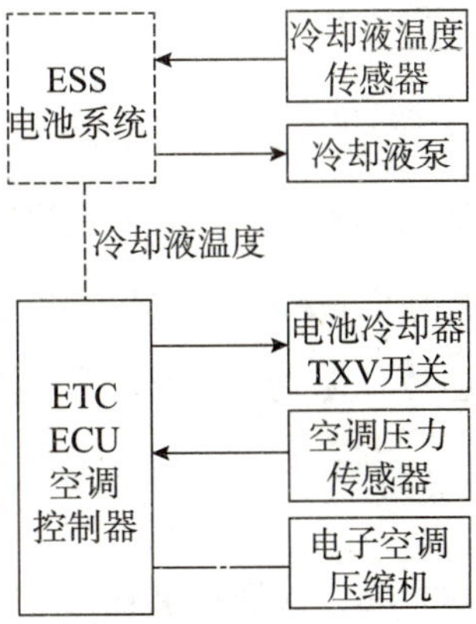

图 8-14 动力电池冷却控制系统

第二节 新能源汽车冷却系统的检修

一、冷却系统的维护

1. 冷却液液面高度及浓度的检查

透明的冷却液储液罐位于前机舱内。在冷却液处于冷状态时进行测量，罐内的冷却液的高度应保持在两条标记线之间，如图 8-15 所示。新能源汽车冷却液液位必须定期检查，如有必要，添加冷却液或调整浓度检查冷却液液位。

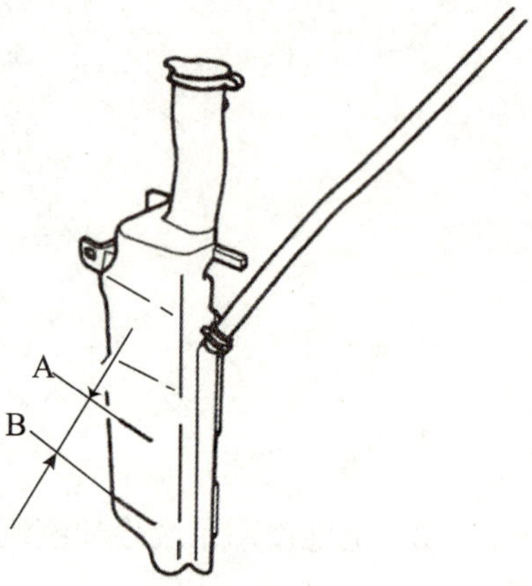

图 8-15　检查冷却液液位

提示：当冷却系统温度高于环境温度时，请勿打开散热器盖，否则热的蒸汽或沸腾的冷却液会从散热器中飞溅出来对人体造成伤害。

2. 检查系统是否渗漏

目测冷却系统管路及各零部件接口处有无泄漏情况。

3. 检查和清洁散热器

清洁散热器散热片是保证良好传热效果所必需的工作，若散热器和空调散热片出现碎屑堆积，需进行清洗。在电机冷却后散热器后部（电机侧）使用压缩空气来冲走散热器中空调冷凝器的碎屑。需检查散热器翅片是否变形，若变形会降低通风量。注意：严禁使用水枪对散热器片喷水清洗。

4. 检查水泵是否正常工作

启动车辆，检查水泵有无泄漏情况，是否有异响。检查电动水泵的线束是否有老化、破皮、电源线铜芯外露等情况。

5. 检查部件温度是否正常

启动车辆，使用红外测温仪检查散热器、驱动电机、电机控制器等温度是否正常。

6. 驱动电机冷却系统冷却液的排空与加注

（1）驱动电机冷却系统冷却液的排空步骤

① 打开电机膨胀箱盖。

② 用举升机上举升车辆。

③ 将合适的容器固定好以收集冷却液。

④ 松开卡箍，并从散热器上断开散热器到水泵的软管连接。

⑤ 将电机冷却系统排空掉。

（2）驱动电机冷却系统冷却液的加注步骤

① 将散热器到水泵软管连接到散热器上，并用卡箍固定。

② 降低车辆高度。

③ 准备好规定浓度的冷却液。

④ 加注冷却液，直到冷却液达到电机膨胀水箱颈部并保持静止。

⑤ 连接诊断仪，让水泵运转 20 ~ 30 min，直到膨胀水箱中没有气泡冒出，液面不再下降。

⑥ 关闭水泵，并断开诊断仪。

⑦ 如需要，将冷却液加至刻度 MAX 和 MIN 之间，并拧紧膨胀水箱盖。

⑧ 检查系统有无泄漏。

7. 动力电池冷却系统冷却液的排空与加注

（1）动力电池冷却系统冷却液的排空步骤

① 打开电池膨胀箱盖。

② 用举升机举升车辆。

③ 拆下底部导流板。

④ 将合适的容器固定好以收集冷却液。

⑤ 松开卡箍，并从三通上断开电池到冷却水管三通软管的连接。

⑥ 让电池冷却系统排空掉。

（2）动力电池冷却系统冷却液的加注步骤

① 将电池到冷却水管三通软管连接到三通上，并用卡箍固定。

② 降低车辆。

③ 准备好规定浓度的冷却液。

④ 加注冷却系统，直到冷却液达到电池膨胀水箱颈部并保持静止。

⑤ 连接诊断仪让水泵运转。

⑥ 用举升机举升车辆。

⑦ 松开电动水泵进水口处的放气螺栓，将管路内空气排空，直到有冷却液进入水泵时，立即拧紧放气螺栓。

⑧ 降下车辆，继续使水泵运转 20 ～ 30 min，并根据膨胀水箱中的液面下降情况不断补充冷却液，直到没有气泡冒出，液面不再下降。

⑨ 关闭水泵，并断开诊断仪。

⑩ 如需要，则将冷却液加至刻度 MAX 和 MIN 之间，并检查系统有无泄漏。装上底部导流板。

二、冷却系统的故障诊断

下面以赛欧 EV 电动车为例进行介绍。

1. 赛欧 EV 电子装置冷却系统诊断

赛欧 EV 电子装置冷却系统的诊断流程，如表 8-1 所示。

表 8-1　赛欧 EV 电子装置冷却系统的诊断流程

步骤	操作	是	否
1	根据“症状”或其他诊断表的指示来判断是否	至步骤 2	重新确认
2	① 必要时，将冷却液添加到冷却液缓冲罐中 ② 使用全球诊断系统，打开混合动力电子装置冷却液泵，并将转速增加至 1 000 r/min ③ 从驱动电机发电机电源逆变器模块上快速拆下和安装电动差动驱动电机电源逆变器模块冷却软管。检查驱动电机发电机电源逆变器模块中是否有冷却液流出	至步骤 12	至步骤 3
3	从驱动电机发电机电源逆变器模块上快速拆下和安装动力电源逆变控制模块进水管。检查动力电源逆变控制模块出水管中是否有冷却液流出	至步骤 14	至步骤 4
4	从附件直流电源控制模块上快速拆下和安装动力电源逆变控制模块进水管。检查附件直流电源控制模块中是否是冷却液流出	至步骤 16	至步骤 5
5	从附件直流电源控制模块上快速拆下和安装驱动电机发电机控制模块冷却出口软管。检查驱动电机发电机控制模块冷却出口软管中是否有冷却液流出	至步骤 17	至步骤 6
6	从驱动电机蓄电池充电器上快速拆下和安装驱动电机控制模块冷却液泵出水管。检查驱动电机蓄电池充电器中是否有冷却液流出	至步骤 19	至步骤 7
7	从驱动电机蓄电池充电器上快速拆下和安装驱动电机控制模块冷却液泵出水管。驱动电机控制模块冷却液泵中是否有冷却液流出	至步骤 20	至步骤 8
8	从驱动电机控制模块冷却液泵上拆下和安装驱动电机控制模块冷却液泵出水管。检查驱动电机控制模块冷却液泵中是否有冷却液流出	至步骤 22	至步骤 9
9	从驱动电机蓄电池冷却液散热器上快速拆下和动力电源逆变控制模块出水管。检查动力电源逆变控制模块出水管中是否有冷却液流出	至步骤 23	至步骤 10
10	从发电机控制模块冷却液泵上快速拆下和安装驱动电机控制模块冷却液泵进水管。检查发电机控制模块冷却液泵中是否有冷却液流出	至步骤 24	至步骤 11
11	更换发电机控制模块冷却液泵。修理是否完成	至步骤 25	至步骤 1
12	检查电动差动驱动电机电源逆变器模块冷却软管或驱动电机发电机电源逆变器模块冷却出口软管是否有扭结或堵塞	至步骤 13	至步骤 1
13	更换电动差动驱动电机电源逆变器模块冷却软管或驱动电机发电机电源逆变器模块冷却出口软管。修理是否完成	至步骤 25	至步骤 1

表 8-1（续）

步骤	操作	是	否
14	① 使用全球诊断系统，关闭混合动力电子装置冷却液泵 ② 从驱动电机发电机电源逆变器模块上拆下发电机控制模块冷却液软管 ③ 从驱动电机发电机电源逆变器模块上拆下电动差动驱动电机电源逆变器模块冷却软管 ④ 反向冲洗驱动电机发电机电源逆变器模块冷却通道 ⑤ 安装发电机控制模块冷却液软管 ⑥ 安装电动差动驱动电机电源逆变器模块冷却软管 ⑦ 使用全球诊断系统，打开混合动力电子装置冷却液泵，并将转速增加至 1 000 r/min ⑧ 从驱动电机发电机电源逆变器模块上快速拆下和安装电机差动驱动电机电源逆变器模块冷却软管 检查驱动电机发电机电源逆变器模块中是否有冷却液流出	至步骤 25	至步骤 15
15	更换驱动电机发电机电源逆变器模块。修理是否完成	至步骤 25	至步骤 1
16	更换发电机控制模块冷却液软管。修理是否完成	至步骤 25	至步骤 1
17	① 使用全球诊断系统，关闭混合动力电子装置冷却液泵 ② 从附件直流电源控制模块上拆下驱动电机发电机控制模块冷却出口软管 ③ 从附件直流电源控制模块上拆下发电机控制模块冷却液软管 ④ 反向冲洗附件直流电源控制模块冷却通道 ⑤ 安装驱动电机发电机控制模块冷却出口软管 ⑥ 安装发电机控制模块冷却液软管 ⑦ 使用全球诊断系统，打开混合动力电子装置冷却液泵，并将转速增加至 1 000 r/min ⑧ 从附件直流电源控制模块上快速拆下和安装发电机控制模块冷却液软管 检查附件直流电源控制模块中是否有冷却液流出	至步骤 25	至步骤 18
18	更换附件直流电源控制模块。修理是否完成	至步骤 25	至步骤 1
19	更换驱动电机发电机控制模块冷却出口软管。修理是否完成	至步骤 25	至步骤 1
20	① 使用全球诊断系统，关闭混合动力电子装置冷却液泵 ② 从驱动电机蓄电池充电器上拆下驱动电机发电机控制模块冷却出口软管 ③ 从驱动电机蓄电池充电器上拆下驱动电机发电机控制模块冷却出口软管 ④ 反向冲洗驱动电机蓄电池充电器冷却通道 ⑤ 安装驱动电机发电机控制模块冷却出口软管 ⑥ 使用全球诊断系统，打开混合动力电子装置冷却液泵，并将转速增加至 1 000 r/min ⑦ 从驱动电机蓄电池充电器上快速拆下和安装驱动电机发电机控制模块冷却出口软管 检查驱动电机控制模块冷却液泵出水管中是否有冷却液流出	至步骤 25	至步骤 21
21	更换驱动电机蓄电池充电器。修理是否完成	至步骤 25	至步骤 1
22	更换驱动电机控制模块冷却液泵出水管。修理是否完成	至步骤 25	至步骤 1
23	更换驱动电机蓄电池冷却液散热器。修理是否完成	至步骤 25	至步骤 1
24	更换驱动电机控制模块冷却液泵进水管。修理是否完成	至步骤 25	至步骤 1
25	① 必要时，将冷却液添加到冷却液缓冲罐中 ② 运行系统以检验修理效果是否发现故障并加以排除	系统正常	至步骤 1

2. 赛欧 EV 冷却系统泄漏测试

专用工具：EN-24460-A 冷却系统压力测试仪；GE-46143 散热器盖和储液罐测试适配器。

受压的情况下，散热器内溶液温度会很高，超出沸点。发动机很热（压力很高）时拆下散热器盖，会导致溶液瞬间沸腾，并产生爆炸力。溶液将喷射到发动机、翼子板和拆卸盖子的人员身上，可能导致严重的人身伤害。任何时候都不推荐使用可燃防冻剂，例如，乙醇，因为可燃防冻剂可能会导致严重的火灾。

为了避免被烫伤，在发动机和散热器未冷却时，不要拆卸散热器盖。如果太快地拆下盖子，则滚烫的液体和蒸汽会在受压的情况下喷出。具体步骤如下。

（1）拆下压力盖。

（2）测试压力盖的工作情况。

（3）用水冲洗压力盖接合面。

（4）使用 EN-24460-A 冷却系统压力测试仪同 GE-46143 散热器盖和储液罐测试适配器，以便向冷却系统施加压力（切勿超过压力盖的额定值）。

（5）冷却系统应该保持额定压力至少 2 min。观察压力表的压力损失。

（6）必要时修理所有泄漏。

3. 赛欧 EV 蓄电池组冷却液加热器故障

将车辆开关置于“ON”位置后，开启混合动力 / 电动车辆蓄电池组冷却液加热器。混合动力 / 电动车辆动力系统控制模块 2 监测混合动力 / 电动车辆蓄电池组冷却液温度传感器 1 的温度变化，以检查混合动力 / 电动车辆蓄电池组冷却液加热器的工作是否正常进行。

蓄电池组加热器出现故障可能会阻止蓄电池加热，且车辆在蓄电池温度低于 –25 ℃（–13 ℉）的寒冷天气中将无法启动。有故障的蓄电池组加热器，其金属外壳可能褪色或变形。

专用工具：EL-48900 混合动力汽车安全套件；EL-50772 隔离万用表。

在维修任何高电压部件或接头之前，务必执行高压解除程序。必须使用人身安全设备（PPE）并遵循正确的流程。

（1）车辆处于维修模式。

（2）确认未设置 DTC P0AA1、P0AD9、P0ADD、P0AE2、P0AE4、P0AFA、P0C44、P0C45、P0C47、P0D0A、P0D11、P0D22、P1EBC ～ P1EBF、P1EC0、P1EC3、P1EC5 或 P1FFB ～ P1FFE。

如果设置了任何故障诊断码，则按代码提示进行诊断处理。如果没有设置故障诊断码则按以下步骤处理。

（1）车辆熄火，解除高电压。

（2）断开 E54 混合动力 / 电动车辆蓄电池组冷却液加热器的线束连接器。

（3）测试 E54 混合动力 / 电动车辆蓄电池组冷却液加热器的端子 A 和端子 B 之间的电阻是否在 61 ～ 75 Ω 范围内。如果不在规定范围内，则更换 E54 混合动力 / 电动车辆蓄电池组冷却液加热器。

请务必使用 EL-50772 隔离万用表执行以下导通性测试。选择隔离测试设置档，然后选择 500 V 范围。

（4）使用 EL-50772 隔离万用表，在隔离试验设置档下，测试以下 E54 混合动力 / 电动车型蓄电池组冷却液加热器端子和蓄电池托架搭铁之间的电阻是否为 550 MΩ；如果小于规定值则更换 E54 混合动力 / 电动车辆蓄电池组冷却液加热器。

（5）如果在规定值内则更换 A28 混合动力 / 电动车辆蓄电池接触器总成。

思考练习

一、选择题

1. （　　）是车辆辅助系统的核心功能之一，是动力传动装置正常工作的重要保证。

A. 电源系统　　B. 紧急制动　　C. 冷却散热　　D. 电力驱动

2. （　　）的作用是对冷却液加压，促使冷却液在冷却系统中循环，使冷却液带走系统散发的热量。

A. 空调压缩机　　B. 电动水泵　　C. 冷却液　　D. 压缩泵

3. 电动汽车冷却系统形式不包括（　　）。

A. 其他装置冷却方式　　B. 电动机冷却方式

C. 电机控制器冷却方式　　D. 自然冷却方式

二、简答题

1. 简述电动冷却系统的基本组成。
2. 冷却系统的维护包括哪些内容？
3. 如何进行冷却液液面高度及浓度的检查？

参考文献

[1] 陈社会．新能源汽车结构与检修 [M]．北京：人民交通出版社股份有限公司，2021.

[2] 吴荣辉．新能源汽车结构原理与检修 [M]．北京：机械工业出版社，2020.

[3] 马力，赵慧颖，胡克晓．新能源汽车电气技术 [M]．北京：机械工业出版社，2020.

[4] 汪立亮．电动汽车电气系统原理与检修 [M]．北京：化学工业出版社，2020.

[5] 弋国鹏，魏建平．电动汽车控制系统及检修 [M]. 北京：机械工业出版社，2020.

[6] 朗宏芳．驱动电机及控制技术 [M]. 北京：电子工业出版社，2021.

[7] 曾鑫，刘涛．新能源汽车动力电池与驱动电机 [M]．北京：人民交通出版社，2017.

[8] 杨光明，张仕奇，刘仍贵．新能源汽车结构与原理 [M]．北京：化学工业出版社，2019.

[9] 崔胜民．新能源汽车概论 [M]．北京：人民邮电出版社，2019.

[10] 李艳菲，郑伟．新能源汽车技术概论 [M]．北京：机械工业出版社，2019.